# 跨文化英语翻译的
# 理论与实践应用研究

刘惠玲　赵　山　赵翊华　著

延邊大學出版社

图书在版编目（CIP）数据

跨文化英语翻译的理论与实践应用研究 / 刘惠玲，赵山，赵翊华著. -- 延吉：延边大学出版社，2021.10
ISBN 978-7-230-02265-1

Ⅰ. ①跨… Ⅱ. ①刘… ②赵… ③赵… Ⅲ. ①英语－翻译－研究 Ⅳ. ①H315.9

中国版本图书馆CIP数据核字(2021)第220144号

**跨文化英语翻译的理论与实践应用研究**

| 著　　者： | 刘惠玲　赵　山　赵翊华 |
|---|---|
| 责任编辑： | 翟秀薇 |
| 封面设计： | 王　朋 |
| 出版发行： | 延边大学出版社 |
| 社　　址： | 吉林省延吉市公园路977号　　邮　编：133002 |
| 网　　址： | http://www.ydcbs.com　　E-mail:ydcbs@ydcbs.com |
| 电　　话： | 0433-2732435　　传　真：0433-2732434 |
| 印　　刷： | 北京市迪鑫印刷厂 |
| 开　　本： | 787毫米×1092毫米　1/16 |
| 印　　张： | 13.75 |
| 字　　数： | 259千字 |
| 版　　次： | 2022年3月第1版 |
| 印　　次： | 2022年3月第1次印刷 |
| 书　　号： | ISBN 978-7-230-02265-1 |

定　　价：58.00元

# 前　言

随着全球经济化的发展，翻译作为一种典型的跨文化交际活动，对相关人才的要求也在不断提高。但是英语与汉语所处的文化环境存在较大差异，造成语言表述存在差异。翻译不单单是语言符号的转换，更是文化内涵的传递，因此在翻译中跨文化意识显得尤为重要，否则就会出现信息错误的情况，会造成跨文化交流的难度增加，不利于我国在国际上的发展。因此，在英语翻译中渗透、融入跨文化意识，提供准确而又具有丰富内涵的信息才能推动跨文化交流，本书就此展开论述。

跨文化是指对于与本民族文化有差异或冲突的文化现象、风俗、习惯等有充分正确的认识，并在此基础上以包容的态度予以接受与适应。目前跨文化意识的提倡主要是在外语学习领域，因为语言是文化的载体，如果抛开文化学语言很难学到一门语言的精髓，也很难提高自己与外国人的实际交际能力；反之在认识文化基础上去学习语言，很多时候可以收到事半功倍的效果。

译者在跨文化环境中实施英语翻译时，需要在对跨文化语境进行考虑的同时，掌握跨文化语用原则，以保证最终的英语翻译质量。译者在进行翻译活动的时候，应树立良好的跨文化交际意识，应采取正确、主动、开放的态度学习英语跨文化知识，以便在英语翻译工作中主观、系统地理解和融合跨文化知识。

跨文化既要立足本民族文化，又要超越本民族文化，敏锐地觉察对方的情感并予以恰当的呼应。在文化立场上，一方面，不能完全抛弃本民族的立场而一味地去迎合他国文化；另一方面，不能受到民族本土文化的束缚和抑制，要理解、认同和尊重他国文化，坚持适度的文化移情。由于译者长期受汉语文化环境和思维方式的影响，其在汉英翻译中总会无意识地根据汉语的文化模式去翻译英语，把具有中华民族独特意义的文化内容生搬硬套，翻译成英语，让读者面对这种译文时一头雾水，不理解译文的内容。从跨文化交际的角度看，译者是两种文化的沟通者，译者有责任为读者排除语言障碍，让读者充分领会原始文本所要展现的各种价值。因此，译者要学会换位思考，设身处地地感受、体会和领悟英语文化的真谛，在翻译的过程中首先要厘清原文所蕴含的文化意义，然后摆脱汉语字面的束缚，以英语读者的角度来进行翻译，根据英语表达习惯重新组织句子，将原文中所表现出的文化内涵等信息清晰明了地传达给读者。

　　本书对跨文化因素下英语翻译相关内容的论述，使我们对翻译技巧有了更加清晰的认知。译者应明确自身使命，不断通过学习掌握正确的跨文化翻译语用原则以及各种文化差异具体内容，保证文章原意可以准确、直观地表达出来，能够让读者在阅读过程中产生更多的情感共鸣，从而将翻译工作所具有的各项优势与功能充分发挥出来。想要成为一名合格的翻译，译者必须从各个方面提高整体素质，尤其是语言素质和修养，掌握深厚的文化知识，在翻译过程中进行适当的文化移情，确保译文质量，促进跨文化交际的成功。

# 目 录

## 第一章 英语翻译教学概述 ············································ 1
### 第一节 当代英语翻译教学现状 ····································· 1
### 第二节 英语翻译教学的理念与目标 ································· 6
### 第三节 英语翻译教学的模式与原则 ································· 9
### 第四节 当代英语翻译教学的主要方法 ······························· 12

## 第二章 大学英语翻译教学模式 ········································ 15
### 第一节 大学英语翻译教学模式及方法 ······························· 15
### 第二节 大学英语翻译教学翻转课堂模式 ····························· 18
### 第三节 交际翻译与大学英语教学模式 ······························· 22
### 第四节 大学英语任务型翻译教学模式 ······························· 27
### 第五节 生态翻译学与大学英语翻译教学模式 ························· 29
### 第六节 基于认知语言学的英语翻译教学模式 ························· 31
### 第七节 基于双语平行语料库的商务英语翻译教学模式 ················· 34
### 第八节 多模态理论下的大学英语翻译教学模式 ······················· 38

## 第三章 文化差异与英语翻译 ·········································· 43
### 第一节 中西文化差异对英语翻译的影响 ····························· 43
### 第二节 英汉文化差异与英语习语翻译 ······························· 46
### 第三节 英语文学翻译中文化差异的处理 ····························· 49
### 第四节 中西方文化差异对商务英语翻译的影响 ······················· 52
### 第五节 中英文化差异与英语翻译教学 ······························· 56

## 第四章 跨文化英语翻译的理论研究 ···································· 59
### 第一节 跨文化英语翻译中的语境研究 ······························· 59
### 第二节 跨文化翻译与文化人类学的发展研究 ························· 61

第三节　英语翻译中的跨文化视角转换与翻译研究……68
第四节　关联理论与隐喻的跨文化翻译研究……70
第五节　认知角度与隐喻的跨文化翻译研究……77
第六节　英语习语的跨文化翻译研究……82
第七节　跨文化交际翻译中的"错位"现象研究……85

## 第五章　跨文化英语翻译的创新研究……91
第一节　跨文化法律英语翻译……91
第二节　跨文化视域下英语翻译中的同化和异化……94
第三节　跨文化英语翻译的词类转换技巧……96
第四节　地方高校商务英语翻译教学中跨文化交际意识培养……99
第五节　跨文化交际中的武术英语翻译原则与对策……102
第六节　英语电影字幕翻译的跨文化因素及对策……106

## 第六章　跨文化英语翻译的意义……111
第一节　跨文化商务英语翻译……111
第二节　英语翻译教学中跨文化交际能力的培养……114
第三节　跨文化交际中科技英语翻译的语用失误……115
第四节　跨文化英语翻译中的文化意义……120
第五节　跨文化文学作品翻译的人际意义……125

## 第七章　跨文化英语翻译的原则……131
第一节　翻译中的合作原则……131
第二节　新闻报刊的翻译原则……136
第三节　对立统一和谐理念下的跨文化翻译原则……138
第四节　跨文化交际视角下中医隐喻翻译原则……145
第五节　跨文化交流中外事翻译的原则……149
第六节　跨文化交际的商业广告翻译的创造性原则……152
第七节　跨文化语用学视域下的商务语篇翻译原则……155

## 第八章　跨文化英语翻译中学生能力的培养……161
第一节　大学英语翻译教学中的跨文化意识培养……161

| 第二节 | 旅游英语翻译过程中的跨文化意识培养 | 164 |
| 第三节 | 商务英语翻译中的跨文化交际能力培养 | 167 |
| 第四节 | 大学英语四级翻译中的跨文化能力培养 | 171 |
| 第五节 | 文化自觉与跨文化翻译能力培养 | 174 |

## 第九章 跨文化英语翻译的实践应用研究 180

| 第一节 | 跨文化思维在英语新闻翻译中的应用 | 180 |
| 第二节 | 英语语言翻译中多元文化的应用 | 183 |
| 第三节 | 跨文化意识在广告英语翻译中的应用 | 187 |
| 第四节 | 跨文化意识在旅游景点英语翻译中的应用 | 190 |
| 第五节 | 跨文化意识在文学作品英语翻译中的应用 | 194 |
| 第六节 | 跨文化意识在英语谚语翻译中的应用 | 198 |
| 第七节 | 跨文化视角下的法律英语翻译 | 201 |
| 第八节 | 跨文化思维在公示语翻译中的应用 | 203 |
| 第九节 | 跨文化交际理论在菜名翻译中的应用 | 206 |

**参考文献** 209

# 第一章 英语翻译教学概述

翻译是世界文化、经济、技术得以沟通的桥梁和纽带，翻译人才也是各个领域急需的人才。翻译教学是培养翻译人才的主要途径，也是英语教学的重要组成部分，对英语翻译教学给予重视是很有必要的。

## 第一节 当代英语翻译教学现状

当代英语翻译教学现状并不乐观，存在诸多问题。

### 一、教学大纲存在的问题

虽然翻译十分重要，但翻译教学在英语教学中并没有受到足够的重视。首先，作为大学英语教学的纲领性文件，《大学英语教学大纲》对翻译教学并没有给予足够的重视。虽然《大学英语教学大纲》(1999年修订本)在其教学目的中提及了培养学生的翻译能力，但重点仍然是培养学生具有较强的阅读能力和一定的听、说、读、写、译能力。2004年版《大学英语课程教学要求（试行）》的教学目标集中在培养学生的英语综合应用能力，特别是听、说能力方面。因此，可以看出翻译教学在大学英语教学中并没有受到重视。其次，大学英语是一门基础课程，许多大学都开设精读、泛读和视听说课程，然而翻译教学一直备受冷落，处于可有可无的地位。1996至2002年的12次大学英语四六级考试中，翻译题只出现了两次且对大学翻译教学的指导作用不大。2004年的《全国大学英语四、六级考试改革方案（试行）》将翻译列入考试项目，由改革前的英译汉变为汉译英，翻译题在试卷的综合测试部分与篇章问答部分轮流出现，试题分值占试卷总分的5%。至此，在全国瞩目的四级考试中，翻译终于有了一席之地，但所占分值微乎其微。

### 二、学生存在的问题

翻译是语言的综合运用能力之一，从一些公认的测试中可以看出，目前学生的翻译能力还存在不足，主要表现在以下方面。

## （一）"的的不休"

很多学生在翻译过程中过于频繁地使用"的"字。一见到形容词，就会机械地翻译为"……的"。例如：

It serves little purpose to have continued public discussion of that issue.

原译：继续公开讨论那个问题是不会有什么益处的。

改译：继续公开讨论那个问题没有益处。

The record has been considered soft ever since it was set last June.

原译：自从6月份创造了这个纪录以来，人们一直认为它是很容易被打破的。

改译：人们一直认为去年6月创造的纪录很容易打破。

The decision to stop attacking was not taken lightly.

原译：停止进攻的决定不是轻易做出的。

改译：停止进攻的决定经过了深思熟虑。

## （二）不善于增减词量

不善于添加或减少词也是学生在翻译过程中经常出现的问题。在翻译过程中，通常是英语原文中有几个词，学生的译文就有几个词，他们不善于根据汉语译文的需要而改变词量，导致译文常出现错误或者过于累赘。例如：

Women screamed, and kids howled, but the men stood silent, watching, interesting in the outcome.

原译：女人们尖叫，孩子们欢闹，男人们默默地站着看着，对结果感兴趣。

改译：只听到女人们在尖叫，孩子们在欢闹，男人们则默默地立在那儿袖手旁观，饶有兴味地等着看结果。

Her grace was a delight.

原译：她的优雅是一种快乐。

改译：她的优美风度令人欣悦。

## （三）方言及口语词汇使用过多

我国许多地方都使用方言，所以在翻译过程中也常有方言俚语的出现，这些方言俚语出现在翻译中有时会让人觉得十分别扭。例如：

"But, Papa, I just can not swallow it, not even with honey."

原译："可是，爹，我受不了，就是拌了蜜也咽不下呀。"

改译："可是，爸，我受不了，就是拌了蜜我也咽不下去啊。"

The children lived in terror of their stepfather, who had borne down on them so often and so hard that there was little left.

原译：孩子们对他们的继父怕得要死，继父经常整他们而且整得很重，简直把他们整瘪了。

改译：孩子们对他们的继父怕得要死，因为继父时不时就狠狠地教训他们一顿，他们已经无力应对了。

所以，译者在翻译时要尽量使用普通话，至于英语原文的古今雅俗之别，可适当选用一些在今天仍具生命力的文言词语和已经融入普通话并被各方言区读者普遍接受的方言俚语加以表达，但要格外慎重。

### （四）不能正确选择或者引申词义

部分学生不能正确选择词义或者根据上下文引申词义，从而造成译文理解上的障碍，甚至闹出笑话。例如：

He has developed an interesting gardening.

原译：他对园艺发展了兴趣。

改译：他对园艺产生了兴趣。

The aim of this course is to developed the students writing skill.

原译：这门课的目的是发展学生的写作技能。

改译：这门课的目的是培养学生的写作技能。

通过上述例子可以看出，一些学生在确定词义时，不能根据该词在行文中的搭配、组合关系等来判断词义。英语单词的词义比较灵活，同一个词、同一词类在不同场合往往会有不同的含义，译者在翻译时必须根据上下文的联系、逻辑关系等来判断和确定某个词在特定场合下应具有的词义，甚至还要将词义加以引申。如果脱离上下文，孤立地翻译一个词，就很难确切表达句子的深层意义。

### （五）语序处理不当

汉语的逻辑性很强，其语序通常依据一定的逻辑顺序按照由原因到结果、由假设到推论、由事实到结论、由条件到结果的次序有先有后、有主有次地逐层叙述。而英语的语序较为灵活，通常开门见山，直奔主题，然后再做解释。在表达多层逻辑思维时，英语常根据句子的意思和结果灵活安排语序。然而学生在翻译时往往拘泥于英语原文的词序，造成词序或者句序的错误。在英汉表达习惯不同的情况下，常出现一些牵强、别扭的译文。例如：

It is simple that they do the same things in different ways.

原译：只不过是不同的人做同样的事以不同的方法。

改译：只不过他们用不同的方式做同样的事情而已。

The doctor is not available because he is handing an emergency.

原译：医生现在没空，因为他在处理急诊。

改译：医生在处理急诊，现在没空。

## （六）模式过于固定

英语中被动语态使用较广，学生翻译这种句型时经常译成"……被……"，使译文死板生硬。例如：

It is considered of no use learning a theory with out practice.

译文：脱离实践学理论被认为毫无用处。

这样翻译虽然没有错误，但很牵强。由于汉语中被动句的适用范围很狭窄，所以在翻译被动句时，除一些可以保持被动语态的情况之外，很多情况下可以译成主动句。这句话可改译为：人们认为脱离实践学理论毫无用处。

## （七）长句处理不当

长句在英语中经常出现，学生在译这些长句时往往不善于将长句中的前置词、短语、定语从句等转译成分句，从而在译文中出现我们不习惯的外语式长句。例如：

Think of ways to turn a trying situation into a funny story which will amuse your family and friends.

译文：想办法把不愉快的处境变成一个能逗你的家人和朋友的有趣乐事。

例子中含有定语从句，译文语法虽然没错，但不符合汉语的表达习惯。当英语定语从句的结构较为复杂时，可以将句中的定语部分译成分句。这句话可译为：想办法将令人尴尬的处境变成一件引人发笑的趣事，给你的家人和朋友带来一点快乐。

Since hearing her predicament, I have always arranged to meet people where they or I can be reached in case of delay.

译文：听了她的尴尬经历之后，我就总是安排能够联系上的地方与别人会见，以防耽搁的发生。

该句比较长，含有状语从句，原译给人的感觉比较混乱，让人看了之后不太明白句子的意思。这句话可译为：听她说了那次尴尬的经历之后，每每与人约会，我总是要安排在彼此能够互相联系得上的地方，以免误约。

从平时的学期考试和被公认是可以衡量英语学习者水平的一些大型标准化测试来看，学生的实际翻译水平亟待提高。同时，学生在翻译练习实践中也暴露出了很多不足。在日常的学习过程中，很多学生并没有对教师布置的翻译练习中的课文或句子进行仔细的推敲和揣摩，总是直接在教辅书上对一下答案。即使在做模拟试题时，也跳过翻译部分，或草译一下便急于核对答案。学生寄希望于教师讲解，不愿亲自下功夫实践，惰性强，依赖心理重，于是就产生了盲目焦虑的情绪。

还有一部分学生认识到自己翻译能力方面的不足之后，非常重视，对平时的翻译学习和操练也持认真的态度。但他们却没有找到适合自己的学习方法，有的稀里糊涂地做一大堆练习而不善于及时归纳总结知识要点，还有的随便找一本翻译理论书硬啃条条框框，更不懂得将翻译学习与其他技能的提高联系起来，其结果是感到翻译学习事倍功半，也产生了畏难情绪。

上述两类学生的心理和情绪都不利于学习翻译知识与提高翻译能力。

## 三、教师存在的问题

翻译是有效进行口头和书面交流的重要技能，翻译教学是英语教学的重要组成部分，教学的好坏在很大程度上取决于教师，但教师在翻译教学的过程中存在着许多问题，影响着翻译教学的提高。

### （一）教学形式单一

目前的翻译教学，除课文的英译汉外，教师主要是指导学生做汉译英练习。教师的教学方法及形式单一，常采用如下的步骤：先布置学生做练习；然后批改练习，力求将学生作业中的全部错误挑出，并逐一改正；最后讲评练习，仍以改错为主，针对普遍性的典型错误一一评析。这种教法不仅费时费力，而且效果也不尽如人意。

### （二）重视程度不够

目前英语教学大纲对翻译能力培养的要求不够具体，翻译在教学过程中的地位和作用没有其他英语技能显著。教师大多采用传统的翻译法，肤浅地比较两种语言之间的异同，只是把翻译当作理解和巩固语言知识的教学手段，注重的是语言形式而非语言内涵，强调的是翻译知识而不是翻译能力。教材中的翻译练习被简单地一笔带过，只是强调一下翻译材料中重复出现的关键词和句型，对对答案，缺乏系统的翻译训练。教师对于翻译技巧的讲授缺乏整体的规划，往往有时间就讲，没时间就不讲，随意性很强。

### （三）一言堂

很多时候翻译课堂的气氛沉闷，教学效果不好，不符合"以学生为中心"的现代教育理念。这是因为教师是课堂主体，一味地在课堂上讲，学生一味地听，却没有发言的机会。所以，英语翻译教学应一改过去以教师为中心和"一言堂"的模式，发动学生同桌互改、小组讨论、集体修改，或者针对某一学生的作业，由全班同学讨论修改。这样的教学方法可以开阔学生的思路，培养他们主动学习、自己发现问题并解决问题的能力，还能活跃课堂气氛、提高教学效果。

针对上述情况，教师首先要明确翻译教学是英语整体教学必不可少的重要组成部分，然后要确立把翻译作为语言基本技能来教的指导思想，把翻译知识和技巧的传授融入精读课文的教学中，有意识地培养学生的翻译能力，从而促进学生其他能力的提高。

## 第二节　英语翻译教学的理念与目标

### 一、英语翻译教学的理念

英语翻译教学的目的是使学生掌握必要的翻译知识，初步习得翻译技能，其理念大致包含以下几点。

#### （一）翻译教学的先导

翻译课程的先导是翻译理论，理论的意义在于它对课程的指导作用，就目前的理论而言，不但学派众多，而且理论繁杂。如果把不同学派的理论观点和相关内容全都搬进翻译理论中，不仅使人感到空泛，而且也不具备条理性和科学性。很多翻译理论都是传统的理论，多来自宗教和文学，缺乏实用性。据有关数据统计，大部分的翻译理论只适用于占每年翻译工作大概4%的文学翻译，而占超过90%的实用翻译理论则在理论层面很少谈到。这种理论与实践上的不平衡使很多人都觉得翻译理论没有实用价值。

相比而言，翻译功能目的论是比较切合实用翻译的。该理论认为：决定翻译过程的不是原本本身或原本对接受者产生的影响或反映，亦非作者赋予原本的功能（等值或等效论如此认为），而是译本的预期目的与功能。实用文体翻译一般都有现实的、甚至功利的目的。这种目的在很大程度上受翻译委托人、译本接受者及其文化背景和情境的制约。目的和功能是实用文体翻译的依据和依归，而功能目的论的理论核心也在于目的和功能两相印证，理论和实践才有可能很好地结合。实际上，学校开设翻译课就是为了让学生能够在实际中运用，也能够在实践中看到，学生选择这门课很大程度上就是为了在相关考试中得高分或为今后实际工作而考虑。所以，运用翻译的功能目的论指导学生的翻译课程将有利于调动学生学习的创造性和积极性。

## （二）翻译教学的基础

语言的对比是翻译教学的基础，大家在学英语的过程中都有这样的体会，一旦脱离说英语的环境，我们总是本能地说汉语，这一点在初学者中更加明显。然而当我们有了一定的词汇量时，我们就会愿意说英语，但是在这个过程中，我们会把中英文进行比较，也就是说当我们有些短语不知该怎么翻译时，就会用中文的思维方式去翻译。比如20世纪30年代有人把 the Milky Way 直接译成"牛奶路"已成为翻译史上的趣谈。学生把"他的英语水平比我高"译成"The level of this English is higher than me."。这种汉化的英语就是不了解英汉两种语言形式上的差异，生搬硬套造成的结果。在两种语言的转换过程中，译文是对比或比附的产物。翻译课的目的是把不自觉的错误对比转化为有指导的对比，从而深入认识两种不同语言之间的异同。

语言对比的重点在于"异中有同"以及"各有不同"这两个方面。各不相同之处有很多，重要的如词序的不同、信息重心安排的不同、连接方式的不同等。然而异中也有同，在英、汉语中均有介词，有时用法也是相同的。但是汉语介词多数从动词变化而来，有的到现在还难以确定它是动词还是介词。而英语的动词和介词截然不同。由于这一区别，英语介词在汉语中往往要用动词来翻译。例如：to go by bus，坐公交车去；a girl in white，穿白衣服的女孩。诚然，"异"也不是绝对的"异"。通过大量的"同中有异，异中有同"的对比可以克服母语干扰，从而达到正确理解和通顺表达的目的。

## （三）翻译教学的主干

翻译技巧是翻译教学的主干。掌握翻译理论和语言对比的规律只是从科学的角度帮助译者了解翻译的实质与原则，开启正确的、完善的翻译思路，而要真正学好翻译，还需要勤学苦练、潜心实践，另外还要注意翻译的方法，讲究翻译技巧。翻译课是以继承和传授前人已经总结出来的宝贵经验为主要内容，这些经验包括理解和表达两个方面，反映在翻译的方法与技巧上。例如，从句子形态上看，汉语由于修饰语、定语在前，结构重心经常提前，而英语句子的结构重心经常放在句末，把较长、较复杂的成分放在后面，因此翻译上常需调整词序。

## （四）翻译教学的手段

翻译教学是以分析综合为手段的。在翻译中你会发现，对于同一个句子可以有多种翻译，语法结构都没有错误，可是肯定会有一个是最佳翻译。要想翻译得精准，译者不仅要头脑通达、清晰、锐利，还要有深厚的语言文字功底。这样翻译出来的句子或文章才会思路完善透彻，语言简洁、清新、优美。

我们在翻译的过程中要充分运用综合与分析两种手段，即从总体及其系统要素关系上连点成线,集线成面,集面成体,又对各个层面进行动态或静态的分析细察,透过现象从本质上去观察事物的本来面目。在表达过程中,同样有分析与综合两个方面,分析是手段,综合是目的。

### (五)翻译教学的载体

课堂教学是翻译教学的载体,教师通过课堂教学可尽量详解教材,并对学生学习的知识与技能的过程、方法、情感态度以及价值观进行相应的引导。课堂教学应努力贯彻以实践为主、以学生为主的原则,大致可包括教师讲解、范文赏析、译文对比、学生练习和练习讲评五个环节。

1. 教师讲解

在课堂上,教师讲解的重点是以英汉语言对比为基础分析译例,提升技巧,把学生对翻译的感性认识提高到理性认识。

2. 范文赏析

选择一些语言优美而又相对简单的名人名译,既有赏心悦目之效,又有借鉴临摹之功。

3. 译文对比

选择同一原文的两三种不同的译文,让学生比较揣摩;可比较译文的优劣,也可比较不同的译德译风,择优而从,见劣而弃。

4. 学生练习

练习包括课前复习、课内提问及课后作业,它贯穿整个教学过程,也是翻译教学中的重要环节。

5. 练习讲评

练习讲评应该多从两种语言特点的对比和分析着眼,从翻译思维中一些具体障碍着手,不就事论事地纠缠于细枝末节。

以上的五个环节中,讲解由教师承担,其他四个环节需要师生共同讨论。讨论本身有不同形式:可以教师引导、学生讨论,也可以教师提问、学生作答,或者师生一起讨论等。通过讨论可以进一步发挥学生学习的主动性,使教师与学生、学生与学生相互沟通,最终使翻译的整体教学得以实现①。

## 二、英语翻译教学的目标

英语翻译教学的目标主要有以下三点:

---

① 苗兴伟、秦洪武:《英汉语篇语用学研究》,上海外语教育出版社,2010。

## （一）使学生了解翻译的基本概念、性质、形式和认知过程

在教学的初级和中级阶段，教师要帮助学生了解翻译的一些基本知识，如翻译的基本概念、翻译的主要性质、翻译的各种形式、翻译的重要作用、翻译的主要标准、翻译的基本原则、笔译与口译的种种差别、口译和笔译的基本技巧以及不同语言之间的信息转换过程等。尤其要使学生了解语言知识并认知之间的紧密关系，了解对于翻译而言认知知识的重要性。同时，这些知识的传授要贯穿教学的各个环节中，需要教师与学生的积极互动，也需要学生的积极参与。

## （二）培养学生的双语思维能力，使其掌握基本翻译技巧与方法

我国学生一直生长在汉语的环境中，因此习惯用汉语的思维来思考英语问题，但翻译要求译者同时用英语和汉语的思维来考虑问题，因此培养学生双语转换思维的能力，就成了翻译教学的重要目标之一。此外，要想顺利进行翻译，还需要掌握一定的翻译技巧和方法。英语翻译教学的另一重要目标就是使学生掌握尽量多的翻译技巧和方法。

## （三）提高学生的双语表达能力

除了要培养学生的翻译技能外，提高学生的双语理解和表达能力也十分重要。因为翻译涉及的是双语交际活动，交际活动中使用的语言，其含义有时是字典中提供的含义所不能涵盖的，因此这就需要在翻译前后进行充分的准备，也就是不断丰富学生的各种知识，增强学生的理解和表达能力，这也成为英语翻译教学的目标。

# 第三节 英语翻译教学的模式与原则

## 一、英语翻译教学的模式

本节着重介绍两种英语翻译教学的模式，第一种是以学生为中心的教学模式，另一种是多媒体教学模式。

### （一）以学生为中心的教学模式

现代教育观认为，学习的过程是学生主动接受刺激、积极参与意义构建的思维过程。学生是教学服务的对象，教学过程中应以学生为中心组织教学，充分发挥学生的积极性和创造性，同时不能忽视教师的引导作用。这就强调了以学生为中心的教学模式的重要性。

以学生为中心的教学模式呈现出显著的教学特点，主要表现为以下几点：

（1）教学的主要目的是培养学生独立的翻译能力。

（2）教学的重点发生了转移，从以教师为中心转向了以学生为中心。

（3）注重学生学习的积极性和主动性。

（4）强调翻译的过程。

（5）关注学生信心的树立，要求教师对学生的作业持积极、宽容的态度。

针对学习的认知过程来讲，只有学生主动地参与学习过程，才能快速高效地完成学习任务。在学习的过程当中，学生的主观态度、意识和情感等因素对学生翻译能力的发挥有着重要的影响。所以，在这一模式具体实施的过程中，教师应善于观察和分析学生的心理特点，并根据学生的特点来适当调整教学，为学生营造一个轻松愉悦的学习氛围，充分调动学生的积极性，激发学生的学习兴趣，使学生勇于表达自己的观点。同时，这一教学模式要求教师要结合学生的兴趣、需要、特长以及弱势来组织课堂讨论，以培养学生乐于交流的性格，激发学生的创造性思维，还要求教师对学生的译文持宽容、积极的态度，教师要积极评价学生的优秀译文，帮助学生树立自信。因此，无论是在课堂还是课外实践中，教师都应将学生置于教学的主体地位，并依据学生的实际情况开展和组织教学。

## （二）多媒体教学模式

传统教学手段的局限性和落后性使越来越多的学校和教师开始在课堂教学中运用多媒体这一新的教学手段。在具体的教学过程中，这一教学模式可分以下步骤进行：

（1）教师在课堂上为学生讲解语篇文体特点等方面的知识，帮助学生理解语篇的基本知识，了解语篇的背景知识和语境。这些活动可采用电脑、电视、投影仪等多媒体手段，使学生更快地进入角色，对讲解的基本知识有深刻的了解。

（2）让学生复述、概括背景知识，教师做必要的补充和纠正，帮助学生掌握所需了解的内容。

（3）让学生阅读原文，然后独立思考，并着手进行翻译，同时教师帮助学生解决遇到的难题，在全班讲解。

（4）学生以电子邮件或其他形式提交书面作业，教师对学生进行分组，小组内部展示作业，并相互交流发表对译文的不同看法，选出一人将大家的意见综合起来论述。教师可参与讨论，并对学生的活动和译文做出评价。

从以上所述看出，首先，多媒体教学模式改变了传统翻译教学的模式，学生不再是被动的接受者，而是积极的参与者；其次，采用多媒体技术教学，学生可以更容易也更轻松地体会英汉文体的不同风格，领悟英汉语言之间的差异；再次，多媒体含有丰富的教学资源，不仅为教师和学生提供了大量的信息，还为教师和学生带来了信息交流的机会；最后，多媒体这种新颖的教学模式调动了学生的参与积极性，激发了学生的自主性，发展了学生联想和创造性的思维。

## 二、英语翻译教学的原则

提高学生的翻译能力、培养学生交际能力是翻译教学的最终目的，而英语翻译教学原则始终贯穿其中，指导和促进着翻译教学的进行。因此，英语翻译教学应遵循五个方面的原则，即交际原则、认知原则、文化原则、系统原则和情感原则。

### （一）交际原则

交际是语言的重要功能之一，也是外语学习的最终目的。外语交际能力主要包括准确接收信息的能力和准确发出信息的能力。而对于翻译教学以及翻译能力的培养而言，交际能力还包含准确转换信息的能力。交际理论认为，语言是表达意义的体系，其主要功能是交际功能，语言的结构反映其功能和交际用途，语言的基本单位不仅仅是它的语法和结构特征，还包括反映话语中的功能和交际意义的范畴。所以，在英语翻译教学中，教师应始终遵循这一原则，在该原则的基础之上培养学生的翻译技巧和翻译能力。

### （二）认知原则

学生通常会在自己原有知识的基础上学习和接受新的知识，同时会依据自己的认知特点以及自己原有的思维方式来采取不同于其他人的学习方法和策略。所以，在翻译教学过程中，教师应遵循认知原则，充分考虑学生的不同特点，并针对学生的特点设计出能够激发学生兴趣、调动学生积极性的活动模式，引发学生积极进行思考，培养学生自己的学习方法和策略，发展学生的翻译技能，使学生实现有效交际。

### （三）文化原则

翻译是一种跨文化交际活动，它要求学生必须了解不同语言国家的政治体制、经济模式、思维习惯、生活方式、风土人情、表达习惯等。所以，在翻译教学中，教师要时刻谨记这一原则，并将学生置于跨文化交际的语境之下，重点培养学生跨文化信息转换的能力，使学生切实感受到只顾语言的对应、不考虑不同国家之间的文化差异是难以达到交际目的的。

### （四）系统原则

语言是一个庞大而完整的系统，其内部的各个成分和要素之间都是密切联系的，并且有规律可循。翻译教学亦是如此，它是一个繁杂的系统工程，也有着自己的规律和方法。因此，教师在翻译教学中应遵从系统的原则，根据翻译的本质、翻译教学的基本规律以及学生和社会的需求，制定系统而科学的教学大纲，从而培养学生的翻译技能，增强学生的英语能力，提高翻译教学的效率。

### （五）情感原则

除遵循上述原则外，教师在英语翻译教学过程中还应遵循情感原则，因为在翻译的学习当中，学生的学习动机、学习态度、学习兴趣、自身性格都会影响学生的学习效果。所以，教师应不断引导和调控学生的学习态度以及学生的个人情感。

## 第四节 当代英语翻译教学的主要方法

教师在英语翻译教学中采用一定的方法，对学生学好翻译、促进翻译知识的自动化理解有很大的帮助。本节主要介绍一些常见的翻译教学方法。

### 一、图式方法

图式实际上是一些知识的片段，它以相对独立的形式保存在人的大脑记忆中，对言语的理解其实就是激活大脑中相应的知识片段的过程。人从生下来开始就在同外部世界接触的过程中开始认识周围的事物、情景和人，同时在头脑中形成不同的模式。围绕不同的事物和情景，这样的认知模式形成了有序的知识系统。图式是人的头脑中关于外部世界知识的组织形式，是人们赖以认识和理解周围事物的基础。在面对新的信息时，如果我们的大脑没有形成类似的图式，就会对理解产生负面的影响。因此，将"图式"引入翻译教学意义十分重大，这样可以成功地激发学生头脑中与文本相关的图式，使学生对原文有正确的理解。

在翻译时，教师可以为学生提供一些需要激活图示才能正确理解的语言材料，然后要求学生根据这些材料进行翻译。同时，教师要帮助学生记忆语言的形式和功能，帮助学生调动相关的图式，以帮助他们修正和充实对事物的认知图式。

### 二、推理方法

推理是从已知的或假设的事实中引出结论，它可以作为一个相对独立的思维活动出现，经常参与其他的许多认知活动。这里的推理并非译者凭借想象所做出的随意行为，而是文本结构的内在特征。人们在看到文本的内容后，往往会根据已有的知识经验做出一系列推理，这些推理为译者提供了额外的信息，把文本中的所有内容联系起来，使人能充分理解每一个句子。因此，在翻译教学过程中，教师要有意识地介绍给学生一些常用的推理技巧，如利用逻辑词进行推理，根据作者的暗示进行推理，根据上下文进行推理等，以培养学生的推理能力。

## 三、语境方法

语境即言语环境，既指言语的宏观环境，又指言语的微观环境。宏观语境是话题、场合、对象等，它使意义固定化、确切化。微观语境是词的含义搭配和语义组合，它使意义定位在特定的义项上。在翻译的过程中，译者要把这两种言语环境都考虑到，因为只有两者结合才能确定话语的含义。同时，译者不仅要依靠自己的语言知识获取句子的意义，还要根据原文语境中的各类信息进行推理、思辨，获取原文作者想要表达的深层意图，进而确定相应的译文，准确地表达原文的意思。

语境在翻译中起着至关重要的作用，翻译中的理解和表达都是在具体的语境中进行的，词语的选择、语义的理解、篇章结构的确定都离不开语境，可以说语境是正确翻译的基础。因此，在具体的教学过程中教师要引导学生在理解原文的同时紧扣语境，反复推敲，以达到准确、传神地传达原文意义的目的。

## 四、猜词方法

概念能力是指在理解原文时把语言文字的零星信息升华为概念的能力，是原文材料的感知输入转化为最佳理解的全部过程。学生的概念能力在翻译中起重要作用。一个学生在词汇贫乏时，对词句、段落形不成概念；在对关键词在原文中的含义不甚理解的情况下，得不到文字信息的反馈，就会陷入对内容的胡乱猜测。所以教师应指导学生使用猜词方法。

翻译中的猜词方法包含以下几种：

（1）根据词的构成猜测生词词义。这是比较常用的一种方法，它要求学生掌握一定的构词法知识，特别是词根、前缀、后缀的意义。

（2）利用信号词。所谓信号词就是在上下文中起纽带作用的词语。这些词语对猜测生词词义能起很大的作用。

（3）根据意义上的联系猜测词义。句子的词语或上下文之间常常有一定的联系，根据这种联系可以猜测词义。

（4）结合实例猜测生词词义。有时，下文中给出的例子能对上文提到的事物加以解释，可以结合例子中常用词猜测所要证明的事物中的生词词义，反之，也可以猜测例子中的生词词义。

（5）通过换用词语推测生词词义。作者在文本中常使用不同的词语表达同一种意思，或难易词语交换使用，据此可以猜测生词词义。

# 第二章 大学英语翻译教学模式

## 第一节 大学英语翻译教学模式及方法

我国应试教育体系在实践过程中大多是将"听、说、读、写"作为重点考察项目，而考试本身则较少涉及翻译。可是在目前激烈的竞争环境下，社会对于人才的需求质量也在不断提升，高层次、复合型人才成为市场需要的人才，所以现行的大学英语翻译教学模式与方法无法有效满足市场的人才需求。为了改善这一现象，本节就大学英语翻译教学模式及方法进行了探索。

如今，国际交流与合作变得越发频繁，所以在大学英语教学过程中，英语翻译教学的重要性也在不断凸显。可是，目前大学英语翻译教学受到的重视程度还远远不够，教学目标、内容以及考评等多方面都尚未展开合理统筹规划。在这种情况下，大学英语翻译教学质量自然不够理想，培养出来的英语翻译人才也无法满足市场的需求。为此，加强大学英语翻译教学模式及方法探索就显得十分重要，而笔者也是基于此进行了如下探索。

就大学英语翻译教学现状来看，教学模式及方法还是存在着较多的问题，所以大学英语翻译教学质量也无法得到保障。首先，大学英语翻译课程受到的重视程度不足。虽然大学英语四六级考试期间也增设了翻译相关的题型，可是少量的翻译分值只会促使学生的英语翻译学习变得更加具有目的性，有些学生虽然大学英语四六级分数较高，可是在日常与人交流与对话的时候，却连简单的翻译都无法做好，这一现象也表明现今我国大学英语翻译教学模式及方法还是尚未脱离应试教育体系。其次，大学英语翻译教材陈旧。现如今大学英语教学活动在实施过程中，其教材涉及的课后练习大多是对这一节课生词、语法、词组等内容进行复习，涉及翻译部分的内容与知识点相对较少；此外，有些虽然涉及一些翻译练习，可是也只是简单的文本翻译，学生缺少自主发挥的余地，无法在英语翻译教学课堂发挥出自身的创造力与积极性。最后，对于语言文化背景认知不足。英语翻译过程中，如果是以中国文化背景来进行翻译抑或是逐字逐句地翻译，很有可能会出现中式英语（Chinglish）这一现象，翻译出来的内容也是与其含义不相符的。只有充分了解英语文化背景，才能真正理解文本背后所蕴含的深意。所以教师在英语翻译教学期间，语言文化背景认知存在不足，这是教学期间存在的问题之一，也是学生出现理解偏差的主要原因。

## 一、完善大学英语课程体系

不管是任何教学内容，首先一定要设置一个十分合理且宏观的课程体系，这样才能对整个课程的顺利实施起到良好的指导效果。《大学英语课程教学要求》中对非英语专业本科生英语能力提出全新的要求，同时还对学生听、说、读、写、译能力提出了具体的量化指标。大学在英语教学可以结合院校实际情况制定出适合本校教学活动顺利开展的教学大纲，这样才能真正有效地为大学英语翻译教学提供良好保障。在完善英语翻译课程体系的时候，教师在课程设置时最好结合市场需求、学生实际应用能力培养来进行完善，不能只是简单地将其分成听说课、读写课，还需要合理设置翻译课程，这样才能真正为学生讲述一些基础的翻译技巧和理论，让学生的翻译水平得以有效提升。除此之外，在完善大学英语课程体系的时候，还需要及时优化教材，编写适合学生发展的英语翻译教材，这样才能让学生的翻译能力得到有效提升。

## 二、创新翻译教学模式

大学英语翻译教学的主要任务就是培养学生的翻译能力、让学生今后的就业与交际能够更加顺畅。传统大学英语翻译教学课堂的教学成效并不理想，要想改变这一现象，教师在教学期间就需要及时创新翻译教学模式，因为教学模式是否合理会直接影响学生英语翻译学习的积极性与参与性[①]。具体而言，大学英语翻译教学时，教师应积极组织翻译实践课程，然后再将翻译理论与翻译技巧穿插到其中，这样才能使学生的翻译能力得到有效提升，同时改变传统单独讲述翻译理论的枯燥以及无趣之感。常用翻译方式主要有意译法、直译法、直译意译结合法、长句拆译法、增译法、删略法、词类转换法、替代法等，教师在为学生讲述这些方法的时候可以结合具体案例来进行讲解，这样学生才能得到更为良好的发展与提升。而要想做到这一点，教师自身首先一定要对翻译理论以及技巧性知识形成良好的理解和把握，这样才能进一步提升翻译教学质量。总之，在大学英语翻译教学过程中，一定要改变传统那种教师讲解、学生被动听课的教学模式，多为学生提供翻译机会，让学生在翻译实践中逐渐提高自身翻译能力。例如，教师可以搜

---

① 赵海燕：《认知图式理论在商务翻译教学中的应用》，《长春金融高等专科学校学报》2013年第1期。

集文学翻译、新闻报道、产品说明书作为翻译教学的例子来引导学生进行翻译，这样学生就能真正在翻译实践中逐渐提高自身翻译水平，有效保障大学英语翻译教学的质量。

## 三、加强对学生语言能力的培养

语言能力通常是指语言理解能力、表达能力，也是翻译教学过程中较为重要的一项能力，翻译的过程从某些方面来说也是学生理解原文的过程，更是学生创造性使用另一种语言再现原文的过程，只有真正实现对原文的正确理解才能顺利实现表达。当代大学生在英语学习过程中，对英语原文理解存在不足，部分学生虽然能够理解原文意思，可是要让他们使用汉语来表述却是十分困难的。很多学生在翻译的时候都会出现中式英语这一现象。针对这一现象，教师在大学英语翻译教学课堂上需要加强对学生语言能力的培养，而培养方式则可以从以下几点着手：首先，教师可以借助互联网来引导学生自主学习，让学生在自主学习过程中逐渐提高自身语言感知能力。具体而言，教师可以指导学生借助互联网或是其他途径来构建出专属于自己的语料库，让学生通过互联网英语阅读逐渐提高语言表达能力。其次，教师在英语教学期间还可以积极开展适量的翻译欣赏课程教学，或是要求学生对一些英文名著进行阅读，并进行翻译，之后再将自己的译文和名家翻译的作品进行对比，同时在这一过程中总结自身心得体会，这样学生的英语翻译能力也能得到进一步发展。最后，教师在英语翻译教学课堂上还可以积极组织学生开展小组合作翻译竞赛活动，通过竞争的方式来提高学生的翻译积极性，同时让学生在合作期间学会从不同角度思考问题，这样学生的整个翻译能力也能得到有效提升与发展。

## 四、加强学生对于知识背景的了解

大学英语翻译教学不单单是为了让学生掌握翻译技巧、提高翻译能力，还要注重培养学生的双语表达能力和创造性思维能力。英语翻译教学中的翻译方式可谓多种多样，这一点在上述分析中也有提到，而究竟使用哪一种方式还要根据翻译文本来定。学生在英语翻译过程中，背景知识差异是无法避免的，中西方语言文化差异本就是影响学生翻译准确性的重要因素，毕竟我国与其他国家的社会背景、语言表达方式、风俗习惯等多方面都存在差异，所以学生如果不能对西方文化背景形成一定的理解，自然会引发一些翻译障碍，从而无法在翻译过程中有效表达原有的意思。例如，对于"It was Friday and soon they'd go out and get drunk."这句话，我们通常都是将其翻译成"周五到了，他们会出去喝得酩酊大醉的"。如果对英国文化背景有一定了解的话，我们就能够意识到周五是他们国家发薪水的日子,所以在进行翻译时不能只是流于语言表面,可以进行如下润色:"星期五发薪日到了,他们会马上出去喝得酩酊大醉的",这样自然能够将原作者所要表达的意思更好地表达出来,从而有效提高英语翻译的准确性。

## 五、加强学生跨文化交际能力的培养

在大学英语翻译教学中,教师不仅要加强学生对于西方国家文化背景知识的了解,还要加强对学生跨文化交际能力的培养。具体而言就是在翻译教学中要有意识地为学生渗透西方国家的语言文化知识,让学生在掌握语言知识的同时,更好地了解与语言相关的文化知识,这样才能提高学生的文化敏感性,有效培养其跨文化交际能力。例如,教师在教学中可以从中西方词汇差异着手进行中西方文化对比,因为词汇是语言的最基本要素之一,是语言交际活动得以顺利开展的基础,而文化差异在词汇层面表现得最突出、涉及层面也十分广。像在英语之中具有文化背景的表达方式在我国词汇中就十分少见,而我国一些十分独特的中国文化内涵也是英语词汇中没有的,而只有真正了解到这一差异才能翻译得更准确。例如,对于"The United States has now set up a loneliness industry."这句话,学生如果对美国社会文化生活没有更多的了解,自然也就无法理解其中提到的 loneliness industry 的含义,这一词语指的是美国二十世纪六七十年代所出现的大量孤寡老人无人照顾的社会问题,当时美国政府部门为他们成立了一项福利事业,即 loneliness industry。也只有真正理解了这一背景,才能将其切合实际地翻译为"美国已建立了一种为孤寡老人服务的社会事业",从而真正体现翻译的准确性。为此,教师在教学中一定要注意为学生讲解中西方文化差异,让学生从文化内涵分析翻译文本,从而逐渐提高学生的跨文化交际能力。

综上所述,大学英语翻译教学作为大学英语教学的重要组成部分,不可或缺,做好英语翻译教学对于学生今后的就业和工作可谓意义非凡。为此,教师在教学中一定要加强对大学英语翻译教学模式及方法的探索,结合学生实际进行教学创新与优化,这样才能在全球化环境下培养出更加优质的专业人才,学生也能在这一过程中得到更良好的发展与提升。

## 第二节 大学英语翻译教学翻转课堂模式

翻转课堂作为一种全新的教学模式,提倡的是先学后教,其对知识传递到知识内化这一顺序进行了逆向安排，而且师生角色和地位也在这一过程中发生了较为显著的变化，使教学课堂真正地以学生为主体，充分体现出了学生主体地位，十分符合当代学生对英语翻译教学的发展诉求。本节就大学英语翻译教学课堂模式进行研究，希望以此有效提升大学英语翻译的教学质量，提高学生的翻译水平。

翻转课堂直接改变了传统教学模式，在大学英语教学改革不断深入的环境下，英语翻译教学受到的关注度也在不断提升。翻转课堂应用于英语翻译教学，能有效克服传统教学模式存在的弊端，有效激发学生参与英语翻译的积极性与能动性，从而有效提升英语翻译的教学质量，使学生能够在在校期间达到较高的翻译水平，为其今后发展提供良好的保障。

## 一、翻转课堂相关概述

翻转课堂也可以称为"颠倒课堂"，这一教学理念就是在教学中通过互联网为学生呈现各种形式的教学材料，让学生在课前能够提前感知、了解即将要学习的内容；而在课堂上则由教师引导学生互动与合作，学生在合作探究过程中分析、解决问题，从而掌握知识。翻转课堂模式作为一种全新的教学模式，将课前准备阶段、课堂教学阶段和课后评价阶段置于同等地位，借助于"先学后教"这一形式组织学生学习与思考，充分发挥学生学习的主观能动性，使学生在课堂学习与思考过程中更好地掌握英语教学内容，从而有效地促进学生的全面发展与提升。这种颠倒式的教学安排直接改变了传统中的课堂师生的角色和地位，同时对课堂时间使用进行了重新规划与安排，这不仅是对传统英语教学课堂提出的新挑战，也是教育现代化的具体表现，能够更好地推动大学英语翻译教学与互联网信息技术有效地结合在一起，而大学生也能在这一过程中得到发展与提升。总之，在大学英语翻译翻转课堂模式下，学生不再是被动的知识接受者，反而在教师指导下成了知识的探究者与思考者，为大学英语翻译教学营造了良好的环境，是一种十分有效的教学手段。

## 二、大学英语翻译教学翻转课堂实施可行性

### （一）翻转课堂模式实施具有较强的现实意义

在大学英语翻译教学中实施翻转课堂教学，就是在教学中采用先学后教的教学手段，课前让学生利用互联网进行自主学习与思考，课堂教学则将知识应用与探究作为教学关键。在这一过程中，课前学生预习要学习的内容时，可以依据自身学习能力自主学习、自主选定视频播放次数，对有疑问的地方进行标记、记录，上课时向教师提出问题，或

者直接在网络上与教师进行互动与交流；教师则在课堂上为学生答疑解惑、组织学生合作探究，这不仅能促进师生互动与交流，还能进一步提升课堂活跃度，促进英语翻译教学活动的顺利开展。

### （二）翻转课堂模式符合英语翻译教学特点

大学英语翻译课程本身就具有较强的实践性，学生只有真正参与大量翻译实践活动才能逐渐提高自身翻译技巧与水平，因此只在教学中单纯地依赖于课堂教学提高学生的翻译能力显然是不现实的。现如今，大学英语翻译教学活动大多是将具体的问题与具体的翻译技巧结合在一起的，这种直线型教学模式没有充分体现学生的主体地位，学生翻译水平的提升自然也就受到了限制[①]。另外，翻译教学也尚未面向学生今后的就业与发展，因此翻译教学效果并不理想。而翻转课堂教学能够结合英语翻译教学特点对课程进行优化与调整，还能为其提供各种各样针对性较强的翻译内容，有助于培养高素质、高水平的翻译人才。

### （三）教学环境满足翻转课堂模式实施条件

在信息技术不断发展的环境下，现如今许多大学的教室都配备了无线网络，也有计算机实验室，学生自己也有电脑、手机等上网设备，这些均为大学翻转课堂教学提供了良好的实施环境与基础。除此之外，随着信息技术的不断发展，网络英语教学资源也因此变得越发丰富，学生不仅能在课前学习教师录制的微课程，还能及时访问英语学习网站、观看英语电影，以此作为翻译教学的补充材料，从而有效丰富英语翻译教学内容，使学生得到更全面的发展与提升。

## 三、大学英语翻译教学翻转课堂模式具体实施步骤及优化措施

### （一）具体实施步骤

为了能够在大学英语翻译教学中有效发挥翻转课堂模式的应用价值，笔者就其具体实施步骤进行了如下分析：

1. 教师制作微课

大学英语教师在应用翻转课堂模式进行翻译教学时，可以先以每个单元作为单位为学生制作微课视频，以此作为学生的课前预习资料提出学习要求，这是翻转课堂实施的首要环节。要想真正做到翻转课堂模式实施常态化，在教学期间就要保证微课的需求量，而在网络资源中可获取、符合要求的视频十分有限。因此，教师在开展翻转课堂教学时，要结合翻译教学目标与内容为学生制作微课，而且微课的时间设定不能过长，最好是8

---

① 武光军：《翻译课程设计的理论体系与范式》，《中国翻译》2006年第9期。

分钟,不能超过10分钟,微课设计内容可以是单元重点,也可以是核心知识,这样学生才能在课堂上得到提升。以《商务翻译》教学为例,教师制作微视频时一定要结合商务英语特点和翻译原则,这样学生才能在微课预习过程中较好地掌握课本知识。

2. 学生分组讨论

翻转课堂教学大多是以学生合作探究为主,因此教师在课堂上可以先结合学生实际合理划分学习小组,这是组织课堂教学的关键。教师可以安排学生以小组形式讨论微课内容,然后通过小组汇报的形式进一步扩展学生的知识面,而教师则在学生汇报完成之后为学生答疑解惑、总结归纳,这样就能在课堂上加深学生对翻译内容的理解。

3. 课上练习

大学英语翻译翻转课堂教学,教师还需要组织学生进行翻译实践,翻译教学本身属于实践性较强的课程,教师在教学中可以根据学生掌握翻译理论与技巧的实际情况下设置一些具有技巧性、针对性较强的翻译练习,同时要求学生在规定时间内及时完成,这样学生就能在有限的课堂上主动参与翻译实践,从而有效提高自身的翻译能力。

4. 翻译评价

学生完成翻译练习之后,翻译评价也是有效提高学生认知及翻译能力的重要手段,教师可以让不同的学习小组相互交换翻译作品,然后进行翻译评价,这样学生在评价过程中就能学会从不同角度翻译作品,从而有效拓展学生的翻译思维,把握不足之处,进一步促进自身翻译能力的提升。

(二)优化措施

1. 创新教学模式,激发学生翻译兴趣

教师在教学中需要创新,从激发学生翻译兴趣着手优化教学模式,这样才能有效改变传统英语翻译教学给学生带来的枯燥和无趣之感,从而有效提高学生课前预习和参与翻译实践的积极性。例如,教师在课前预习环节可以为学生推荐一些当下流行的英文电影、英文小说作为预习任务,要求学生在课前就这些短篇进行翻译,通过这一方式改变传统枯燥重复的学习方式,激发学生参与翻译实践的积极性,为学生翻译能力的提升奠定基础。

2. 借助课余时间,提高学生翻译实践能力

要想充分发挥翻转课堂模式的应用价值,教师一定要积极开展第二课堂,多为学生创设翻译实践机会。例如引导学生在课前、课后借助网络视频、英文书籍等英语翻译资料练习翻译,或者借助微信等社交软件组织学生用英语交流,这样学生就能在日常生活中锻炼翻译能力,从而有效提高学生的翻译技巧与水平。

3. 解放思想，主动尝试

学校要重视翻译教学，解放思想，改变传统教学思路，主动尝试新的教学方法，积极运用国内外先进教学模式组织学生的翻译学习，提升学生的翻译能力。

4. 加强师资队伍建设，为实施翻转课堂教学提供保障

学校还需要结合英语翻译教学实际情况，加强师资队伍建设，制定出相应的培训考核机制，有效提高大学英语教师素质与翻译能力，从而为翻转课堂的顺利实施提供保障。在对教师进行考核时，不仅要考核教师掌握英语翻译专业知识与技能情况，还要考核教师掌握信息技术、把握翻转课堂教学理念情况，这样才能促进其具备良好的翻译能力，达到较高的教学水平，从而有效推进翻转课堂的顺利实施。

综上所述，大学英语翻译教学中应用翻转课堂教学模式是一种具有现实意义的教学活动。翻转课堂教学模式是符合时代发展趋势的一种教学模式，它能有效解决大学英语翻译教学课堂存在的局限性，使学生获得更加多元化的发展，能充分发挥学生学习的自主性，促进其形成自主学习能力，提高大学英语翻译的教学质量。

## 第三节　交际翻译与大学英语教学模式

现阶段大学英语教学中的翻译教学内容普遍不够系统，还停留在"教师留文案—学生翻译—教师讲解"的模式。为提升大学生的交际翻译水平，拓宽其双语文化背景知识，以及更好地贯彻以学生为中心、以培养能力为核心目标和注重过程的教学理念，从彼得·纽马克的交际翻译理论角度出发，探讨如何运用交际翻译理论和相应的翻译策略改善大学英语课堂中的翻译教学模式。

大学英语教学体系在近几年得到了不断的完善和改进，但对听、说、读、写等技能的重视仍然远远高于对翻译能力的培养。大学英语四、六级考试从2013年开始，主观题的比重由20%上升到30%，其中汉译英段落翻译的出现是题型改革的一大亮点，这一变化说明大学英语强化了对提高翻译能力和逻辑分析能力的要求。而现阶段大学的英语教材和课程、教师授课的重难点等方面并没有体现出对翻译教学的重视。例如上海外语教育出版社出版的《大学英语精读》、北京大学出版社出版的《新编英语教程》等比较权威且被广泛使用的教材中的翻译练习都不够系统，基本不涉及翻译理论和翻译技巧的训练。现今学校的英语语言教学活动基本按照拟定的教学大纲进行，主要是英语视听教学和综合英语教学，而翻译教学的重要性并没有得到充分体现。

翻译是对语言综合能力的考查。英译汉的关键在于对英语的理解，而汉译英可以衡

量出学习者的英语语言知识是否全面，表达方式是否得当，基本翻译技巧和沟通技巧的运用是否熟练。根据一份近千名学生参与的调查发现，学生英语技能掌握最差的部分是汉译英，可见，翻译能力已经成为制约英语综合能力提升的一块绊脚石。因此，掌握基本的翻译技巧和英语运用能力，是目前英语教学需要关注的重点。

## 一、交际翻译理论

本节所运用的交际翻译理论源于英国当代翻译理论家彼得·纽马克。在纽马克之前，直译、意译争议已久，美国翻译理论家尤金·奈达曾在《翻译理论与实践》中认为"翻译就是意译"，后来他在《从一种语言到另一种语言》一文中对翻译进行了新的诠释，他所提出的功能对等是指"不但是信息内容的对等，而且尽可能要求形式的对等"。和奈达的理论相比，纽马克的观点相对简明扼要、短小精悍。纽马克认为，语义翻译旨在传达原文的语义内容，而交际翻译注重读者的理解和反映。相比使译文形式更接近于原文的语义翻译，重新组织句法的交际翻译更难掌握，译者不能受限于原文语言结构的束缚，形象地说，就是要将原文的内涵信息提取并尽量运用接近目的语的语言结构包装出来，加工的过程中需要将逻辑关系稍做调整，增删一些修饰语，或是改正原文中的事实错误或笔误。基于语言学家布莱尔（Bluer）和雅克布森（Jacobson）的语言三大功能，即表情功能、信息功能和呼格功能，语义翻译适用于第一种功能，而交际翻译适用于后两者。语义翻译侧重于文学和权威性文章，也就是更加注重源语言的特色。科技报告和教科书类的译文重在传达信息，遇到隐喻时，译者应揣摩其本身的意义，而非直接复制词义。论辩性文章、广告、通告、法规、宣传和通俗文学类的译文旨在产生效果，为了使读者易懂，有时需要在原文基础上再创作①。之所以运用交际翻译理论，是因为中英文化差异较大，尤其是对目的语国文化的文化缺失和文化空白，比如一些动物的寓意在不同的语言文化里所象征的事物是不同的，"龙"在中国是皇家贵族的象征，而在西方文化中是邪恶力量的象征，这就是文化缺失。而文化空白一般是带有浓厚民族色彩的习语或成语，如直译"班门弄斧"这样一个成语，不仅不会传达出原文的内涵，读者还可能会曲解原意。

## 二、交际翻译理论指导下的大学英语教学模式

本节将交际翻译理论引入翻译教学中，从文本功能和翻译策略、技巧两个角度探讨如何构建大学英语教学模式，以期给大学的英语教学带来新的生机，丰富课堂教学。交

---

① 教育部高等教育司：《大学英语课程教学要求》，高等教育出版社，2007，第1页。

际翻译法是在意译的基础上遵从归化原则，充分利用地道翻译的优势，使目的语读者与原文读者拥有同样的理解效果。在大学英语课堂教学过程中，最小单位的翻译练习一般都是以本单元的词汇和句型为基础，多从语法的角度分析，学生习得的结果很难做到举一反三。因此，系统地教授翻译方法是必要的。

### （一）比较文本功能

纽马克认为翻译的材料多种多样，不可能采取单一的翻译策略，例如同样是文学作品，严肃文学应使用语义翻译，而通俗文学应选择交际翻译。因此，在课堂教学中，教师教授翻译方法前，首先应该让学生了解翻译理论及其文本范畴，比较不同文本之间的功能差异。一般来说，大学英语教材中的课文文本类型是比较局限的，教师应该鼓励学生涉猎不同文本功能的文章，掌握定义文本功能的方法。课堂上，教师给出不同类型的文章段落，让学生进行比较归类。不管是英译汉还是汉译英，译者都应该明确自己并不是一个翻译机器，而是一个有着深厚文化底蕴的目的语读者，要经过一个综合的思考加工过程，才可以使译文产生较好的阅读效果。任何一种理论的教学必须有一定量的实践与之相结合，教学方法应该以学生为中心。教师课前安排小组任务，让学生查找资料并做预习讨论，同时准备不同文体的例子课上以演讲的形式呈现结果，进行文本类型点评，教师引导学生从作品风格、翻译侧重角度、翻译单位、语言类别、新词的使用情况、隐喻的处理等角度来分析文本功能。例如，科技报告类文章的陈述比较客观、中性，翻译时应介于搭配和句子之间，而不拘泥于单词，对于不常见的隐喻应以译出其意义为佳，这样的文本翻译应基于交际翻译理论。

### （二）运用翻译策略

语言运用的目的强调可读性并且易被理解，语言并不是单纯的文字符号，其本身蕴含着一个国家独有的文化，因此在英语课堂教学中，教师应鼓励学生寻找不同语言之间的文化差异。讲授交际翻译策略之前，教师可以让学生先自己翻译，小组根据交际翻译理论讨论并点评恰当之处，教师引导学生归纳翻译方法，总结翻译技巧。几个典型的翻译策略如下：

意译（free translation）是运用直译加解释的方法。译者尽力摆脱原文形式和结构的束缚，从译入语的角度出发传达原作的文化内涵，尤其是当二语表达方式和结构存在较大差别的时候，原文中隐喻的表达如果直接逐字翻译出来很难使目的语读者产生类似的联想，所以不论是词句、喻体还是民族地方色彩，译者都不应拘泥于原文的语言表达形式。意译的方法虽然使译文的结构、形式等不忠实于原文，但实际上却能够把原文隐含的意义委婉地传达出来，且符合目的语的表达习惯，既能使读者容易接受，又能达到意义传达的目的。例如：大学英语精读课文"The Making of a Surgeon"中的一句话"There were no more butterflies in my stomach when I opened up an abdomen or a chest."，意思为"当我开膛后，我的肚子里就没有蝴蝶了"，这里的"蝴蝶"很难让读者明白所要表达的意义。"肚子里的蝴蝶"喻义为内心紧张忐忑，根据上下文分析，此处是要说明作为一个外科大夫，手术开始后他的紧张感就没有了。"Einstein wouldn't walk down the street to see a reactor create atomic energy."这句话中很显然爱因斯坦见证反应堆产生原子能与沿街走毫无关系，walking down the street 是一个不需要费力的行动，因此这里的喻义是爱因斯坦对见证反应堆产生原子能这件事情没什么兴趣。朱自清的《背影》中有这样一句话，"近几年来，父亲和我都是东奔西走，家中光景是一日不如一日。"中国人向来喜欢委婉的表达，而西方人更倾向于直爽的说话方式，这里的"东奔西走"如果译成 run to the east and walk to the west 就偏离了原文的真正含义，这里的"东"和"西"象征着离家很远的地方，也就是说为生活所迫四处奔走活动，生活很不稳定，因此可以翻译为 to live or work not stably in one place 或 living an unsettled life。从交际翻译的角度来看，意译缩短了两种意识形态的差距，但是也会不可避免地产生欠额翻译，导致语言文化的缺失，比如中文四字词语的结构特色、对偶句的韵律等。

增译（amplification）一般是在直译阐释不全的情况下通过增加词汇信息来说透原文的含义，尤其是原文隐含的意义，保证信息准确的同时还要确保译文细节的相互协调和照应。例如，"Moss does not cling to rolling stone."直译为"滚石不生苔"，引申出一个道理就是"转行不聚财"。当今社会，跳槽已经成为一种时尚，然而并不是每一次换工作都会更上一层楼。所以此谚语就是奉劝大家不要盲目追求时尚，跳槽前应三思。因此在直译的基础上补充一下所隐含的引申义才会使读者更容易理解原文的内涵，即"滚石不生苔，转业不聚财"。再如，"每一城楼，每一牌楼，都可以从老远就看见"，此句中的城楼是指中国古代城墙上的门楼，是一座"城"的标志，作为既有军事防御功能又有城市防洪作用的防御型建筑，如果不增译解释，目的语读者就会很难理解如此深刻的中华传统文化内涵。因此，比起 city tower 或者 city wall，gate tower of the city wall 更加形象直观地描述出了城楼的特征，而不仅仅只是直观的城市墙壁或者城市塔楼等。

省略（omission）也是由于两种语言表达方式不同所采取的一种翻译方法，比如汉语没有冠词，代词、连词、介词也比英语少，所以英译汉中需要做一些省略，减少冗赘或避免违背译文的语言表达，这里要注意的是所省略的往往是形式中的元素而不是原文的思想内涵。省略的用法会使译文的语言简洁、紧凑和明快，从而使内容突出和精确，避免读者感到冗长和无趣。省略不仅是"以无为有"，而且还是"虽无胜有"。比如形容饭菜的"美味可口",这一四字词语在翻译中可以直接译成 delicious 或者 tasted。"We live and learn."的主语"我们"是泛指,所以译成汉语时的省略不仅不会影响表达效果,还能够简洁明了地呈现这一谚语,即"活到老,学到老"。此译法巧妙地运用了目的语汉语的对偶形式。

替换(substitution)是指目的语言中没有意义对等的表达,但有相似的引用可以起到类似的效果。双关语的表达往往需要用替换法来释义,替换法对译者的双语文化基础要求很高,比如"红糖"在英语中并不是 red sugar,它所对应的表达是 brown sugar,"馒馒"译成 steamed buns,"一丈"译作 ten feet。同样如果翻译"入木三分",英文一般用 close to the bone,英文的喻体是骨头,而中文的喻体是木头,不同的比拟,但有同样的寓意。所以,像这一类有文化特色的表达,译者要忠实的是其逻辑意义而非形式。

在实际英语教学中,教师既可以让学生将文章中的译法做归纳,也可以给一些示例通过演绎法让学生总结译法规律,使课堂教学模式以学生的学为中心、教师的教为导向。在学生掌握了一定的理论基础之后,鼓励学生以小组形式按类别查找例句和表达,并进行翻译练习、小组评价和教师点评。同时教师要及时归纳总结学生在翻译中出现的普遍问题并进行深入剖析,比较鉴别,强调不同语言的习惯用法和逻辑思维方式的不同。对于每一次的翻译练习,要将学生互评和教师批阅结合起来,并积累成册。经过几个学期的训练,学生的交际翻译能力有所提高,阅读理解能力也随之加强。

综上所述,以语言学知识为理论基础的交际翻译理论在实际英语教学中的指导作用是不可忽视的,具有一定的科学性和客观性,改变了传统的"重输入,轻输出"的教学理念。通过系统学习翻译理论和技巧,学生不仅可以在教材中进行针对性的深度探究,还可以搜集大量的课外译文,熟练掌握不同文体的逻辑性,这样的教学模式很好地贯彻了以学生为中心、以培养能力为目标,注重过程的教学理念。当然,仅掌握一些翻译方法是不够的,学生还应该具备丰富的词汇以及大量的翻译实务训练,尤其要重点关注固定搭配、非谓语动词和主从复合句的翻译,这样才能熟练地将双语准确、流畅地表达出来。

# 第四节 大学英语任务型翻译教学模式

## 一、大学英语任务型翻译教学模式的作用

### （一）激发学生的英语学习兴趣

传统教学方式常表现为教师传授知识，学生被动接受。这不仅打压学生自主学习的能动性，更会降低学生学习的积极性。传统教学模式中，大部分课堂时间为教师传授、讲解知识，而学生少有锻炼机会，因此教学效果、实践效果并不理想。如果想要更好地突破传统教学模式的局限性，需要引用全新的教学模式。这样才能有效缩短教师讲解时间、强化师生间交流与互动的时间、增强学生的英语翻译能力，通过提升学生的用词技巧、语法技能等不断提升学生学习英语的综合能力。在大学阶段英语教学中，主要教学模式应是以学生为主体的任务型翻译教学，利用多样化的教学方式不断激发学生对英语的学习兴趣，增强学生的英语翻译实践能力。

### （二）培养学生的英语思维能力

大学英语翻译教学的主要教学目的是通过对英语翻译内容的传授使学生掌握翻译技巧，因此教学过程中将翻译课本视为英语翻译的教学文本。现阶段，大学英语翻译课堂中常见的教学手段为翻译教学，并对既定目标的翻译实现教学目标。但此类翻译模式往往不能使学生掌握翻译的精华与核心技巧，只是对教学内容、原有翻译方式的模仿与融合，难以实现活灵活用的目标。而大学阶段的翻译教学任务不仅要求对翻译内容、翻译技巧的掌握，更强调对学生英语翻译综合能力、思维模式的培养。学生在任务教学的主导模式下，对英语翻译会形成一套独具特色的翻译模式与思维模式。独立的英语翻译思维逻辑能促进学生形成综合英语翻译能力，自由地完成翻译计划，独立地面对不同的英语翻译要求。

## 二、大学英语任务型翻译教学模式的构建策略

### （一）任务准备阶段

教师要根据大纲要求、学生特点、学生能力、性格心理等综合确定教学计划，进行充分的教学准备，设计教学任务时应当结合学生的专业领域、工作方向、生活所需，保证任务具有真实性或拟真性，以此激发学生自主参与教学的主动性与热情，使学生在真

实的环境中掌握英语翻译能力[①]。

例如，教师在进行日常交流时可通过设置调查问卷的方式了解学生的喜好与追求，结合水平测验等方式综合了解学生的英语翻译水平，以此为依据科学地设计教学任务。进行任务设计时，教师要不断利用综合性多元化的媒体课件以及其他形式的信息技术软件，以循序渐进的模式提升学生对英语翻译知识的储备。

### （二）任务实施阶段

教师在教学过程中可综合利用课前准备好的视频、资料、图片等内容，营造良好的课堂教学气氛，进而吸引学生的注意力，保证学生快速地融进课堂氛围中。随后采用问题导入等方式，强化学生对英语翻译的理解与掌握。实施任务教学阶段，教师可采用分组的形式、以团队的形式或独立的形式进行任务分配，使学生加速完成任务。进行分组时，可根据学生的学习能力与翻译水平等进行科学配比，避免分组中存在较大的差异性，导致教学效果不理想。

例如，教师可以组织学生模拟召开"大学生文化生活"主题的信息发布会，事先根据准备好的多媒体课件展示与播放信息发布内容，对真实场景、视频片段等进行滚动播放，使学生切身体会到信息发布会的流程，为后续提问模式、回答方式进行充分准备。随后，教师进行现场组织，保证模拟发布会顺利进行。组织学生扮演发言人，发表意见；组织部分学生扮演英语翻译官，部分学生扮演记者等。利用此方式强化英语翻译的实践性，使其突破传统教学中课本与课堂的局限性，让学生释放天性，在模拟环境中展现才能。利用任务式教学能增强课堂教学的活跃性，使学生在良好的氛围中增加英语翻译的能力，通过生生间、师生间的交流，感受并享受学习英语翻译的乐趣，培养学生良好的英语思维模式，养成良好的英语翻译习惯。

### （三）任务检验阶段

最佳检验学生学习效果的方式就是对其任务完成情况进行评价，这也是展现教学质量的方式，有利于教学活动的深入发展并展现出积极的影响。因此，完成教学任务后，教师要及时对教学任务完成情况、表现结果进行评价，不仅可由教师评价学生，也可组织学生之间互评。

例如，学生每完成一项任务后，教师可组织互评的方式及时点评小组任务完成效果，如"哪名学生表现得最好？哪名学生翻译得最流畅？哪名学生翻译得最具特色？哪名学生翻译质量最好？"等，最后可组织学生进行互投，评比出"最佳合作奖、最佳翻译奖"等。教师组织模拟颁奖场面，及时嘉奖鼓励表现优异的学生，增加任务教学的实效性，

---

[①] 仲伟合：《译员的知识结构与口译课程设置》，《中国翻译》2003 年第 4 期。

通过增加课堂乐趣，提升学生学习英语的兴趣。

大学英语任务型翻译教学模式符合时代翻译教学需求，任务型翻译教学通过设置各种英语翻译的故事情景，锻炼学生的翻译技巧与翻译能力，促进学生翻译水平的提升。

## 第五节　生态翻译学与大学英语翻译教学模式

生态翻译学是一种新的教学模式，这种模式要求与其他相关因子之间形成一种平衡关系。生态翻译学在翻译过程中应更加注重翻译环境，要在不同环境下进行翻译。这种新模式的出现促使很多大学英语翻译教师来进行学习。

### 一、生态翻译学概念

生态翻译学是一种整体翻译模式。生态翻译学渗入了达尔文进化论的部分思想和天人合一思想。生态翻译学要求翻译过程中译者和生态翻译环境达到有机统一。

生态翻译学要求，英语翻译教学在教学过程中要和其他影响因素保持一致，形成一个整体。而且在生态翻译学视角下，教师与学生的关系不再是传统的讲课和听课之间的关系，而是一种在课堂上平等互助的关系。教师在讲授过程中应该与学生多互动，共同进步，形成一个和谐的生态翻译系统。在教育过程中，教师要更加关注学生的发展，与学生和谐相处，这样学生能学到更多知识，从而提升自己的翻译能力。

### 二、基于生态翻译学视角下的大学英语翻译教学存在的问题

翻译教学模式落后。传统的翻译教学模式已不适用现在的教育现状，但很多大学还在固守传统的翻译教学模式，故步自封。在课堂上，教师不停地讲授知识，忽略学生的感受，使学生不愿听课，也不愿与教师沟通交流。学生有问题不能得到及时解决，日积月累问题就会越来越多，导致学生无法得到进步。而且有些教师对一些重要的知识点不做过多强调，对于翻译技巧也只是简单带过，学生学不到知识，也不愿意去学。这种传统的教学方式远远落后于社会发展，必须对这种模式加以改进和创新。

教师和学生素质不高。由于教师在课堂教学中占主体地位，因而要求教师应具备良好的个人品格和师德。然而高校教师由于承担繁重的教学任务，加之履行教书育人职责，很少有提高自身业素养的闲暇时间，有碍于提高自身的专业水平[①]。教师的专业水平得不到提升，就无法提高教学水平，翻译专业需要更多的实践机会，而教师不能为学生创造更多的

---

① 苗菊、朱琳：《认知视角下的翻译思维与翻译教学研究》，《外语教学》2010年第1期。

实践机会，这与教师的专业素质欠佳有关。一些教师讲课时太过于形式化，只传授知识，对文化背景不做过多解释，致使学生对西方文化缺乏了解，认识不清中西方文化之间存在的差异。这样学生只是学习一些表面知识，缺乏对翻译的深层认识，导致个人翻译素养得不到很大的提高。

对翻译教学不够重视。很多大学认为翻译这门课程不重要，所以翻译学科的课时安排较少，把更多的时间留给了其他英语课程。学校还规定教师必须在规定时间内完成规定任务，导致教师在课堂上为了完成任务，对知识点的讲解不全面，学生学到的知识也很少。有些教师完不成课堂教学任务时，就会让学生自己在课后学习，由于学生课堂学习时间过短，学到的知识有限，很难成长为翻译人才。

教学过于表面化。大学传统翻译教学太过于表面化，只是局限于对课本练习题进行简单翻译。许多教师在翻译过程中习惯于对句子逐字翻译，导致翻译出来的句子很死板；在翻译过程中不注意协调整个翻译生态环境中的各种因素，只是协调了与书本之间的关系，导致翻译出来的句子只是在形式上与原文保持一致，而没有翻译出其深层内涵。这样整篇翻译出来的文章会出现很多语法和语义错误，导致学生对整篇文章的理解出现偏差。

## 三、生态翻译学视角下大学英语教学模式的改进建议

明确教学目标。大学要想提高英语翻译教学质量，首先必须明确教学目标，再进行改进。学校应提高翻译教学在大学英语教学中的地位，要为翻译教学提供良好的教学环境，配备良好的师资力量。学生应明确翻译教学目标，要想学好，首先就必须掌握基础知识，课下多练习、多巩固；其次应该牢牢掌握理论知识，这样有利于后续翻译能力的提升；最后要利用一些辅助手段来改善学习方式，比如多媒体设备。

改善课堂氛围。在生态翻译学看来，学生和教师之间的关系不应是"教育者"和"受教育者"的关系，而应是和谐相处的关系。教师相当于整个生态主体，应该合理利用其他生态条件，如用教学教材、教学形式等来营造一个和谐的课堂氛围。教师和学生在这样一个和谐的环境下可以发挥自身优势，共同学习、共同进步，还能加强学生对翻译的了解。生态化翻译教学模式不再强调教师的主体地位，而是更多凸显学生的地位，使学生参与到翻译教学当中去，发挥自己的主动性和积极性。在教师授课过程中，要注意发挥学生的主体地位，引导学生自己思考问题、自己理解问题，这样有利于学生对知识的掌握。此外，教师可以创新教学模式来增添学习的乐趣，比如可以让学生进行自由讨论，让学生在讨论过程中巩固自己所学的知识，增添学习乐趣，提升实践能力。

注重培养学生的语言能力。大学翻译教学大多只停留在课本上，学生一般只根据句子的表面意思进行翻译，缺乏对句子、文章的整体了解。这就需要提高学生的语言能力，从而使其把握整篇文章的结构，准确理解句意，精准运用语法知识。还可以使学生深刻挖掘文章的深层内涵，更好地翻译句子、文章。

加强对中西方文化的了解。生态翻译教学模式注重翻译教学环境，而这种环境就包含了中西方文化之间的差异。了解中西方文化差异，是一个优秀翻译者的必备条件。大多数大学在英语翻译教学中不注重这方面的教学。学生只有了解了中西方文化差异，才能对句子及文章进行透彻翻译。这就需要大学注重这方面的教学，可以专门开设一门讲解中西方文化差异的课，让学生系统地学习西方文化。此外，教师在课堂上要加强对中西方文化差异的讲解，让学生掌握更多的西方文化知识，这是学生在翻译中考虑中西方文化差异的基础，在这种基础上翻译的句子及文章才能体现原语的文化内涵，达到真正翻译的目的。

生态翻译学对大学翻译教学提出了更高的要求。大学翻译教学通过对翻译环境的改善、教学模式的改进、加强对中西方文化的了解、改变教师与学生之间的关系，不断向生态翻译教学模式靠拢。翻译教学不再是以前简单地与原文照应，而是整个翻译教学因素的有机统一。大学翻译教学不是一个简单的工程，还需要从多方面、多角度对翻译教学模式进行研究，从而形成完整的大学英语翻译教学模式。

## 第六节 基于认知语言学的英语翻译教学模式

现阶段大学英语翻译教学普遍具有被动性和固化性，学校应以认知语言学理论作为改良现有英语翻译教学模式的主要理论依据，并运用该理论对英语翻译教学模式进行研究。从研究结果来看，在认知语言学理论优势的支持下，优化后的英语翻译教学模式明显有向质量化、综合化方向提升的趋势。

国家已对大学生英语四、六级考试的翻译题目从整体性上提高了难度，即将原有的短句翻译变更为阅读翻译。虽然从短时期来看，这种形式就是调整了英语翻译考试的基本模式，但这种朝着应用化方向的改良正昭示着国家未来对于翻译人才的质量需求会越来越朝着全面化的方向发展。对此，本着提升人才培养实际质量的原则，大学内的教学人员有必要在现有基础上将认知语言学作为深入研究的理论依据，对英语翻译教学模式进行优化层面的分析研究。

## 一、认知语言学的理论内涵及其应用价值

认知语言学是一门语言学科，其以组合形态在研究领域中占有绝对的核心定位。在其"结合"的理论状态中，"语言学＋心理学"是其主要的组合形态。认知语言学的理论内涵实际上是具有一定哲学特征的。研究人员认为，认知语言学是以经验哲学作为基础，将语言的形成和传播过程定义为依靠习惯和认知而存在。换言之，认知语言学就是以人类对一切事物的认知作为基础，认为人类是在不断认知、不断调动认知的基础上而掌握了母语和第二语言的。相比于简单的记忆学习，研究者更偏向于辩证语言的习得是以"心"和"理解"为基础的常识调用活动，一些习得过程都将建立在对本身概念的理解之上。也就是说，只有当人们对一种事物、一类事件有明确的经验和个人见解时，人们才能够掌握应对于这类事物或事件的语言。认知语言学还指出，即使是一门语言的形成以语音和句法等根本含义为主，其形成也必然是一种建立在客观真实条件下的，与人类主观意识和保有的知识系统密不可分的哲学过程。

## 二、运用认知语言学理论，创新英语翻译教学模式

### （一）教学前阶段

在教学前阶段，教师需要运用一些简单的手法将学生脑中对于英语翻译的经验印象加以强化。首先，教师可以运用互联网资源，可在校内的资源平台上或以班级为单位的社交软件平台上，发布有关下节课的基本内容和教学大纲。其次，教师应学生要求在实体课堂开课前，对发布内容中的知识点进行充分理解和阅读，当学生对部分知识内容有理解不通的疑问时，可以先行上网查找资料或查询书中可以引用的资料内容，自发性地对疑问知识点进行分析。在这种方式下，英语翻译基础能力较高的学生就基本能够通过自学对翻译分项内容产生比较熟练的、细致的印象。而在学生对新翻译知识点进行理解的过程中，学生为了达成"理解"这一举动，就会根据所见内容在脑内进行经验的检索，从而在探寻语法知识和翻译知识的过程中，完成对认知语言习得思维的过程体验。

### （二）教学过程中

在应用认知语言学过程中，教师必须要稳抓教学"过程"的作用优势，在突出优势的理论定向内容设定中，教学人员可以将思路分解为两类：一是求同；二是存异。求同就表示，教师需要在讲解翻译技巧和翻译要点的过程中，通过中外对比的方式，在板书上或PPT上将中外翻译的特色展示出来，也就是以更加清晰的角度令学生明确汉英翻译的"相同"思路。如汉语和英语思维中都存在的"主谓宾"形式，能够充分调动学生语

言习得经验中对于汉语词汇属性的记忆点，从而令学生在熟记英语翻译逻辑中的词汇属性时，能够进行联系性记忆，也就更能够突出记忆点中的习惯和经验价值特征。而存异也同样是通过立体化对比的形态，让学生能够更加突出"不能使用"的翻译语句和语法内容。对此，教师同样需要采取更加贴近于学生经验的比对内容，调取学生常规知识中的印象，将学生翻译思维中对于汉语语境的经验加以提取，而后使用突出存异的方式，将新学翻译知识与经验知识相关联，从而为学生在头脑和英语翻译思维逻辑中呈现出更加简单的识记效果。

## （三）练习过程中

课堂练习是"五步教学法"中的重点内容，其意义在于能够通过精化学生英语翻译知识保有度，而将学生对当堂所学知识的记忆真正移动到"可应用"层面上的重要课堂流程。在课堂练习环节中使用的所有测评和练习内容，都需要教师以所学知识范围和难易度进行科学化和规律化的编制。而后在实际的练习过程中，教师要使用比较简单的翻译内容作为铺垫，充分遵循认知语言学中有关"语言能力的所得必然是从简单的认知再到概念知识的过程"这一论点[①]。因此，教师需要充分考虑到学生的认知过程、语言结构等层面，以循序渐进的方式逐渐提升学生在英语翻译层面上的掌握程度，彻底改写学生生硬记忆、死记硬背的学习方式。

## （四）课外学阶段

### 1. 增强对词汇记忆的关联度

在英语翻译的过程中，类似于文化习得、技巧习得等层面固然具有重要的作用，但词汇是构成英语语句的最根本元素，因此教师在优化教学模式的过程中，也应该在课外环节加深学生对于词汇记忆的关联度。首先，教师可以通过使用阅读记忆的形式加深学生对于小范围词汇的经验印象，如可使用课上所学阅读翻译内容中的生词，令学生在有一定汉语印象的条件下对这些生词进行重复记忆。其次，教师也可以使用信息化的教学辅助资源，如"百词斩"等以形象记忆为主的单词背诵软件，从而以图像的形式提升学生对于部分范围内单词的深度印象。

### 2. 提升学生对英语文化背景的认知能度

在认知语言学的哲学思论范围中，当涉及多方文化交融习得时，学习者除了要调动对于汉语的语言经验外，也需要对英语文化和语境进行充分了解。如此，学生便能够在建立双语思维语境的条件下，提升自身对于跨文化语境翻译的反应程度。教师可以引导学生观看与英语历史文化知识相关的影视作品，如《生活大爆炸》中就包含了许多科普

---

[①] 吕立松、穆雷：《计算机辅助翻译技术与翻译教学》，《外语界》2007年第3期。

类的历史文化,节目中所含历史文化的正确性也非常高。当学生能够对英美文化有深入的了解时,就自然能够在课堂环境中直接建立与翻译语境相关联的思考内容,减少参与英语翻译教学过程中出现认知偏差的现象。

## 第七节 基于双语平行语料库的商务英语翻译教学模式

在当前的经济全球化背景之下,我国的对外经济交流不断增加。商务英语是主要的交流媒介,因此当前大学开始重视对商务英语的教学和培养。但是,由于我国商务英语教学发展时间较短,教学体系和模式所含结构存在不完善之处,导致当前商务英语翻译质量较低,难以满足企业的国际化交流需求。在未来的发展中,高校结合双语平行语料库对商务英语翻译教学模式进行了优化设计,丰富了教学过程中的语境和翻译意识,有助于教学质量的提升。

### 一、理论基础

双语平行语料库是在教学中将语言的学习、翻译实践以及语言知识结合组成的教学理论,其在教学中使用建构主义对教学中的主动性进行强化,并针对学生的相关语言学习和翻译经验来引导学生形成合理的语言架构。双语平行语料库在当前我国的商务英语翻译教学中进行了使用,有效地提升了商务英语翻译教学的质量,但是这一教学方式的发展和推广尚存在不足之处。商务英语教学中可以获取的语料库数量较少,且难以将语料库的内容融入教学当中。借助双语平行语料库进行的翻译教学使教学模式与传统教学过程存在一定的差异,因此当前的教师一般根据不同的商务英语内容选择合适的语料库内容。

双语平行语料库中的理论资料内容十分丰富,可以帮助学生在学习中获得更为丰富的教学资料支持。在实际的教学中,教师会借助双语平行语料库作为教学资料,围绕学生的学习过程来设计合适的教学模式,提升学生使用语料库的积极性。双语平行语料库的使用和支持使商务英语翻译教学过程的教学主动性有所提升。

### 二、商务英语翻译教学的目标

在当前的商务英语翻译教学中,其教学模式的主要目标是通过具备商务英语使用和翻译经验的教师的教学和带领,使学生可以提升自身的双语知识水平和翻译能力,培养自身的双语文化素质以及审美能力等。当前商务英语的教学目标主要包括:①对学生英语翻译学习和使用的兴趣进行培养，提升学生的商务英语翻译水平；② 借助语料库中的英语文章分析和对比等方式来对当前学生使用商务英语的能力进行规范和提升；③ 通过使用不同译本来提升学生对不同翻译模式进行对比论证，提升学生的翻译和辨别能力；④ 通过学生的语料库分析和观察丰富的翻译技巧，提升学生的翻译意识；⑤ 培养学生高效使用翻译工具，如词典等的能力，方便学生在未来翻译工作中使用[1]；⑥ 通过在学习过程中商务英语翻译工具的使用以及翻译技巧的联系，使学生可以提升自己对商务英语翻译技巧的掌握质量，提升学生的英语翻译能力。

## 三、教学模式的构建

双语平行语料库中包括学生的母语以及英语，在英语学习过程之中，学习者仍然习惯于使用母语的思维方式及使用习惯，由于两种语言的语法、词语使用等存在很多不同之处，使母语使用习惯会影响英语的学习。在英语学习过程中过多使用母语的语言使用规则和思维，会影响学习者对新的语言知识的学习和接受。因此，在部分研究之中也将英语学习过程中的母语迁移作为负迁移的一部分。

当前的商务英语学习过程中较为流行的学习方法是回避母语使用的教学方法，可以在学习过程中避免母语思维和使用习惯对商务英语学习的影响，主要包括直接法、听说法、视听法等教学方法。直接法提倡在学习过程中使用目标学习语言进行交谈和阅读，强调在学习过程中不使用母语作为翻译和注释，以避免母语思维的影响。这种学习方法的主要指导思想是直接认知思想，其认为在学习过程中的最佳方式就是在纯粹的商务英语语言环境中进行学习。

### （一）母语对商务英语学习的影响

在商务英语学习和教学过程中，与语言知识、语法的教学不同，商务英语语言文化知识的地位较低。随着学生商务英语语言知识和语法使用的熟练，商务英语文化的地位开始逐渐提升，在这个过程之中学生会形成目的性的语言文化。同时，为了进一步提高商务英语使用的熟练度以及目的语的表达习惯，商务英语文化语境受到了教育者的统一使用，母语文化的地位逐渐降低。商务英语学习的主要目的是实现文化和语言上的简便交流，文化交流过程是一个双向的过程，既包括对商务英语文化的了解，又包括对母语文化的推广。在国际文化背景之下，母语文化在商务英语语境之中也开始有了影响。因此在商务英语学习过程中，学生不应当把标准化语言语法的习得作为目标，而是应当以商务英语和母语的共同使用和学习为目标。在商务英语学习过程中，单纯的商务英语环

---

[1] 向明友：《论言语配置的新经济原则》，《外语教学与研究》2002年第5期。

境学习使母语文化和技能逐渐缺失，这对于学习者的文化交流行为是不利的，在未来的学习过程中应该避免这种现象的发生。

在商务英语习得的过程中，不管学习环境如何，学习者都不能完全客观地、不使用母语知识地完成信息转换和交流的过程。在语言信息的交流中发生了商务英语向母语的信息转换，其发生不仅取决于母语和商务英语之间的语法和意义差距，还取决于商务英语习得者的个体文化倾向。假如学习者的个体文化无法完全理解商务英语内容或是背景文化映射的内容，就会出现对文化知识理解得不全面的问题，使学习者难以全面理解交流过程的内容，大量的信息被遗漏。假如在商务英语的习得过程中，学习者的个人文化程度可以有效理解交流过程中的文化知识，就可以更高效地实现文化的交流和理解。个体文化的缺失会造成商务英语学习过程中的雷同现象，相似文化之间的混杂使商务英语学习质量受到影响。因此，当前在商务英语习得的过程中，商务英语文化的学习也成为商务英语习得过程之中的重要项目，通过阅读目的语文化背景之下的文化资料可以更高效地实现目的语文化的建立。

## （二）学习模式的建立

商务英语习得者在学习过程中一般是通过语言文化背景的学习方式来接触目的语的背景文化，在接受过程之中，其主要是从目的语使用者的文化角度进行学习和了解。在文本化的过程中，目的语文化经过了较大的抽象化和提炼处理，与当前时代中的文化特征有较大的差异。因此在学习过程中，商务英语习得者常会由于文本化的目的语文化的介绍而形成对语言文化的刻板印象，出现文化失真的现象。文化失真不仅会发生在目的语的学习过程之中，母语文化的失真在当前的文化交流和目的语学习过程中也是一个普遍存在的问题。

语言学习过程实际上属于对语言知识的认知过程。学习者在学习过程中，母语的语言知识是学习目的语的语法使用技能的基础，是实现商务英语学习的认知基础。在认知心理学的研究过程中，研究人员认为图式是完成认知过程的基础，学习者在学习和认知过程中可以根据图式对所要学习的信息进行组织和吸收。学习者在语言学习过程中主要完成的学习过程包括同化和顺应两个步骤，同化是指在学习过程中将需要学习的信息知识纳入当前已知的知识体系之中，在扩展知识体系的同时完成对新知识的了解和使用。顺应是指学习者在学习中，假如旧有的知识体系无法满足同化新信息的要求，此时应该进行调整改造，建立新的知识体系图式。

在商务英语习得过程中，学习者的母语认知体系处于不断的扩展和改造之中，可以借助知识体系的调整来完成母语认知和商务英语认知之间的转换。在当前的教育研究中，部分研究人员认为母语思维并非降低商务英语学习过程效率的影响因素。在学习过程中，母语思维起到的是对认知模式的调整作用，在认知过程中采取合适的手段在母语思维和目的语思维之间进行转换，能起到熟练掌握目的语知识的目的。学习者在接受目的语的语言知识和使用习惯时，可能在初期需要使用母语作为语言思维的中间转换工具，在逐渐熟练之后，就可以实现对目的语的正常使用。当前在商务英语学习过程之中，部分学习者会在实际使用过程中受到母语语言习惯的影响，但实质上这种影响是学习者使用母语来协助对语言理解的过程。在商务英语学习过程中，学习者母语知识的合理使用可以适度，逐渐熟练之后就会逐渐减少。

当前在商务英语学习和教育过程中出现较多的一种观点是在学习中要脱离母语思维，这样才能提高对目的语的掌握和使用程度。受到这一观点的影响，学习者当前在学习过程中常会受到母语思维使用的影响，母语思维在理解和使用中的参与是否会造成商务英语学习质量下降，是当前部分学习者所担心的问题之一。实际上，在商务英语学习过程之中母语思维的介入和使用是学习中不可避免的现象，是母语语言思维的认知单元参与语言学习的过程。当前的研究过程中发现，学习者在进行商务英语阅读和交流过程中使用母语思维的频率较高，常用于对外文文章内容的翻译、总结以及评价。母语思维单位参与的主要作用是认知协助和认知监控，提升学习者的深度理解。在认知学的研究中，元认知是对认知过程的认知，是学习过程中个人对自身认知学习过程的监控和管理过程。学习者可以使用元认知对学习过程的认知策略和学习方法进行调整。元认知的存在可以帮助商务英语学习者调控自己的学习过程，提升自身对于目的语的语义、使用思维以及认知过程的熟练度。通过学习过程中的元认知意识调整，学习者可以反思自己的学习过程，高效地完成商务英语学习过程，促进商务英语思维的形成和发展。

在商务英语学习过程中，学习者要提升对目的语文化和思维的掌握程度，提高在交流过程中对文化的认知情况，就需要在学习中充分了解目的语的使用习惯和文化背景。如上文所分析的，当前在商务英语学习中主要的使用方式是通过书本资料进行学习。书本资料作为前人的总结，作者对于自身母语文化的了解很深，会使学习者形成对目的语文化的刻板印象，不利于文化交流。在当前的学习过程中，由于当前认知学的传统母语负迁移观念的深入人心以及直接法教学流派的影响，商务英语教学中母语文化的参与度不高，常被认为是可有可无的存在。在教学过程中，盲目排斥母语使用和母语文化学习的观点使商务英语学习过程中母语文化素养降低。有研究人员指出，母语文化的缺乏会使外语语言文化学习能力不足，影响商务英语的综合使用能力。因此，合理使用母语文化可以有效促进商务英语的学习质量。不同文化之间存在目的和形式上的差异，学习商务英语文化的过程可以使用母语文化中相近或是不同的文化观点作为参考和对比，提高对商务英语文化的掌握程度。

### （三）双语平行语料库驱动下的语句翻译教学

借助双语平行语料库，教师可以帮助学生对商务英语中不同长度的词汇以及句子等进行比较研究，了解不同句子之间的相同点和不同点，优化自身在未来的英语翻译中的技能，提升教学质量。针对不同的文章和结构，培养学生的宏观层次思维的方式也存在差异。针对记叙文的写作，教师应当遵循以下几个步骤进行培养：首先，教师需要培养学生提炼文章共性的能力，学生在日常阅读过程中接受的记叙文在结构和知识上有一定的共性，以学生自身的认知能力可以将文章中的结构等进行分析和归类，提取共性。教师在培养学生的写作能力的过程中，应该有意识地培养学生分析和理解文章结构的能力，从文章的结构入手对文章进行阅读，提升学生对文章层次的掌握能力。完成结构分析之后，学生要进行的是对文章情节发展脉络的分析，在文章内容的选择上应当尽量选择学生可以进行感知和认知的侧面，提升阅读时的共感性。借助情节分析和理解，学生可以形成一种文章写作和分析的固有框架，巩固学生翻译商务英语的能力。

在当前的商务英语翻译教学中，双语平行语料库使用较多的教学手段有效地推动了现代教学改革进程，提升了高校商务英语翻译的教学质量。双语平行语料库的使用方便了学生的自主学习，方便了教师为学生展示母语和英语语境及语句结构之间的对比示范，提升了学生对商务英语的了解程度，推动了商务英语的发展教学。

## 第八节　多模态理论下的大学英语翻译教学模式

随着社会经济的发展，我国的高等教育面临着巨大的机遇和挑战。多年来国家一直倡导深化教学改革，提高教学质量。因此，提升大学英语教学质量和改进大学英语教学方法的探讨从未停歇。翻译教学作为大学英语教学的重要组成部分，长期以来在大学英语教学中并未得到足够的重视，存在诸多不足。首先是由于大学英语教材并没有系统地介绍翻译理论与翻译技巧。在翻译实践中，由于缺乏以相应的翻译理论和翻译技巧做指导，因而经常句子生搬硬套、语言逻辑混乱、语句间缺乏连贯性等现象；其次是现有的大学英语课堂仍然以传授语言知识，培养英语听、说、读、写等能力为主，忽略了对学生翻译能力的培养。同时，教学手段和形式单一，教学内容也仅局限于每个单元课后练习的讲解，无法调动学生在翻译学习中的主动性和创造性。此外，由于英语专业自身的学科特点，其所培养的毕业生在知识的广度和深度上无法满足社会对复合型翻译人才的需求。因此，从事大学英语教学的研究者有必要反思传统翻译教学模式，探索新型教学模式和教学途径，要加大大学英语翻译教学改革的力度，提高英语学习者的翻译能力。现今，随着网络与信息技术的发展和普遍应用，多模态话语分析理论为大学英语翻译教学提供了全新的视角。本节将讨论在大学英语翻译教学中如何引入多模态教学模式，并通过语言、图像、声音等符号来激发学生学习英语的兴趣，提高大学英语翻译教学的质量和效率。

## 一、理论依据

多模态话语分析理论兴起于20世纪90年代，它以英国语言学家韩礼德（M. A. K. Halliday）的系统功能语言学为理论基础，将图像、声音及动作等作为语言符号的研究重心。研究认为，除语言符号外的其他非语言符号系统也是意义的源泉，非语言符号同样具有语言的系统性和功能性；不同的符号模态可以表达相同的意义，语言和非语言符号也是意义建构的资源，由多种符号系统构建的多模态话语同样具有概念功能、人际功能及语篇功能。而多模态教学这一概念是1996年提出的新术语，作为一种教学理论，它主张利用网络、图片、声音等多种教学手段来调动学习者的多种感官参与到语言学习中。不少学者在其著作中探讨了如何在课堂中开展多模态教学，指出了图像、手势及动作在教学过程中的作用。国内语言学家胡壮麟、朱永生等也对多模态话语分析理论在教学领域中应用进行了研究，认为在数字化信息时代及多媒体技术被广泛使用的背景下，利用多模态教学理论构建多模态化的教学模式是时代发展的需求，是促进语言教学发展的重要途径。因此，在大学英语翻译课上实施多模态教学势在必行。教师可以凭借多媒体技术，在课堂上借助声音、图像及文字等符号，构建多模态教学方式，从视觉、听觉等不同感官刺激学生，提高他们对语言信息的认知能力，达到更好的教学效果。

## 二、多模态翻译教学模式的可行性分析

多模态教学就是指在多媒体环境下，教师通过调用语言、图像、声音等多种模态获取、传递和接收信息。随着多媒体教室与校园网的普及，计算机多媒体及网络技术在英语教学中已得到广泛使用，它们具有信息量大、信息输入手段多样化等特点，为英语学习者提供了无限的学习资源和有利的学习条件。在大学英语翻译教学中，计算机多媒体教学有助于提高教学效率，扩大相关翻译理论知识的介绍，增加英语学习者课内翻译实践的机会，改变了传统以教师讲授为主的单一课堂教学模式。

### （一）多媒体是多模态教学的保障

多模态教学就是要利用多种手段，如图像、声音、动画等手段来刺激人的视觉、听觉、

触觉等多种感官，从而达到有效的交际效果。基于计算机的网络教学为英语学习者提供了无限的资源和有利的条件。多媒体网络教学既包括文字、数字等信息交流手段，还包括声音、动画及图像等多种信息媒体。随着大学英语教学改革的不断推进，多媒体网络教学在大学英语教学中得到普及，现有的英语教材大都是为多媒体教学设计的，如外语教学与研究出版社出版的大学英语教材都是集纸质课本、电子光盘和网络学习平台为一体的立体化教材。因此，在大学英语翻译教学过程中，教师要充分利用多媒体网络技术信息量大、交互性强的特点，提高大学英语翻译教学的质量和效果。首先，教师可以分类建立包括PPT、视频、音频及图片在内的大学英语翻译教学资源，在教学过程中可以及时检索和更新所需素材，保证翻译教学的时效性；其次，教师可根据所教班级的专业特点和学生兴趣，选择相应的学习素材上传到网络学习平台，让学生进行实战训练，做到理论学习与翻译实践相结合①。同时，在多媒体技术支持下，教师能够及时地了解学生的学习和实践情况，并给予及时指导。总之，在多媒体网络条件下，教师可以通过文字、图片、音频、视频及PPT等工具来训练英语学习者的视觉、听觉和感觉等模态，以此提高他们的语言表达能力及信息输出能力。

### （二）多模态翻译教学的优势

作为传统的大学英语翻译教学模式的补充，多模态翻译教学模式有其内在的优势。一是多模态教学运用于大学英语翻译教学，可以使英语学习者的多种感觉器官参与到翻译学习中，促进学生的学习主观能动性。多模态强调多种感官并用，教师在教学过程中可以利用多种教学资源，如声音、视频、动画、彩色文字来刺激学生大脑皮层相应的机能区，从而激活视觉、听觉和触觉等模态，以加深对所学内容的理解与记忆。同时，多模态的教学模式还有利于营造轻松、活泼、积极的课堂氛围，激发学生语言学习的积极性。例如，教师在翻译教学中可以选择一部影视作品，如《阿甘正传》中的经典片段让学生欣赏，并告知在观赏过程中会选取经典句子让学生进行翻译，之后由教师提供参考答案供学生分析讨论。通过声音、图像和文字等多种形式向学生营造较为真实的语言环境，学生的眼、耳、口等感官不断受到刺激，学生的神经器官和兴趣也因此得到调动，学习的积极性得到激发。二是在课后的翻译学习活动中，在多媒体技术的支持下，学生可以利用教师多模态文本所输出的信息，多次重复地观看、回忆、讨论，对所学知识进行巩固，以提高翻译学习的效果。与此同时，有了多媒体技术的支持，学生可自行选取、收集和整理一些与自身实际水平相符的翻译学习材料，不断加强翻译练习，从而提高翻译能力和水平，促进英语学习的主动性和积极性。

---

① 唐庆华：《试论语言学研究的跨学科趋势》，《学术论坛》2009年第7期。

## 三、多模态理论下的翻译教学模式

### （一）教学内容呈现多模态

根据《大学英语课程教学要求》，大学英语的教学目标是培养满足社会所需的综合应用型人才。现实情况是，目前在翻译市场上从事翻译工作的大多数人员均属于自由职业者，翻译人才良莠不齐，翻译质量总体低下；在大学，翻译人才培养对象比较单一，基本上局限于英语专业的学生。因此，随着翻译市场需求的专业化和多元化，要求译者有足够的专业知识和双语能力。而英语专业培养的毕业生在知识的广度和专业的深度上无法满足翻译市场的需求，所以有一定的专业背景，同时又具备较强的英语综合能力的翻译人才颇受欢迎。在这种条件下，大学英语翻译教学迎来了机遇和挑战，为培养一批能适应翻译新形势和翻译市场需求的新型人才，大学英语翻译课堂教学应实现多模态化。教师除了讲授简单的翻译技巧和方法外，还应增加翻译理论、中西方语言文化对比、中西方翻译史和英汉语言对比等课程内容，让学生加强对语言和翻译的认识和理解。在传统的翻译教学中，教师往往大量依赖教材或是自己准备的资料，这种做法既费时又费力，影响翻译教学效果。多模态教学为传统教学提供了辅助，教师在翻译教学中可以充分利用网络、语料库等平台收集大量翻译资料，供学生进行翻译实践训练，提高教学效率。

### （二）教学手段呈现多模态

在传统的教学环境下，教学的设备通常是"黑板+粉笔"，学生总是在教师的要求下机械地进行翻译练习，然后由教师进行点评。时间一长，这种单调的授课形式极容易让学生产生厌倦，不利于激发学生的主观能动性，学生的学习效率较低。在多模态教学环境下，教师可以将翻译教学的内容以PPT、音频与视频等形式呈现给学生，使翻译教学的课堂变得丰富、生动、形象，使教学效果最大化。例如教师可以给学生播放一个电影的片段，从视觉、听觉上吸引学生，然后让学生记下电影字幕，并要求学生进行现场翻译。具体形式是学生以小组讨论的形式进行，每个小组完成翻译任务后，各小组之间进行交流、评比，选出最优秀的翻译，然后由教师进行点评和讲解。这种教学方式可以提高学生的积极性，也可以增强学生的课堂参与度。教师还可以通过多媒体网络技术，在自己的班级建立QQ群、微信群，然后把翻译的素材通过微信或QQ群等方式传递给学生，供学生交流、讨论，然后形成较为理想的译文，最后由教师对学生遇到的难点进行评析，得出较好的翻译成果。总之，有了多模态教学环境，教师教学从课堂内延伸到课堂外，师生之间、学生之间保持着动态的信息交互。

### (三)翻译实践形式呈现多模态

在传统的翻译实践中,学生单纯地依靠教师布置的任务来提升翻译能力,这种形式略显单一,效果欠佳。学校应该为学生创设参与翻译实践的机会,锻炼学生的翻译能力。

首先,公共外语教学部应加强与各二级学院之间的联系与协作,定期举办符合本专业学生实际能力的翻译比赛活动。大赛可以由大学英语教学部的教师辅助学生团体一起完成。鉴于学生的实际水平,组织形式可以是汉译英或是英译汉;比赛的内容可以根据各学院的专业特点,选择一些符合本专业实际的词组、句子或段落让学生进行翻译(参赛的内容可以随着学生学业水平的提升适当增加难度);参赛对象是整个学院的学生,并确保每个学生都有机会进行尝试;比赛可分初赛和决赛,逐层进行选拔;最后胜出者可设一、二、三等奖,并颁发相应的证书。其次,学校可以与翻译机构合作,选派本学校的师生到合作的翻译机构实习。这样既能促进学生课堂知识的吸收,增加师生对翻译行业的了解,又能锻炼师生的翻译实践能力。同时,翻译机构也可以调派翻译人员到学校上课,让其了解学校翻译的教学现状,并针对教学现状提出建设性意见,为学校培养高素质的翻译人才提供保障。另外,学校还可以为翻译机构的人员提供培训、业务咨询和理论指导,并对翻译机构的优秀译员进行荣誉聘用,邀请其到学校进行翻译专题讲座;翻译机构也可以把自己的翻译业务转包给学校师生,充分利用学校人力资源的优势,缩减自己的劳动力成本。总之,这种双赢的校企结合方式为师生的翻译理论学习与社会实践相结合创造了有利条件,既让师生在社会实践中不断提升翻译实践能力,也有利于翻译机构储备优秀翻译人才。

综上所述,以网络为基础的多模态教学模式为英语翻译教学提供了一个全新的视角,弥补了传统翻译教学模式的不足,丰富了课堂教学内容,增强了教学的直观性和生动性,提高了翻译教学效率。现代网络技术为学生进行多渠道、多形式的翻译学习和实践活动提供了保障,增强了学生的自主学习能力,通过多模态实践手段提高了学生在翻译实践中的积极性和主动性,也提升了其翻译能力。总之,多模态翻译教学模式有助于推动大学英语翻译教学模式的改革,在培养社会所需的复合型翻译人才中起着重要作用。

# 第三章 文化差异与英语翻译

## 第一节 中西文化差异对英语翻译的影响

文化是语言存在的一个背景，语言是文化的表达，文化与语言之间可以说是互相依存的关系。翻译就是两种语言互相转化的一个途径，而文化差异可以说是对翻译工作最有影响力的因素，对译者来说是一个巨大的挑战。翻译工作是对跨文化的一种理解力，为了保证翻译的准确性，译者必须去了解语言产生的文化背景。在中英文翻译中也是如此，中西文化之间的差异在翻译工作中的影响也是非常大的。本节将阐述中西文化差异对英语翻译工作的影响，及如何做可以更好地避免这些差异对翻译的影响，从而提高英语翻译的准确性。

随着世界的发展和经济一体化格局的形成，文化与文化之间的交流也越发重要和频繁。中西文化因为地理环境、宗教信仰等各方面的不同出现差异，而翻译工作就是为了促进中西文化之间的交流和沟通，所以合理准确的翻译是非常必要的。所谓翻译工作"就是在准确、通顺、优美的基础上，把一种语言信息转变成另一种语言信息的行为"，翻译可以说是连接中西文化的桥梁。

### 一、中西文化产生差异的因素

纵观世界历史的发展，人类文明的发展是一个经历了漫长时间的积累和沉淀的过程，因此文化的形成也不是一蹴而就的。中西方文化差异主要表现在地域环境、风俗习惯、宗教信仰等方面。① 文化的地域差异主要就是因为地理位置的不同。地理位置的差异导致文化产生的自然条件及环境气候等有差异，所以地域文化各有各的特点。地理环境的差异直接影响人们的生活，从而影响着文化的不同。② 风俗习惯的差异主要跟政治、经济、艺术等方面密切相关。不同的地域与不同的民族，在政治、经济、艺术等方面的追求也存在不同。而这些具有民族特色的风俗习惯，也是文化差异产生的因素。③ 宗教信仰是人们的一种精神寄托，一种对美好生活的向往，也是人类文明的重要组成部分。

不同地域、民族的国家有着不同的宗教信仰，如中国传统上推崇儒、释、道，而西方多数国家多信仰基督教、天主教等。由此可见，地域差异、风俗习惯的差异及宗教信仰的不同是中西文化差异的主要因素，这些差异也是了解和理解不同文化的关键点。

## 二、中西方文化差异对英语翻译的影响

翻译是中西文化互相交流的桥梁，在现在世界经济一体化的格局下愈发显得重要。随着翻译工作的重要性不断提高，对译者的要求也在不断提高。如何在中西文化差异客观存在的现实中准确地将中西文化中的特色展现出来，对翻译者来说是非常重要的。

了解语言文化所产生的地域环境特点，是翻译的基础条件之一。地理位置和自然环境等是地域文化产生的自然因素，所以译者在翻译工作前必须对语言产生的地理位置和自然环境要有最基本的了解。地域差异也直接影响着英语翻译的效果，有时候容易产生歧义。翻译工作的质量和效果直接影响文化的交流和沟通。地域文化的差异也导致人们对一件事的表达方式和态度不同，如东风与西风这两个词，"东风"一词在中国有一种"莺飞草长"的温暖感觉，而"西风"一词在中国会让人感觉到一种"古道西风瘦马"的寒冷。西方国家往往会使用 biting east winds 来形容刺骨东风，而恰恰用温暖来形容西风，比如雪莱的《西风颂》中有一句："Oh wind, If winter comes, can spring be far behind?"（啊，西风，假如冬天已经来临，春天还会遥远吗？）。而这一差异主要就是由于中西方地理环境差异造成的。我国在地理位置上东临大海，故东风吹来更舒适一些；而西方国家是西临大海，自然是西风更加温暖。由此可见，译者在翻译时要首先了解这些地理位置及自然环境的差异，不然很难准确表达出原文的文化含义。

了解语言文化产生的风俗习惯的特色，是翻译的基础条件之二。语言文化是一种历史的沉淀，也是民族特色不断发展的结果，因此译者在翻译之前首先要了解其语言文化产生的独特的民族风俗习惯。语言是人们生活交际活动的根本条件，也是文化的重要组成部分。中西方在语言表达方面存在差异，比如中国人在表达方面比较含蓄委婉，而西方人的表达方式则更直接开放。风俗习惯的差异，也直接导致中西方文化之间的差异。例如：在中国，红色象征红红火火，在喜庆的场合多用红色，而西方国家则认为红色包含一点贬义色彩，代表了血腥等意思。因此译者在翻译之前要对语言文化产生的风俗习惯有一定的了解，才能更好地表达原文的意思，才能更好地促进文化的沟通和交流。

了解语言文化产生的宗教信仰的背景，是翻译的基础条件之三。宗教信仰就是人们的一种精神寄托，一种对美好生活的向往。宗教信仰是人类文明发展传承下来的，而语言表达也受到宗教信仰很大的影响。众所周知，在我国，儒、释、道与外来的佛教互相

渗透，从而形成具有中国特色的宗教文化；在西方国家，宗教文化融合了基督教文化和哲学思想。两种截然不同的宗教体系，直接导致人们对事物认识的不同，也对语言的表达产生影响。西方认为上帝主宰一切，而中国则认为是神话传说中的神仙主宰天地万物，因此在具体的翻译实践中应注意到宗教文化的差异，只有这样准确的翻译才能更好地促进中西方精神层次的交流和沟通。

## 三、在中西文化差异中寻求英语翻译的具体方法

中西文化之间的差异对翻译工作者来说是一种巨大的挑战。为了更有效地进行文化交流，在英语翻译中需要寻求具体的解决方法，才能做到翻译中的信（准确）、达（通顺）、雅（优美）的效果。

译者要了解语言产生的文化背景。一名合格的译者，就是要深入了解中西文化之间的差异，不断提高自身素养，才能更好地应对中西文化差异对英语翻译工作的影响。

译者在翻译中应根据中西文化的表达特点，适当调整语言表达的结构和格式。因此在翻译的时候，要根据中西语言表达习惯来调整语句格式。中西文化差异导致人们在思维逻辑方面也是有差异的，也需要译者在翻译实践中多加注意，才能使翻译具有合理性。

适当地添加注释、注解来避免中西文化差异在翻译中带来的歧义。如果仅仅是按照字面的意思来翻译，很多时候会产生歧义，读者在理解上也会增加难度。在这样的情况下，译者有必要在翻译时加一些注释或注解，这样可以增加翻译译文的准确性。例如，中国的成语虽然只有四个字，却隐含着深刻的意义。如果只是简单的字面翻译，外国人是不能理解的。

因此，译者在翻译中要了解文化差异，也要了解中西方语言的表达习惯，这样才能使翻译更合理、准确，更好地达到文化的交流和沟通。

综上所述，地域的差异、风俗习惯的不同及宗教信仰的差异，直接导致中西文化之间的差异产生。世界经济格局一体化背景下，翻译在文化交流中的作用越来越重要。在英语翻译的具体实践中，译者要了解文化背景、差异，了解中西语言表达习惯等方面的知识，才能提高翻译的信（准确）、达（通顺）、雅（优美）的效果，更好地实现中西方文化之间的交流和沟通。

# 第二节　英汉文化差异与英语习语翻译

本节从习语与文化的关系出发，结合大学英语习语翻译教学实际，探讨中英两国在地理环境、历史典故、风俗习惯、宗教信仰等方面的差异，提出了大学英语习语翻译可采取直译、意译、套译、直译加注解等翻译方法，力求对译者的英语习语翻译实践教学提供有效借鉴和参考。

## 一、习语与文化

语言是文化形成和发展的前提，文化的发展也促进了语言的丰富和完善。习语是语言发展的结晶，是民族语言的精华所在，主要包含比喻性词组、俗语、俚语及谚语等，隐含着丰富的民族文化内涵，带有浓厚的民族色彩。英语习语在语言表现形式上具有生动、形象、通俗的特点，同时意蕴深刻，在交际中被广泛使用。

但习语翻译一直是大学英语教学中的难点，学生在具体的习语翻译实践中，经常因为忽视英汉习语的文化差异或因翻译方法不够灵活、熟练，导致习语翻译效果不尽理想。

## 二、英汉习语的文化差异

英汉文化存在很大的差异，其习语也各具风采。教师在大学英语习语翻译教学中应引导学生充分关注英汉习语的文化差异，为精准翻译打好基础。英汉习语的文化差异主要表现在以下四个方面。

### （一）地理环境方面的差异

习语是实践的产物，它与人们的生产生活、工作环境密不可分。英国属于岛国，海岸线绵长，其航海业一度在世界上遥遥领先，英国人长期在海上生活劳动，所以英语习语中有很多与海和海上生活相关的表达。比如，all at sea（一片茫然、不知所措）、like a fish out of water（处在陌生的环境中、感到不自在）、raise the wind（筹钱）等。而中国是海陆兼有的国家，人们自古以农业为生，所处的环境大多是山和地，所以汉语中的许多习语和土地、农业生产息息相关。比如，挥金如土（spend money like water）、斩草除根（cut the weeds and dig up the roots）、顺藤摸瓜（follow the vine to get the melon）等。这些以陆地文化为依托的汉语习语和以海洋文化为背景的英语习语明显不同。

## （二）历史事件与典故方面的差异

英汉习语有不少来自历史事件、神话、寓言、典故等，这些习语由于来源的特殊性，仅从字面上来理解难免会望文生义。如 drop the pilot，这一英语习语的本意是指船泊岸或者过了危险区域后就叫领航员下船，而后转译为"成功后抛弃得力助手或功臣"，类似于汉语中的"过河拆桥"；meet one's Waterloo 意指曾经横扫整个欧洲大陆、不可一世的拿破仑遭遇滑铁卢之役一事，现一般译为"遭受惨败"；pan out 本来是指美国淘金热时淘金者用淘金盘捞起沙子，不断用水清洗，最终幸运地滤出小粒金子，现在该习语演变为"成功"。汉语中也有很多富含历史典故或实践的习语，如守株待兔、亡羊补牢、东施效颦、精卫填海等。不难看出，中英两国因各民族历史及文化差异，产生的习语也不同。

## （三）风俗习惯的差异

风俗习惯是一种社会现象，是群体在生产生活中逐渐形成的约定俗成的生活方式。英汉习语中与风俗习惯相关的民族特色非常鲜明。比如土豆很受英国人青睐，据传，英国人每年就要吃掉四百多万吨土豆，所以英语中有不少关于土豆的习语。英国人自谦时会说："I'm a small potato."（我是小人物。）英国人描述那些终日无所事事、手持电视遥控器躺在沙发上不断换频道的人为 a couch potato（老泡在电视机前的人）；用 a hot potato 来比喻对人诱惑很大但又很难得到的好处或利益。而中国人的饮食以米面为主，茶水是必备饮品，汉语中有很多相应的习语表达，如"巧妇难为无米之炊""粗茶淡饭""茶饭不思"等，中文习语中就很少能见到土豆的影子。

# 三、习语翻译的主要方法

习语翻译本身是一项系统而复杂的工作，翻译时仅仅关注习语的文化差异是不够的，还需要译者有扎实的翻译技巧。因此，在习语翻译教学实践中，教师还要引导学生掌握并能灵活运用多种翻译方法。习语翻译常用方法有以下四种。

## （一）直译法

直译法就是把习语构成词的字面意义直接翻译出来，这种方法貌似有悖于习语的性质，往往适用于那些比喻形象突出、文化色彩较浓的习语。直译得当不但能够有效传达源语的形象和意义，而且会让译入语读者会心一笑、倍感轻松，同时这种地道的翻译能够丰富译入语的表达方式。比如，"Strike the iron while it is hot."可直译为"趁热打铁"；fish in troubled water 译为"浑水摸鱼"。这些译文由于多次使用，逐渐成为中文表达中的俗语，丰富了汉语的语汇库。另外，还有 as busy as a bee（忙得像只蜜蜂）、"Blood is thicker than water."（血浓于水）、armed to teeth（武装到牙齿）等，都是通过直译而来的表达。直译法使英语习语翻译更轻松，也易使译入语读者所接受。但直译法需充分考虑译入语读者的理解力和联想力，否则非但达不到准确传神表意的效果，还会弄巧成拙。

### （二）意译法

英语中一些习语有其特殊的地理、历史、政治、经济等方面的内涵，无法用汉语对其进行对等翻译，只能采用意译法保留源语的基本含义。这种情况下，英语习语的文化信息和比喻形象往往很难保留。比如英语习语中"A new broom sweeps clean."不能直接翻译为"新扫把打扫得干净"，人们习惯把它意译为"新官上任三把火"。又如"A cat has nine lives."，在汉语里没有完全对等的套译表达，如果直译为"猫有九条命"，中国人可能会一头雾水、不知所云，所以只好将其意译为"吉人自有天相"。这样，数字"九"和"猫"在英文中的神秘性在汉语译文中就得不到有效体现。虽然意译法往往难以保全源语的文化内涵，无法使译入语和源语的语义和内涵等值，但意译法是一种比较变通的习语翻译方法，因而在习语翻译中的使用较为广泛。

### （三）套译法

套译法就是在英语习语汉译时直接套用汉语中现存的、与约定俗成的含义对等的习语。汉语里有为数不多的习语在风格、形象、语体色彩等方面与英语习语对等，这样的习语在文化内涵和语言、意义两方面都基本等值，在跨文化交际中能很容易地被人们接受，且不会引起歧义。比如，go through fire and water可以相应套译汉语中的"赴汤蹈火"；"Where there is life, there is hope."可以译为"留得青山在，不怕没柴烧"；"Talk of the devil, and he is sure to appear."可以套用汉语中的"说曹操，曹操到"。这样的套译是对汉语习语的一种有效套用，能够准确地表达源语的深层含义，同时会使译入语读者感到亲切易懂。但这样的套译有一定局限性，一是套译的范围有限，英汉对等的习语并不多见；二是有些汉语习语和英语习语貌合神离，直接套用会犯张冠李戴的错误。比如，"A miss is as good as a mile."这个英语习语很容易被套译为"差之毫厘，谬以千里"，但该英语习语最主要强调的是错误的本质，即"大错小错都是错"；而汉语"差之毫厘，谬以千里"所表达含义是"小错终会酿成大错"，强调一丁点儿错误都不能有。由此可见，两种习语的语义内涵相去甚远，直接套译会产生误译。

### （四）"直译+注解"法

不少英语习语都是由历史典故而来，民族色彩浓厚，看似结构简单，但不能直接从字面去理解和翻译，这时候就需要采用"直译+注解"的方法。比如，as fair as Helen如果直译为"如海伦般艳丽无比"，不懂希腊神话故事的中文读者就会产生"Helen是何许人？怎么个美法？"的疑问，这时我们可采用括号加注法，注明 Helen 是希腊神话中著名的美女，这样读者就不觉得难懂了。再如，伊索寓言的习语 dog in the manger，如果直译就是"马槽里的狗"，译入语读者就会不明白其中含义，如果加注"自己不做却不让别人做""自己不用却不让别人用"等解释，该习语的意思就非常清楚明了。

当然，英语习语翻译并不是一蹴而就、照葫芦画瓢的简单工作，它不仅需要译者有知识面上的宽度，还要有文化内涵上的深度，即 to know everything of something and something of everything（通百艺而专其一）。同时，要能在具体的翻译实践中灵活运用多种翻译方法，做到具体问题具体分析，使译文既能准确表义，又能为译入语读者所理解。这就需要教师在具体的习语翻译教学实践中，引导学生加强习语文化的学习和习语翻译经典案例的积累，在练习中大胆实践习语翻译的各种方法，加强学习、实践、反思，不断优化习语翻译效果。

## 第三节 英语文学翻译中文化差异的处理

在翻译英文原著的译作里，因为受到不同国家语言差异性的干扰，翻译含义的准确率显著减小，同一译品翻译的时间也越来越长。因此，译者应该更加注重如何采用更具操作性的方式，解决翻译英文原著中出现的语言差异性的矛盾，从而提升英文原著译品的质量，培养阅读者的文学素养，深刻理解西方原著里透露出的文化背景与特点。

### 一、翻译、文化的内涵以及文化差异处理在英语文学作品翻译中的重要性

#### （一）翻译、文化的内涵及标准

翻译是借助译文对原文进行阐释的过程，文学翻译是一种以文学作品为基础的翻译活动。作为文化的核心构成部分，文学创作也是艺术创作的一种形式。所以，从文学的角度来看，翻译也是一种艺术娱乐活动。文学翻译不仅对等地实现了转换两种语言字符，而且实现了原作中文化信息的传递，从而满足了阅读者在阅读中探寻的满足感，使阅读者能够体会到原著的含义与文化思想。

语言是文化的中心构成成分，是传承文化的一条极有效用的路径，能够更好地传达出文化的内涵。因为语言历史背景不同，因此国度差异引出文化里词汇自身的特别性，以及特别事物身上被赋予的内涵。比如：中国的"龙"代表好运、吉利和晴空万里，西

方的"龙"则代表反抗、暴虐和十恶不赦。在语言交际过程中，不同民族的人们是否能够有效地进行交际，关键在于对文章背后含义的深刻掌握，以及对文章背后更为雄厚的历史背景的理解。翻译能够使不同的国度有效地进行文化、语言交流。翻译和语言、文化差异性关联极大，因此译者应该对原著和译品的语言都进行深入的理解，并充分理解两种语言下的背景文化。翻译的宗旨在于最大限度地将源语言文化内涵用目的语言完整地表达出来，实现真正意义上的沟通。

### （二）文化差异

"文化差异"是指不同社会发展模式与生态环境中特定群体的人在语言交际、生活信仰、思维方式、风俗习惯、道德等方面的差异。它最为突出表征的显现便在于同样事物和现象里的相异理解，从而导致了交流障碍。英汉两种文化的差异，是英汉文学译作的前提，是达成相异文化、语言有效联系的前提。

### （三）文化差异处理在英语文学作品翻译中的重要性

从英语文学翻译的意义来看，英语文学作品的翻译过程相当繁杂。如果无法深刻理解两种文化的差异与特征，翻译过程就会受到阻碍，产生文化解读错误，从而影响学习者的学习效果。因此，正确把握好英文译品差异性的意义极大。所以，在译作时，译者需要把握好方式，处理好语言间的差异性，提升译品的质量。针对译者而言，了解一种语言的直接意义是远远不够的。

## 二、英语文学翻译中处理文化差异的具体方法

### （一）分析文学作品的语言风格

想要完美展现英语文学作品，译者在翻译中应仔细分析源语言和目的语的语言风格，因为相异风格原著的自身的文化含义与因素是不同的。唯有把握语言特色，才能提升译作的可靠性。翻译小说、戏剧类作品，译者应该把握其内在内涵与文化背景。英文译品翻译时，译者要清楚译品的语言风格，开发其实质语言差异性，并通过针对性方式处理好文化间的差异。

### （二）运用动态对等定义

由于中英文之间存在着诸多差异，尤其是文化的差异性，所以译者应该擅长使用动态对等来处理英文原著翻译里会出现的文化差异。英文文学原著的翻译是英语作品在汉语中的完整表达。因此，在翻译英语类文学作品时，译者在理解文化差异的基础上，能够巧妙使用翻译技巧，保证其准确率，才能在阅读者完整地阅读完译品时增加其理解性。

文学体裁、散文、语法和词汇是译品的四个成分。译者应该充分理解动态对等的定义，并且能够通过该方式翻译原著，使译品与原著文化含义和风格对等，确保翻译前后作品的风格与文化内涵的一致性。

为使英文原著在翻译后的译品能够更具整体性且准确地翻译出原著的含义，基本所有的译者都是逐词进行翻译的。因为中英文间的差异性，译者一方面要保证对差异的理解，另一方面也要能够采用动态对等理论将差异降到最低。

针对"动态对等"观念而言，大致涵盖的内容有四：① 原作与译品题材的一致性；② 译品与原著的篇幅的统一性；③ 翻译时语法的统一性；④ 原作与译品词汇的一致性。这些内容保证了翻译后的译品质量。

译品与原著的题材对等。在翻译时，译者要确保译品与原著题材的对等，科技应用文要确保科技性，小说便译为小说，散文便译为散文，诗歌便译为诗歌，尽量确保文学体裁的正确性。

译品与原著的篇幅的统一性，即对原著的翻译，译者要确保译品完全根据篇幅进行翻译，确保作品完整，不改变篇幅的顺序性。

语法的统一性。即译者在翻译原著中的语句时，确保其含义被完整翻译出来，使原著与译品的语法具有统一性。

原作与译品词汇的一致性。即译者在翻译时，需逐词将原著翻译成译品，确保其含义的统一性与质量性，使英文与中文的词汇含义能够对应上。

### （三）通过对异化和归化翻译理念的研究，正确处理文化差异

异化翻译法是故意使译文冲破目的语常规，保留原文中的异国情调。采用该翻译法最为出彩的是美国的翻译家劳伦斯·韦努蒂，他在《三字经》的西方译品中使用了该理论，一定程度上保留了中文的情调，如"头悬梁，锥刺股，彼不教，自勤苦"在译品中便被翻译为"Head hung high! Needled his thigh! Not pushed, they kept working away."。

归化翻译法是指在翻译中尽量减少译文中的异国情调，为目的语读者提供一种自然流畅的译文。它应尽可能地使源语文本所反映的世界接近目的语文化读者的世界，从而达到源语文化与目的语文化之间的文化对等。

### （四）利用创造性叛逆手段

我国翻译西方原著的译者时常会在翻译中遇到一个相似的困惑：在翻译原著时可否融入译者自身的一些独创性的想法，或者只是保证原作的准确性即可。但事实上，该类问题应需参考原作的类别。如果原作属于散文、小说或诗歌一类，便可以使用一种创造性叛逆的方式，因原作中一些涵盖的思维与含义如果直译是难以表达出原作里的那些美

感的，就更不可能让阅读者受到吸引。如果原作属于应用科技一类的题材，则直接进行译作即可，且要保证其准确性。事实上，创造性叛逆方式，也就是译者在尽量保证译品准确性的前提下，采用更为技巧性的方式，掺入译者自身的想法，从而提升译品的想象力与新意，使译品更富有创造性，更便于读者理解。

西方文学是西方国家思维含义与该国此时文化状况的整体表现，一方面它们反映出的是该国家所展示出的时代与民族的特点，另一方面也是作者乃至整个国家所属文化以及思想的展现。翻译实际上是本国与西方国家文化相互传达以及学习的主要方式，也是为了使各国的阅读者能够通过这些文学了解到该国文化，并且对待相同的作品能够产生跨越国度却相似的体验和感想。纵然语言的相异使这些作品的表达不尽相同，然而译者在翻译中需对该作品的创作前提与时代有一定程度的了解，能够领会这些作品将要传达的情感与思想。因此翻译后的作品一方面要能够符合原作品的含义，另一方面要考虑清楚所使用语言含义、符号和所使用人们间的联系，从而尽量贴切地描绘出该作品的思想意境和民族、时代、文化背景，使其因语言间的差异而带来的理解难度降到最低。要把握好语言背后的含义，尽量保证其准确性，并降低语言带来的局限性，使阅读者最大限度地理解原作。

中西语言差异带来的差异难以忽视，也不可忽视，因而在翻译外国原著时需考虑清楚其间的差异，并使用可操作性的翻译方法尽量将其降到最低，这样才能翻译出好的译品，保证其质量，使本国阅读者能够通过阅读译品培养良好的文化素质，同时推进针对英文原作的译作项目的有效且高质量前行。

## 第四节 中西方文化差异对商务英语翻译的影响

随着经济全球化以及商务一体化的出现，已经有越来越多的人关注到商务英语的发展，由于中西方地域文化、思维方式的较大差异，如何提高商务英语翻译的效率已经成为时下讨论的热点话题。

本节从商务英语的特点进行分析，结合实际情况指出中西方文化的差异给商务英语翻译所带来的影响，并针对中西方文化差异的认识、商务英语的翻译技巧以及商务英语的翻译原则这三个方面指出如何才能够有效地提高商务英语的翻译效率。

### 一、商务英语的特点

商务英语属于英语的一部分，具有丰富的西方文化内涵。这些文化与我国历史文化之间的差异性较大，会给商务英语的翻译造成很大的影响。同时，商务英语是一种专业英语，主要用于商务活动当中，因此商务英语翻译需要达到礼貌、实用的要求。这样贸易双方在商务活动中才能准确地表达己方的意愿和要求，从而促成贸易交流。此外，商务英语是以适应职场生活的语言要求为目的，内容涉及商务活动的方方面面。商务英语课程不只是简单培养学生的英语水平和综合能力，更多的是向学生传授一种西方的企业管理理念、工作心理，甚至是如何与外国人打交道，如何与他们合作、工作，以及了解他们的生活习惯等，从某种程度上来说，这些都是包含在文化概念里的。

## 二、中西方具体的文化差异

### （一）地域文化差异

由于中西方所处地域、环境的不同，直接导致地域文化出现差异。例如，英国是一个岛国，海岸线曲折而漫长，所以当地的航海业及捕鱼业对于英语的发展产生了巨大的影响；同样，中国有较长的海岸线，但是由于中国是一个农业大国，所以导致汉语的形成和演变均与农业有关。中西方文化之间所存在的差异对英语的翻译产生了巨大的影响，我们在翻译过程中需要特殊关注这部分问题。

### （二）思维方式的差异

在翻译商务英语的过程中，由于中西方思维方式之间所存在的差异，直接导致中西方文化中对于语言的要求存在着区别。中文讲究"意合"，在使用中文时只要意思表达正确就可以了，对于句子的格式不做要求，但英语中对于句子格式以及单词组成的要求则更为严格，讲究"形合"。例如"热死了"这句话，很多学生在翻译的过程中都会犯一个常见的错误，那就是找不到本句的主语，但是我们仔细思考后就会发现主语是天气，所以在翻译的过程中，主语是"天气"，系动词是"是"，表语是"热"。

### （三）民族心理差异

在商务英语翻译的过程中，民族心理也会给商务英语带来很大的影响，译者在翻译的过程中需要注意不同民族文化背景所造成的翻译差异。例如同样是喜鹊，中西方却会对它有不一样的态度，中国人认为喜鹊本身代表着吉祥以及好运，在古诗中也会有喜鹊的身影，如"绵绵远念近来多，喜鹊随函到绿萝"；而在西方人眼中，喜鹊是"啰唆、烦琐"的代表。又比如东方人认为"绿帽子"是贬义词，而西方则不这么认为，因此好莱坞华人区的 Green Hat 餐馆几乎没有华人光顾。

## 三、中西方文化差异对商务英语翻译产生影响的应对策略

### （一）加强对中西方文化差异的认识

译者在从事商务翻译时需要对中西方文化差异有所了解。很多西方国家都认为13是一个不吉利的数字，而中国人则不这样认为。在中国文化中，中国人对于9更情有独钟，9这个数字在古代多用于帝王，例如九五至尊，再如我国现下常见的"999感冒灵"。

不同文化所造成的习惯差异也体现在颜色方面。在西方国家人眼里，蓝色代表忧郁，但是在中国人眼里，蓝色则有着另外一种象征。还有一些地方的blue并不翻译为忧郁，例如blue blood直译为蓝血，并非忧郁的血液，而是代表着贵族出身以及贵族身份。如果对中西方文化的差异不够了解，译者在翻译过程中就不能准确翻译出作品。

此外，在中西方文化里，即使是同一个植物或者动物，也代表不同的意思。例如常见的芳草牌牙膏，在翻译时不能直译为fangcao，"fang"在英语中其实是一个英语单词，指动物的犬齿或者毒蛇的毒牙，这种牌子的牙膏会让西方人觉得很不舒服，直接影响这个品牌的推广。

不同的生活习惯、文化认知以及习俗方式，都会造成中西方文化的差异，这就要求译者在翻译的过程中要充分了解中西方文化的差异。随着经济全球化的加速发展，会出现越来越多的国际贸易活动，商务英语也会随之不断地发展。译者对中西方文化差异的不了解，将会直接导致在翻译的过程中无法准确翻译或是翻译出让某一方反感的文字，从而影响交易的完成，影响商务交流的正常进行。

### （二）掌握商务英语翻译的技巧

商务英语在翻译过程中对译者的反应能力和应变能力有很高的要求，但是很多人都没有办法满足这一要求。所以为了提高反应能力不足的译者的翻译能力，我们就会选择借助一些言简意赅的程序化用语来帮助完成商务英语的翻译。例如想要表达感谢时，可以选择句型"Please accept my sincere appreciation for…"，翻译为"请接受我方对……真挚的谢意"。同时，译者还可以对句子中的部分单词进行替换，从而提高翻译的表达效率，实现商务交流过程中信息的高效传递。

因为商务英语是应用在商务交流中的语言，所以在应用过程中还需要保证其简洁直观性，所以译者可以通过适量地增词、减词来达到目的，可以根据谈话前后的逻辑关系和表达习惯，在适当的地方增加没有出现但实际已经包含的词，或者去掉出现但不需要表达的词汇。例如，"All cash shall be subject to income tax."就可以翻译成"所有现金红利均需要缴纳所得税"。在翻译的过程中，将被动转变为主动更符合中国人的翻译习

惯和阅读习惯。

译者还需要对英语中所出现的缩略词进行辨析,确保缩略词所代表的意思是正确的。此外,译者在将汉语翻译成英语的时候,也可以适当增加一些缩略词,以保证文章的简便性,从而提高翻译的效率。例如,翻译中常见的 WTO,是 World Trade Organization 的简称,也就是我们常说的世界贸易组织。虽然缩略词经常广泛应用在商务英语中,但并不是每个翻译者都能熟练地应用这些缩略词,所以需要译者平时的积累和学习,才能够在翻译工作中发挥作用。

结合目前的实际情况来看,商务英语翻译中的四字结构的应用也已经十分广泛,例如 "Work on small profit margins can not grant open-account facilities.",可以翻译为"利润率低的工作不能提供开放账户贷款",但是在商务英语中可以翻译为"薄利经营,概不赊账",四字结构的使用使原文变得更加简洁流畅、庄严正式,能够体现出书面用语的正式程度以及结构的严谨性。

相较于其他类的英语翻译来说,商务英语翻译对于词汇的准确性要求较高,所以译者在翻译过程中需要对意思相同但含义有所差别的词汇进行辨析,例如 problem、question 和 job、work,这些词汇都可以翻译成问题和工作,但是其中的含义还是有所差别,所以译者在翻译过程中需要结合语境的变化以及词汇本身所具有的含义进行辨析。

### (三)掌握商务英语翻译的原则

由于中西方语言习惯的不同,译者在翻译的过程中需要避免中西方文化差异对商务英语翻译所产生的影响,还应该熟练掌握商务英语中翻译的各项规则,从而使对方在感受到被尊重的同时,传达自己的目的,做到简洁明了、准确全面、突出重点。在翻译过程中,译者还应该避免将自己的语言习惯以及个人情绪带入翻译中,以保证商务英语的准确性以及职业性。例如,在东方,龙和凤都寓意着吉祥健康,很多中国人的名字中也常常会出现龙和凤这两个字,所以以龙和凤为元素的商标也广泛地受到消费者的喜爱;但是在一些西方国家中,龙代表着邪恶、血腥,而孔雀则被视为祸鸟。所以译者在翻译过程中就需要注意这一常见的文化差异问题,同时,在翻译的过程中还应该保证语言的简洁性,尽量用简单明了的语言来传达自己的意图。译者在翻译一些外国品牌的时候,要注意对品牌文化的了解,尽量避免音译,而是通过翻译将品牌背后的故事传递出来。例如 UNIQLO 的音译是"尤尼秋",但是我们在翻译的时候会选择将其翻译为"优衣库",这样不仅能够很好地体现出原品牌的品位,还能够让消费者更加直观地感受到优衣库对于衣服设计和质量的高要求,从而传递品牌的力量,给双方留下一个更好的印象。此外,在商务英语的翻译过程中,译者还应该多使用礼貌英语,让对方能够感受到自己被尊重,从而促进双方的交易。译者在翻译的过程中需要对双方的谈话内容进行分析，并抓住其中的重点，准确全面但又要重点鲜明，避免出现把所有表示语气的非实质性谈话内容都翻译出来，这样不仅会令对方一头雾水，还会造成谈话效率的下降，这对于商务合作以及双方洽谈都是非常不利的。商务英语是一门较为复杂的科目，商务英语翻译也是一份挑战难度较高的工作，所以更需要学习者和从业者做到天道酬勤和随机应变。

在激烈的国际市场竞争中，高素质的商务英语翻译者是必不可少的，译者只有不断学习和积累，才能切实提高自己的工作效率。

## 第五节 中英文化差异与英语翻译教学

翻译是把一种语言表达出来的内容用另一种语言准确而完整地表达出来。为了能准确转换语言，必须熟练掌握不同语言之间的差异，文化差异是学生自行翻译时比较难以掌握的部分。英文习语和中文习语表达的文化差异，词汇表达的文化差异以及中英语言表达习惯的差异都是翻译教学和翻译过程中需要注意的问题。

### 一、翻译教学应注意中英习语表达的文化差异

习语是经过人们长期观察、劳动、生活、娱乐等活动中积累起来的约定俗成，具有完整独特含义的词语，是某一语言经过长时间的使用而形成并提炼出来的固定的表达方式，具有浓郁的民族文化特色。而在翻译课堂教学中，习语也是最能体现文化差异、最难准确翻译的。由于中西方地域文化、历史文化、生活及风俗习惯等方面的不同，习语的翻译也一定要相得益彰。在英汉互译时，译者可以根据语言蕴含的文化背景找出贴切的习语来进行翻译。如 spend the money like water，用中文的习语来翻译就是"挥金如土"；"画蛇添足"这个成语用英文来表达的话，就可以根据英国的文学历史用莎士比亚的 to gild the lily 来贴切对应；而像"对牛弹琴"可以用 to cast pearls before swine 来翻译。还有其他的英汉对照翻译如 laugh one's head off（笑掉大牙），"Love me, love my dog."（爱屋及乌），"Misfortunes never come singly."（祸不单行），"Like father, like son."（有其父必有其子）。还有像在基层电大商务英语专业使用的新思维综合英语系列的课文中出现的"When in Rome, do as the Romans do."，当学生了解这个习语背后的文化知识，知其所以然，就会自然而然地想到用"入乡随俗"来贴切翻译。这样既不违背原句表达的意思，也能准确表达译句背后的文化知识，符合翻译家们提出的"忠实、通顺"的原则。

但也正因为中英文化存在差异,所以并非所有的习语都能一一对应,像"Beauty lies in lover's eyes.",汉语的相似表达是"情人眼里出西施",但"西施"是中国古典文化中的美人,这样翻译体现不了原文的出处,所以翻译成"情人眼里出美人"会更好。从上述例子可以看出,由于中英地域、历史、宗教信仰等文化的差异,语言的表达方式也大相径庭,想要翻译好句子或文章,教师一定要在课堂教学中深入讲解中英文化方面的差异,根据中英不同的文化背景,正确理解原文的含义及文化特点,注意英汉习语之间的异同,运用直译或意译的方法贴切地翻译原文,在准确译出习语意义的同时,对原文的民族文化、不同的文化背景、不同的思维方式和表达习惯也要多加考虑。这才能让学生对中英文化差异有更好的认知。

## 二、翻译教学中应注意词汇表达的文化差异

很多学生在记忆单词含义的时候,很多时候都是对着单词表机械地记忆,进行英汉互译的时候翻译得晦涩难懂,词不达意,还会出现很多的中式英语(Chinglish)的表达。所以在翻译教学中,教师要引导学生去根据句子来理解单词的意义,要准确地分析单词的意义,就要涉及单词背后的文化背景,因为很多单词的意义会根据文化背景及使用者所处的情境的不同有不同的变化。如在《新思维综合英语2》出现的句子"Mr. Heinlein uses fictional characters in fictional situations to attack all explanations of the universe based on faith, to undermine the idea of love based on jealousy, and to annoy the materialists and the politicians.",在学生的翻译中,学生大多把 materialist 翻译成唯物主义者,这就是因为不了解美国人讲究实际、追求物质利益的价值观。而 politician 翻译成政治家,但其实 politician 在句子中表示的是贬义,政治家却是褒义,所以这样的翻译会让读者理解不了作者所想表达的真正含义。这就需要教师在翻译教学的过程中讲授词汇蕴含的文化背景知识,这样才能让学生正确把握句子的含义而翻译得恰如其分。与此相似的例子还有 ambition 和 aggressive。由于中国和西方文化信奉的价值观不同,两个单词在英汉两种语言中的含义也不尽相同,ambition 在中国一般会被解读为"野心勃勃",而在西方文化中却多为"雄心壮志"。而 aggressive 在西方文化中的含义是"进取上进,有开拓精神",中国却大多把此词解释为"挑衅,激进,好斗"。

除此之外,中西文化的不同也表现在对词汇的象征意义运用上。例如:"She is as timid as a hare."翻译为"她胆小如鼠"(在西方文化中,兔子是用来表示胆小的含义,而在中国却把老鼠比喻为胆小,这就需要译者在翻译的时候了解词汇在不同文化里的含义)。红色在中国多用来表示吉利,而在西方文化中却具有"邪恶,凶兆"的含义。因

此在翻译 green-eyed、a white lie 等词汇和短语时就要多从中英文化的差异方面来进行理解、翻译。教师在平时的教学中也应当对单词的含义进行深入挖掘与剖析，并且结合特定的文化背景来引导学生更好地理解词汇的含义，深化学生对中英文化差异知识的认知，提高学生的翻译技能。

## 三、翻译教学中应注意中英文语言表达方式上的不同

中英文化的差异不仅体现在语言的含义上，在语言的表达方式上也很明显。由于文化背景的不同，语言运用也大不相同。翻译教学中也需要突出中英文化差异，尽可能地培养学生学会运用英语和汉语的地道表达以及对不同表达方式的理解，提高学生的语言表达能力。以汉语作为母语的学生会对汉语的各种表达方式运用得很贴切，但对英语的表达方式却会经常混淆，不知如何应对，当遇到英语的某些表达在汉语中没有完全对应的表达时，不少学生就胡乱套用一些汉语的表达方式，造成如中式英语等的各种错误。例如英语中最基本的时态表达，很多学生总是难以理解，因为这在中文表达里是没有的，所以学生在翻译的时候总是对时间概念难以把握，这就需要教师基于中英语言表达方式的差异来对学生进行引导。还有英语中经常会出现的形式主语 it，如"It seems as if it is going to rain."，翻译为"看来要下雨了"，在这个句子中，it 并不需要翻译出来。

学生在完成毕业翻译作业时，因语言表达方式的不同而出现的错误比比皆是，很多学生都是根据英语的表达直接一字一词地翻译成中文，翻译出来的效果很不理想。如"The higher rate of unemployment was caused by the recession."，此句翻译为"经济萧条导致了失业率增高（学生多会翻译成高的失业率是由于经济衰退引起的）"。由于英汉两种语言的语法结构和表达习惯存在较大的差异，在翻译时既要忠于原文的意思，又要保留原文结构。但在不能兼顾的时候，需要改变结构，保留原文的意思。如"We tried in vain to persuade him to give up his wrong belief."，翻译为"我们尽力劝说他放弃错误的信念，但没有成功"。教师在翻译教学中一定要让学生对英语中的典型表达方式有良好的认知，并且要在比较的过程中让学生直观感受到中英文化的差异。在这样的基础上才能够保障学生的翻译准确恰当，也才能提升学生的语言素养。

语言只有在文化背景下才能更真实，更饱满。中英文化的差异导致了汉语和英语在表达和含义上的明显差别，教师在英语翻译教学中要注重对于中英文化差异的有效渗透，充分考虑到英语语言是受其文化制约的，只有去理解和掌握中英文化的差异，才能理解英语语言的实质。教师要让学生对于习语中体现的文化差异有良好认知，并且要让学生有效辨析单词的字面含义与引申含义，这些在翻译的过程中都非常重要。

# 第四章 跨文化英语翻译的理论研究

## 第一节 跨文化英语翻译中的语境研究

随着全球文化交流日益增强,对语言的社会性研究也越发深入,语境对于语言研究的作用是不可替代的。翻译作为一种跨文化活动的承载介质,自然更要强调语境在翻译过程中的作用和应用。译者需要综合分析不同的语境,从而正确理解内容,消除不确定现象,对翻译过程起到最大的促进作用。本节主要从语言语境、文化语境和情景语境分析语境在英语翻译中所起的作用及其应用路径。

1932年人类学家提出"语境"这一概念,人们才知道对于语言的理解和领悟并不仅仅靠语言本身所表达的字面意思,还要依赖于推敲使用者和使用环境的背景,失去了语境,语言就失去了色彩。20世纪50年代,语境的概念渗透到翻译行业,翻译的目的就是要正确理解原文的意思,而翻译的第一步工作就是分析原文的语境。如果不能揣摩作者的思想和感情,就会使译文失去原文的风采和意义。因此,语境在英语翻译中的作用不言而喻,译者能够根据文章的语境来判断文化背景和作者的中心思想,为以后的翻译工作打下坚实的基础。

### 一、语境在英语翻译中的作用

#### (一)定义与阐释词义

英语的单词有成千上万个,我们不可能知道每个单词的确切意思,就好比中国人也认不全中国的汉字一样,因此翻译时就需要结合全文上下的语境去揣测新词的意思。学生在进行英语阅读时,也可以借鉴这种揣测方法来快速完成阅读。语境的定义作用,就是可以根据句子后面的定语来猜测一些生僻的单词。例如,"The theory to come out of knietics, was suggested by professor Bird Whistell, who suggested the body of movement."的意思是说knietics衍生出来的学说是Bird Whistell教授提出的the study of body movement,其中knietics的意思就可以从后面的人体运动学说中推测出来。而阐释的作用就好比汉英词典，作者会利用更简单的单词或者语句来解释生僻词的意思，让人觉得通俗易懂。

### （二）语句在互译中的专一性

单词存在异议性和多义性，这就决定了一个单词可能有好几种意思，这也与中国的汉字类似。单词的多义性可能会给翻译工作带来阻碍，如果作者不能正确地理解文章的语境，可能会出现南辕北辙的错误。例如，"He is a hard man."中，hard 有"不容易对付的、勤劳"的意思，译者仅仅从这句话中不好去判断，如果出现"He is a hard man to deal with."，那么译者就可以明确这里的 hard 是"不容易对付"的意思。当一个单词出现在俚语或者俗语里面，也会有一定的歧义，如"That's your business."就翻译成"那是你的事"。

### （三）影响词语的语言色彩

我们常说中国的汉字是有魅力的，是丰富多彩的，其在不同的语境下可以体现不同的感情色彩，英语也是如此。比如"Hey, guys."和"Hello, everybody."就体现了不同的感情色彩，前者轻松愉悦，而后者正式化。因此我们可以得知，语境在英语翻译中的作用只是将作者原本的感情通过词汇流露出来，从而使译者能够走进作者的内心世界，感受作者对于内容所赋予的附加价值。

## 二、语境在英语翻译中的应用路径

### （一）语言语境与词汇选择

语言只是一种冰冷的符号，如果失去了语境，那么语言就失去了意义，失去了色彩。我们所说的语言环境通常指上下文联系，包括周边句子、段落、章节、整篇作品等。英国的语言学家曾经说过，一个新的单词在一个新的语境当中会被赋予一种新的含义，这也更好地阐释了词汇如果离开了具体的语境，就是毫无意义的符号[①]。比如我们想表达"好"的意思，好的天气可以用 fine，好孩子可以用 great，好丈夫可以用 dutiful，虽然单词不同，但是其表达的意思却是一样的。因此，译者在翻译过程中要根据语境来取舍诸多词义，达到最准确、最精确的效果。

### （二）文化语境与词汇选择

翻译工作中会遇到两国文化之间的碰撞，因此作为一名优秀的翻译工作者，了解两种文化比掌握两门语言更重要。语言是文化的产物，只有正确理解语言的文化背景才能

---

① 左滢：《ACTIVE 教学模式在高中英语读写结合课中的实践研究——以 School life 教学为例》，《英语教师》2017 年第 17 卷第 4 期。

真正地领悟语言的含义。例如，一般在西方问好就是说 hello，而在中国则是问"你吃饭了吗"或者"你上哪儿去"，如果真的把它们翻译成"Do you have a meal?"或者"Where are you going?"就丧失了原话的意义和应酬功能，西方国家会认为这是一种打探隐私的不礼貌行为。所以，译者在翻译的时候应该用类似的语言功能进行转换，达到通俗易懂的目的。

### （三）情景语境和词汇选择

每一个语言活动都会发生在特定的情景语境当中，同时也蕴含着特定的思想和感情，因此每一个词不仅仅是由语言因素来决定的，还与情景语境息息相关。就好比小说中描写主角闷闷不乐地去散心，用 mope round 而不用 walk alone，前者的意思是"没精打采地游荡"，后者的意思是"独自走着"，从情景语境中就可以看出 mope round 更贴切地表现了人物的无助感。

总而言之，语境在英语翻译中的作用是至关重要的，如果不能很好地分析语境，就会导致翻译的主题与原文有所偏差，就会失去原文的传播意义和风采。因此，翻译工作者要充实好自身的文化素养，增强专业知识。

## 第二节　跨文化翻译与文化人类学的发展研究

文化人类学的任务之一是对异域文化进行描述。因此，翻译问题始终是文化人类学研究的一个核心问题。民族志的撰写过程是对于异域文化的描述过程，也是一个翻译的过程，这种翻译不只是文本翻译，还是一种涉及跨文化翻译的问题。在全球化和跨文化的大背景下，文化人类学翻译理论有了新的出发点。文化人类学视角下的跨文化翻译为新时期的翻译理论研究提供了新的素材，特别是对于后殖民主义翻译理论提供了理论依据。

文化人类学自诞生以来就一直对翻译问题充满兴趣。不仅如此，甚至可以说，文化人类学本身就是翻译科学，而且是跨文化的翻译学。跨文化翻译的核心问题贯穿着文化人类学和人种学各种理论方向的始终，它已经超出了语言翻译的范畴，这是与语言层面翻译研究的最大不同。文化人类学视角下的翻译是一种社会实践行为，同时是跨文化交流的一种形式。它按照不同的社会文化关联性揭示了意义的多样性。文本层面的翻译研究在这里也获得了扩充其研究范围的基础。

文化人类学翻译的一个主要问题是把陌生文化，特别是欧洲以外的文化"译入"西方接受者所熟悉的语言、经验范畴以及精神世界，同时要保证陌生文化应该在西方自我阐释的主导思想下被理解。也就是说，按照西方的思维方式、象征和符号来理解。这一点正是美国文化人类学家克利福德·格尔茨所和他所秉承的阐释文化人类学所提出的一个重要要求。显而易见，文化人类学的研究过程是一个复杂的翻译工程，没有文化分析、阐释和建构，文化人类学研究无从谈起。文化人类学研究中的翻译行为可以分为以下几个阶段。

20世纪初，文化人类学进入田野考察的实践阶段，因此相关外语的学习和翻译就成为必不可少的条件。人类学家把许多口头表达的词汇和内容翻译成为一种能够反映完整生活方式的表达，并从中重新构建出一种文化关联性。但存在的问题是，他们无法把这种翻译回溯到某个特定的原始文本。

在翻译过程的第二阶段，乡土概念和重新建构的文化联系经过翻译，成为民族志读者所熟悉的语言和表达方式，民族志学者对于异域文化进行的田野研究被翻译为专题性的文章。这样，民族志就成了对一种当地文化的事件和习俗的内部描写。一方面需要把口头的表达翻译为书面的固定文本，这种要求成为反思文化人类学研究的一个挑战；另一方面，民族学必须是一种文化比较的科学，包含大量的比较性和分析性的概念，如亲属关系、权利结构、社会矛盾、等级制度等。这时就出现一个悖论，即在翻译异域文化的时候，必须用西方的概念来描述异域文化的本土性内容。

第三阶段，以特有的核心范畴"文化"为媒介的人类学蓬勃发展。文化人类学翻译被视为一种特别的文化实践，并与其认识论的大环境密不可分，如殖民主义、东方主义。由于历史上民族学与殖民主义一直紧密合作，因此文化翻译与权利关系、文化不平等性紧密相连。

民族志翻译的多样性主要产生在下面几个转化阶段。如在把异域文化体验转化为文本的时候，把田野考察转化为专业著作的时候，从口语转化为书面语，把欧洲以外的异域思维方式转化为西方人熟悉的表达方式和理论。在这一系列的转化之中，文化人类学翻译的实践和反思扩大了翻译的概念，即翻译从纯粹的语言转化过程演变为文化转换过程。这对于纯粹语言层面的翻译研究来说无疑扩大了研究的视野。文本翻译和语言翻译已不单单是词汇文字的翻译，它还包括与文化相关的思维方式、世界观和行为方式的研究，并且能够区分出文化差异，甚至翻译本身成为一种跨文化交际行为。

## 一、民族语言学，田野考察与翻译

自20世纪20年代初美国文化人类学研究的第一阶段开启以来，翻译问题仍然来源于对外来语言的经验研究,当时主要是对于印第安语的研究。其中获得的人类语言学的知识在理论层面上与萨丕尔—沃尔夫假设紧密衔接,这就是所谓的语言相对论。按照该理论,不同的文化决定了不同的文化价值观和对于世界的体验。按照这种语言决定论和文化相对论,不同文化之间的翻译(至少是准确的翻译)是不可能实现的[1]。20世纪60年代以来,人类语言学朝着会话和交流的民族志方向发展,研究内容已不侧重于语言结构和语法,更多的是对语言的功能进行研究。并且在可比较功能的层面上突出可译性,并扩展到非语言因素。这种民族语言学的结构功能主义与英国社会人类学的观点非常类似,后者认为,翻译是民族学研究的重要活动,它通过田野考察中的"直接观察法"确立了自己的重要性。

文化翻译理论始于20世纪初的田野考察方法。田野考察最主要的方法"直接观察法",这种方法融合了个人体验与科学分析,仅仅依赖语言知识本身不足以理解一种文化。人类学家马林诺夫斯基曾详细论述了撰写民族志中出现的翻译问题,其出发点最早来源于对于异域文化语言表达和文本的语言学材料的分析。1935年,马林诺夫斯基把他对于民族志翻译的思考写入了其著作《整体语境翻译》,他创造了"意义语境区分理论"。该理论不仅考虑文化的整体语境(如道德观、美学观等),而且还考虑了与特定场景相符的情景语境(如词汇功能、会话行为等)。马林诺夫斯基认为,民族志撰写的核心难题是神秘话语的功能和它的仪式作用,对它们的解读必须依赖熟悉异域文化的知情者。他认为熟悉情况的知情者能够阐释神秘的瞬间、暗示、专有名词和神秘的假名。没有他们,神秘性便无从翻译。民族学翻译虽然是以源文化的语言为对象,但是"必须走出原住民语言的概念",而且还得借助科学的概念和民族志与语言学的描述与评论。

马林诺夫斯基之后,爱德华·埃文斯－普里查德(Edward Evans-Pritchard)对于民族学翻译问题进行进一步的研究。在他的研究当中,文化翻译成为核心概念。自20世纪50年代以来,它的运用为英国社会人类学的研究奠定了基础。社会人类学家通常致力于研究并不熟悉的文化。这一事实使他们不得不面对翻译的问题。因此,1971年出版的埃文斯－普里查德纪念文集特意被命名为《文化的翻译》。这个标题反映了埃文斯－普里查德对于翻译问题的一个基本设想,即如何把不同的语言,特别是氏族社会独特隐喻和思维方式翻译成为欧洲的语言和合理的想象。如埃文斯－普里查德在其名著《努尔人》中对于苏丹努尔人语言的研究中发现,努尔人经常说"双胞胎是鸟",这句话应该如何翻译?文化人类学翻译中的一个核心问题是宗教信仰概念的翻译。许多信仰概念只能用冗长的词汇进行翻译。即使成功地翻译了字面意义,也很难保证实际内容与源语文

---

[1] 刘小琴:《应用型本科高校"英语语言学"教学存在的问题与对策》,《英语教师》2018年第18卷第7期。

化相符。

文化人类学翻译问题的另一个反思来自英国的社会人类学研究，它要求在翻译田野考察经验时一定要"语境化"。这次争论专门讨论了文化人类学翻译的认识论基础，如异域文化思维方式是否可以翻译和理解，一个客观的、不依赖于语言的世界是否可以被客观反映出来等。这场争论旷日持久，其核心问题始终是外来文化翻译和理解对于语境的依赖性。它一方面涉及词汇翻译的语境化过程、分类（例如色彩的区分）以及如何包含异域文化的概念和行为方式。另一方面，这种语境化又不仅仅局限于词汇和语言转换过程。它要求译者全面了解异域文化的思维方式和世界观。"我们要翻译的不是'词汇'，而是要翻译一种认识世界的方法，这个世界是我们必须去理解和学习的"。因此，翻译不应只服务于片面的、欧洲中心主义的理解方式，更应该促进文化间的交流。为此，克利福德特别列举了传教士的例子，如法国传教士和民族学者莫里斯·利恩哈特（Maurice Leenhardt）20世纪初在新喀里多尼亚传教时，做了大量的翻译工作。

## 二、"文化即文本"理论的反思

文化社会学研究依赖的是在"文化即文本"的背景下对于"原住民的观点"的翻译，也就是说，文化就像文本一样可以阅读和翻译。异域文化只有具备文本的地位才能变得客观。这样，在远离主观判断的情况下，文化意义被记录下来，并且固定在意义和文化内部自我阐释的社会体系之中。文化是一种由社会全体成员共同编制的意义之网，通过这张意义之网，人类行为不断被翻译为具有阐释作用的符号与象征。文化符号学认为，文化是一种符号体系和文本结构。这样的视野凸显出文化的可译性。但同时出现了对于文化整体性的疑问：不是整个文化而是象征、仪式和实践作为文化的意义载体进入人们的视野。在它们之上建立了一种翻译策略，这种策略通过重要的部分阐释并反映了文化的整体性。在这个节点上，以文本为导向的阐释性的文化社会学与文学理论和翻译研究中的所谓"人类学转向"相会合。

在文化人类学的发展中，语言的研究始终是重要的组成部分。语言学家和人类学家罗杰·基欣（Roger M. Keesing）曾经反思过文化人类学中文化翻译的危险性。他认为，由于人们在会话中借用其他概念来谈论自己的某个体验区域（如情感），因此所有文化中的日常会话均渗透着各种传统的隐喻。这种所谓"隐喻性会话的整体"会引发这样一个危险，即人类学家赋予了异域文化的日常会话更大的意义。原本是一种异域文化中的隐喻的表达，却被这些人类学家们过度阐释，导致文本的误解，甚至是"误译"。如果译者在翻译过程中用名词取代源语中的动词，那么一个充满动态与过程的世界就会被一个静态的实体世界所取代,或者译者把异域文化中丰富多彩的想象或观念仅仅局限在某个西方语言的概念之中。对于文化翻译困难性的分析以及对于"异域文化概念"可译性的质疑已经远远超出了自身的范畴。它们同时还扩大了文化人类学中的翻译观,即翻译不仅被视为理解的手段,而且还是一种"建设性误解"的过程。文化人类学更大的挑战不是文化翻译的成功,而是它的失败。

## 三、翻译与表现

翻译是一种文化转换的模式。随着人类学研究中的语言学和社会学转向,文化人类学翻译策略的反思也经过了多次修正。它从文化理解和文本阐释层面转移到表现批判的重点。20世纪80年代兴起的所谓"书写文化争论"把人们的注意力转向了书写过程和修辞的表现手段。对于文化"原文"的忠实性讨论已退居次席,取而代之的是对于表达习俗、语言形象性、叙事方法以及异域文化所产生的历史与社会条件的讨论。"民族志文本的创造者无法回避表现性的传喻、讽喻和隐喻。因此,当他们翻译的时候不得不对它们的意义进行选择和附会"。因此,民族志的描写事实上成为具有独立文本地位的阐释性的翻译,它当中大量运用文学描述策略和会话策略,以及各种表达方法(如反讽、比喻等)。克利福德认为,这时没有精确的翻译,只有借代性的转换。这样,"通过民族志的翻译来传递纯正的异域文化"这一个普遍的观念无疑是错误的。

19世纪80年代的"书写文化争论"凸显了跨文化表现的问题。自此,人类学专著中的经验翻译成为一个很大的问题,正如文化翻译过程中的文化虚构过程一样。人类学实践自身被视为一种创造性的翻译过程,这个过程包括对于文化整体性的整合和创造,并且反映了跨文本所应具备的前提条件、表达的传统以及文化概念的变迁。翻译理论的人类学构想一直是一种所谓"独白式的表现",后来从中产生了"对话人类学",即通过与原住民的对话进行表现。它虽然没有给内在的文化整体赋予文化意义,但是却突出了多元视角翻译的必要性,这种翻译能够正确应对一种文化当中各种不同的、甚至是矛盾的声音。即便如此,对话式的翻译策略也无法消除文化间的权利不平衡以及民族志撰写中的选择垄断。相反,改变对于一种文化的理解对于民族志翻译理论构建具有更大的影响,以所谓"超越界限"为标志的一种新民族志重新定义了一些传统的核心概念,如"他者""直接观察"和"文化翻译"等等。随着"书写文化争论"的发展,民族学翻译理论也出现了新的变革。文化翻译在这里不只是局限于文字与文本,还包括语用学、言语行为和语言行为。挪威奥斯陆大学人类学教授乌妮·维坎(Unni Wikan)对于一个明确的文化人类学翻译理论的构想就具有"超越词语"的目的。这样,文化翻译就不仅是词汇意义的转换，而是应当介绍语言的使用和影响、行为主体的表达目的和非语言交际。与文化作为文本的观念不同，这里，主体间的意义生成和它与说话者意图的关联性得以强调。因此，欧洲民族学片面的翻译独断性就受到了质疑。

这种质疑起源于加利福尼亚大学历史学家詹姆斯·克利福德（James Clifford）。他认为，即使以对话方式开展，民族志翻译始终包含翻译独断性。因为田野考察的具体经验被转化成为"独断性描述记录"。这个翻译过程体现的要么是观察的独断性，要么是表达方式的片面性。目前，在翻译独断论的视野中，文学翻译也被重新视为一种对于语言和文化的表达权利和支配权利。这种新的翻译观起源于东方主义批判理论。这里，翻译学的观察角度已经转向了翻译的权利视角。

这种关于文化翻译和文本翻译权利关系的认识成为文化人类学和后殖民主义理论的结合点。在这个结合点上，民族志的翻译问题被赋予了政治意义，即所谓"（第三世界）文化翻译政策"。翻译对于权利的依赖性受到批判，同时要求第一世界的"强势语言"要在第三世界的"弱势语言"的影响下学会改变。这与德国思想家本雅明和翻译家鲁道夫·潘维茨的翻译观一脉相承。后者认为，母语应该从外语中汲取灵感。

## 四、后殖民主义与翻译

后殖民翻译理论的理论基础是后殖民理论。它通过研究译文与历史条件之间的关系揭示译文背后源语和目的语文化之间的权力斗争和运作。在西方翻译史上，翻译行为始终具有政治和文化政策意义，因为它涉及权利、殖民主义和语言的不平等性。文化人类学从两个层面对于翻译进行反思：一是来自经验研究的反思；二是基于知识论层面的反思。反思的出发点主要是殖民者和被殖民者之间的关系，当然还包括传教翻译，特别是欧洲殖民地中传教翻译家和民族志撰写者的相互利用的关系。在这个背景下，翻译行为被视为一种种族与性别的建构行为。

经验研究的反思主要来自三位学者。一是爱尔兰都柏林城市大学应用语言学与跨文化交际学教授迈克尔·克罗宁（Michael Cronin），他关注的重点是欧洲内部的殖民主义及其对于语言的影响。他认为翻译是对于原住民语言的削减，例如爱尔兰原住民语爱尔兰语和强势语言英语的关系。二是美国华盛顿大学东南亚历史学教授文森特·拉斐尔（Vincente Rafael），他在研究了西班牙在菲律宾的殖民史后认为，翻译行为不是文字间的和谐转换，而是对于少数族裔和原住民语言的压制。三是美国康奈尔大学人类学教授詹姆斯·西格尔（James T. Siegel），他主要研究了多语种国家（大多数超过上百种语言）文化内部的翻译过程。西格尔教授认为，同一文化内部的多语种翻译实际上减少了弱势语言的数量，并且形成了语言等级制度。

知识论反思的切入点强调了交互翻译的重要性，也就是说，翻译不应该只是西方单方面学习异域文化的手段，而应该是各种文化相互影响的互动过程。传统意义上的翻译过程是以两种不同的话语为前提，它们之间互为客体。而新的民族学则更强调话语平等性和互文性，它放弃了传统的二分法思维，把两个不同的世界联系起来，并且支持在文化人类学的发展中回译民族志文本。

在一种文化被接纳到另一种文化的过程中，翻译问题会凸显出来。这不仅仅表现在欧洲文化接受外来文化的过程中，也包括欧洲以外的文化在现代化过程中对于欧洲文化的接受。此时，翻译理论包括了各种文化实践，而不仅仅是思维方式。"我们需要系统地考虑翻译西方社会实践活动话语的先决条件和后果，这些实践活动包括法律、银行体系、公共管理、教育等等"。话语转换会影响对于相应实践模式的接受，例如日本社会对于欧洲社会模式的接受。在这种情况下，翻译成了进入世界文化的入场券，而这种发展不利的一面也引起了人们的反思。这种现象主要体现在对于跨民族翻译的文化抵抗性。"所有的跨民族文化研究都必须进行翻译，这破坏了国与国之间的统一性"。这样，重译与重写便成为反对殖民历史的手段。

全球化时代，翻译实践的特征是不同文化层面的重叠和转换。这样，文化就不再是一个封闭的传统和身份认同的因素了。文化不仅被翻译，而且还在翻译中得以建设。也就是说，文化可以理解为翻译过程的组成部分或者结果，文化及其结构特征始终在被翻译。文化人类学和后殖民主义不仅注意到了文化之间的差异，还注意到了文化内部的差异。文化的这种翻译特征被称为"混合性"。此时人们发现了翻译中的新的元素：国家和文化不再是决定性的，最重要的是世界民族融合当中本地化和全球化之间的互译形式。文化不再是翻译的对象，而是冲突、差异、重叠和混合的过程。翻译概念的重要性在于，它反映了文化概念已经变化成为一种协调文化差异的手段以及文化整合的过程。在后殖民主义的背景下，翻译逐渐成为文化人类学研究中的一个重要内容。在社会层面，翻译创造了不同文化之间的进行交流的社会与政治条件，甚至包括一种文化内部不同社会族群的交流，如印度社会中低种姓族群争取话语权的运动。翻译实践同时激发了重新区分文化理解与文化比较的方法。在全球化和跨文化的大背景之下，文化人类学翻译理论有了新的出发点，即文化并非优先存在，而是通过文化接触逐渐定型。这种文化接触的区域被称为"文化差异翻译的第三空间"或者"跨文化间隙"。在方法论和知识论的层面上，克利福德认同"文化即翻译"的观念。他认为，文化人类学中的文化比较其实就是翻译过程，它所探寻的概念必须要有一个界定，至少不仅仅是普遍化的西方文化意义。"我所谓的'翻译概念'是指一个偶然用来进行比较的具有普遍意义的词汇,如文化、旅游、艺术、社会、女性、现代性等等"。这些概念在其扩展意义上适用于文化比较。这些翻译概念不仅可以用来比较、区分差异,还能够使文化人类学具有跨学科文化研究的意义。

目前,文化翻译的地位不断提高,已经成为弥合全球化世界中文化差异的一种方式。有学者在20世纪70年代就曾经提出要建立民族学翻译方法论:"人类学家应当建立文化语言翻译的方法体系[①]。在一个充满通信卫星和超音速飞机的越来越小的世界,这样的工作十分重要,而且值得一做。"这种观点把翻译置于一个文化分级的地位。而如今,文化间的翻译更是一种"文化斡旋"。但是这个重要的任务并不能全部留给文化人类学去完成。目前重要的是在一个全球化的世界中进行"文化管理",这个任务无法由"文化翻译"单独完成。

## 第三节 英语翻译中的跨文化视角转换与翻译研究

英语翻译并非对语言进行简单的转化,而是要将文化内涵贯穿其中,从而保障英语翻译的准确性。因此,译者在具体翻译中必须注重文化存在的差异性,且要善用文化差异做好英语翻译工作。基于此,本节将着重对英语翻译中跨文化视角转换以及翻译技巧进行探讨。

视角转换指的是将文化背景的影响忽略,译者根据源语言的信息将其作为目的语,然后利用角度转化的形式让译文的最终表达形式与读者的习惯保持一致。从跨文化的视角转换来讲,主要有正反转换与虚实转换。其中正反转换是视角转换最为常用的一种形式,能够对汉语与英语之间进行有效转换。虚实转换大致就是将具体概括化,或者抽象概念具体化,在具体翻译中通过虚实转化的形式可以将语言特征带来的差异降到最低,从而提升翻译的准确性。因此,英语翻译中跨文化视角转化非常重要。

### 一、汉语与英语之间的差异表现

#### (一)生活习惯与风俗文化的差异

不同的国家和地区的人生活习惯与风俗文化都存在着一定的差异性,这是由各个地区民族特色与环境差异引起的。同样,这也是导致汉语与英语之间存在差异的主要因素。中英地域上相差很远,其环境差异方面很大,所以风俗文化、生活习惯、生活方式、表达方式等细节之处都有差异,英国人由于地域四面环海所以思想观念比较开放,对外

---

① 王令申:《英汉翻译技巧》,上海交通大学出版社,1998。

交流开发程度较高；而中国地大物博，大部分居民深处内陆，在思想观念上则显得相对保守。

### （二）思维方式方面的差异

西方人善于运用抽象思维、逻辑思维，而中国人更多的是运用形象思维。抽象思维一般指的是人善于对事物的概念进行探索、推理、理解等；而形象思维则主要指的是对一个事物形象的直观呈现。例如，在实际生活之中，拌嘴就用 bicker，其本质意思是"抬杠""斗嘴"，倘若再上升一点，则成为吵架 quarrel，而动手则用 fight。而在关于个人行为管理方面的翻译过程中，concrete 有两个常用的意思，在作为形容词使用时，则是"具体的"的意思；而作为名词使用时，则是"混凝土"的意思。ingrain 有"根深蒂固"之意，在对个人习惯养成进行表达时，放弃使用 build 或者 cultivate，通常使用 ingrain a new habit 表达新习惯。从进化的角度对新习惯、新目标的机制进行总结，可以在具体翻译之中正确使用这样的搭配。

### （三）文化背景存在的差异

文化差异往往会带来一定程度的文化冲突。一个国家的文化是在不同的文化表现形式上逐渐发展起来的，而这些文化表现形式外在的表现就体现在"文化差异"上。因此，译者在具体翻译中必须重视文化差异，从而注重各种语言的表现形式与表达形式，保障翻译的准确性与客观性。例如，在对美国前总统特朗普的相关信息进行翻译的过程中，必须要留意到在当时特朗普参与的美国总统大选过程中，民主党与共和党其实在政见上是不同的，美国贫富两个阶段的分裂，是精英与贫困阶层的分裂。而希拉里则是精英阶层的代表，所以她在美国教育程度最高的 50 个区域中获得非常高的支持。倘若未能深入了解这些文化背景的差异，而以中国人的思维进行分析，则可能在翻译上出现错误。

## 二、英语翻译中跨文化视角转换和翻译技巧分析

在很多方面，文化其实是影响着语言的，翻译本质是要对语言进行转化，同样也可以将其看成是文化之间的交流[①]。翻译要确保语言的准确性、客观性，优质的译文才能与读者的语言习惯保持一致。英语翻译包括语音翻译、词汇翻译、语法翻译等。广义的跨文化视角涵盖的内容比较全面，而狭义的跨文化视角则注重的是从不同的视角进行转化从而表达同样的意思。在具体翻译过程中，常用的策略有归化策略、异化策略，其中包含了形象、虚实、正反、词类、修辞等方面的转换。

---

① 杜开群：《关于高校英语语言学教学问题及对策分析》，《山东农业工程学院学报》2017年第34卷第2期。

### （一）归化策略

归化策略指的是将有差异的语言转化成为读者习惯的译文，其目标是将差异降到最低，确保译文与原文的意思保持一致，且还要确保译文符合读者的日常阅读习惯，这样可以让读者感受到文化之间的相同之处以及差异的趣味性。归化方法具体如下：

（1）人与人、人与物之间的视角转换。中西方生活习惯、文化背景有很大差异，在语言使用过程中，中国人通常会以"人"为主语，而引语通常是以"物"为主语。因此，在进行英语翻译时，应当充分考虑"人与物"之间的转换，从而确保人称对应的正确性。

（2）句式转换。句式转换指的是将英语的一些特殊句型翻译成为符合读者习惯的中文句型。英语语言的句型很多，但是通过汉语进行表达，其句型相对是比较固定的，因此，具体翻译时要将英语的一些句子转换成为正确、合理的汉语句型。

### （二）异化策略

异化策略是在文化差异的背景下提出的，具体指的是翻译过程中要紧紧围绕实际情况而通过反方向的角度进行翻译，也被称为"语义翻译"。异化策略具体包括正反词转换、相悖语态转换。正反词转换指的是应用正词进行翻译或者进行否定表达，从而确保翻译的准确性。相悖语态转换指的是将英语当中的主动语态以及被动语态转化成为汉语中习惯使用的语态。例如，将英语当中的被动语态转化成为汉语中的主动语态，这样可以提升翻译的准确性。

综上所述，随着经济全球化的深入，中国与各个国家的交流日益频繁，其中与以英语为母语的国家之间的文化、政治、经济方面的交流更为突出。因此，英语翻译是一项非常重要的工作，在翻译中注重准确性以及符合读者的阅读习惯是非常重要的。所以，译者在实际翻译中要善用各种有效翻译策略，从而提升翻译的质量。

## 第四节　关联理论与隐喻的跨文化翻译研究

隐喻是一种语言现象，也是一种认知现象。由于中英两种语言文化中隐喻现象存在许多相似之处和差异，本节将从几个方面对比中英文化里存在的隐喻现象。另外，翻译作为跨文化交际活动的一个桥梁，要成功地将中英文化里的隐喻现象进行互译，作者将依据关联理论，分析隐喻的理解过程，也将根据关联理论的翻译观来探析隐喻的翻译问题。

无论是英语还是汉语，隐喻现象都大量存在。美国学者乔治·莱考夫（George Lakoff）和马克·约翰逊（Mark Johnson）认为隐喻不是一种简单的语言现象，而是一种认知方式，语言中之所以存在隐喻表达，是因为我们的概念体系中存在概念隐喻，它源于人们的经验，它是身体、经验、大脑和心智的产物，只能通过体验获得意义。隐喻植根于社会文化，是文化的构成部分，也在很大程度上反映社会文化的内涵。因此，在跨文化交际中，隐喻体现出来的共性和差异是值得我们注意的。翻译作为跨文化交际的桥梁，不能忽视不同文化中所存在的隐喻现象。然而，隐喻的产生将两个不同事物的某些相似特征联系在一起，对事物进行重新组合、编码，而人们在理解这样的过程时必须通过关联理论的明示—推理过程，需找到两事物之间的最大关联和最佳关联。因此，本节试图分析中英两种语言隐喻现象的相似和差异部分，以便更好地就中英互译的策略进行探讨。

## 一、隐喻的内涵及其特征

自古以来，隐喻一直是国外学术界尤其是语言学界各研究领域青睐的研究对象。西方对隐喻学的研究可以分为三个阶段，即隐喻的修辞学研究、隐喻的语义学研究和多学科研究。修辞学家认为隐喻是一种修饰话语的手段。哲学家认为隐喻性是语言的根本特性，人类语言从根本上来说是隐喻性的。认知科学家则认为隐喻是通过另一类事物来理解和经历某一类事物，它是将两种完全不同概念的事物通过含蓄、映射或婉转的表达方式达到形象比喻的言语行为。

随着语言学、语义学、认知心理学科的不断发展，人们对隐喻现象也有了新的理解，有了较为系统和全面的认识。隐喻涉及两个方面：出发点和目的地。乔治·莱考夫等人将前者称为"源"（source），后者称为"目标"（target）。汉语中将这两个方面称为"本体"与"喻体"。在汉语里要实现一个完整的隐喻，通常由"本体"和"喻体"两项构成，两个概念互相作用，并根据百科知识来激活日常观念联想系统。喻体的某个特征（或称联想意义）被投射到本体上，便形成隐喻意义，隐喻意义在两者相互作用的过程中被创造出来。比如"Arabs believe that time is a servant not a master."，time 就是本体，servant 和 master 就是喻体。根据这句话的意思，听话人必须根据说话人的文化背景和自己的经验和百科知识分别在源域和目的域中找到对应的映射并推理 time 的意思，指很多的并且应该为人提供服务而不能像主人那样受到时间的控制。另一方面，隐喻具有另外的特征，有时候它含有的概念与字面意义完全不相符，即非字面含义，这是因为词义是有延伸含义的。例如："It rains cats and dogs."这句话按字面意思难以理解，此句中的 cats and dogs 为名词性隐喻，其引申意为 heavy rain（倾盆大雨）。

隐喻的理解过程就是寻找"源"和"目标"，即寻找喻体和本体的相似性，从本质上来说就是寻找其最佳关联的过程①。事物之间千差万别，各自存在，但无论怎样，总是会有千丝万缕的联系或在一定程度上的相似性。20世纪80年代以来，乔治·莱考夫不断发展和完善了隐喻理论，他认为映射反映的是认知空间之间的关系，并且隐喻是从一个比较熟悉、易于理解的源域映射到一个不太熟悉、较难理解的目标域。

## 二、中英语言中隐喻共性

隐喻是一种不同概念域之间的映射关系，这种处于两个概念域里事物的对应使人们能够运用源域里的知识结构来认识目标域里的知识结构。在人类社会里，由于具备相似的生理特性和拥有类似的赖以生存的自然条件和生态环境，便使人类语言中的不同概念域不可避免地具有一定的"共质性"（homogeneity），这种跨语言的"共质性"便是英汉隐喻能相互理解的基础，也是英汉隐喻中许多相似的隐喻现象出现的主要原因。

### （一）文化间的同化与吸收

乔治·莱考夫认为隐喻是以认知为基础的同时，也是建立在社会基础之上，即隐喻是以社会文化为基础的。也就是说，不同的文化背景对隐喻有不同的理解诠释。因此理解、研究隐喻必须结合文化因素和认知因素来展开。一种特定的文化首先在一个特定的地区形成并且成熟，然后被传播到其他地域，最后被逐渐接受、吸收和同化。20世纪末以来，随着经济的迅速发展、国际交流的不断加强，文化的交融成为可能。一些英语里的表达逐渐被中国文化接受，成为中国文化的一部分。如 crocodile's tears（鳄鱼的眼泪）、armed to the teeth（武装到牙齿）等都是英语中的隐喻在汉语中受到同化并得到了承认。另一方面，汉语的"纸老虎"（the paper tiger）、"丢脸"（lose one's face）等也已融入英语当中了。

隐喻认知结构在一定程度上反映一定的社会文化，隐喻本身是文化的构成部分。英、汉语中大量相同或相似的隐喻表明汉英文化正走向趋同。英、汉语中存在许多相同或相似的隐喻现象，这表明英汉具有隐喻的共质性。

### （二）地域间文化的共核

在大自然的生活环境和不同的地域里，人类都有着基本相似的生存需要、生活方式和思想感情，因而有些文化几乎同时发生和存在于不同的地域。但是受到相似的生活需要和模式的影响，不同地域的文化和思维方式存在"集合"，或者说是文化共核。这种文化的相似性必然反映在语言中，使不同的语言中存在着大量的对等、对应或相似成分。英汉语言中用隐喻概念表达情感的现象较多，比如 anger 这个词语，尽管其隐喻概

---

① 郑雨：《高校英语教学中模糊语言学的语用意义分析》，《西部素质教育》2015年第1卷第6期。

念在英汉语言中表达方式有些不同，但其基本隐喻概念是相同的，可用 flame of anger、anger is fire 等；汉语中也有类似的说法，如"怒火中烧""火冒三丈"等。这些英汉的表达都证明对情感的隐喻化表达是相似的，并且体现出语言间的共性。此外，英汉语言中都用羊比喻温顺，用钢铁比喻坚硬，用狐狸比喻狡猾等。此外，英汉习语中也有相似谚语表达，如火上加油（add fuel to the fire）、大海捞针（look for a needle in a haystack）等。由此看出虽然人们生活在不同的地域，但是英汉文化里也具备相似的文化共核。

### （三）方位性隐喻概念的共性

方位隐喻指参照空间方位而组建的一系列隐喻的概念。由于人们最初的感知是从感知自身运动和空间环境开始的，在认知和语言发展过程中最初用于空间关系的词语后来被人们用来喻指时间、过程关系等抽象概念，逐渐形成了概念隐喻的认知。如在中英文都习惯用一些表示方向性的词将人们的日常感受和社会现状联系在一起来，比如"上下（up、down）""前后（forward、backward）""高低（high、low）"等来喻指感受。

例 1："I was feeling a little down this morning", said Corporal Daniels after reading a letter from his girlfriend, "so now I am back up. I could go a couple more weeks."

（译文：下士丹尼尔在读完女朋友的来信后说道："今天早上我觉得很郁闷，但现在又重新振作起来了。我想这些东西能让我再支撑好几个星期了。"）

例 2：The government should take the opportunity of demanding a more forward looking attitude.

（译文：政府应利用这一时机要求一个更有远见的态度。）

例 3：The backward place has changed into an industrial centre.

（译文：那落后的地方变成了工业中心。）

在英语中，up、forward、high 等通常代表肯定、积极的一面；而 down、backward、low 等代表否定、消极。同样在汉语中也能找到许多类似表达，如"上""升""高"的意象就通过一种自然而然的隐喻转换而具有了成就、荣耀或权利等象征性的含义。同样，"下""落""低"也具有了卑下、沉沦、堕落、衰亡、失落等隐喻性的内涵。

## 三、中英语言中隐喻的个性差异

乔治·莱考夫认为隐喻是以社会文化为基础的。众所周知，不同的民族有着不同的文化，而不同的文化之间既有各自的个性又有普遍的共性。由于各民族生存的具体环境不尽相同，在物质文化、社会文化等方面存在诸多差异，使人们通过不同的角度和方式体验现实世界所发生的一切，形成具有差异的观点和认识。因此不同的民族必然形成不同的思维方式和认知模式，进而造成英汉语言中隐喻概念的差异性。

### （一）文化差异

隐喻是通过"相似联想"过程对本体进行设喻的，不同文化背景给人们带来的联想也不尽相同。传统文化观念、历史文化背景等因素均在隐喻中有所体现。比如狗在西方文化里被人们固化上了忠诚的联想，因而以 dog 为喻体的英语隐喻多为褒义，如 lucky dog（幸运儿）、jolly dog（快乐的人）、an old dog（经验丰富的人）等。相反，中国文化中则把狗看成一种讨人嫌的动物而横加贬抑，诸如"狗仗人势""狗嘴里吐不出象牙""狼心狗肺"等。再如"龙"和"凤"在中国的传统文化中代表吉祥如意、大富大贵的瑞兽，中华民族更称自己为龙的子孙。然而在西方人看来，dragon 是一种残暴的怪物，是邪恶的象征，喻指凶恶的人。这种"可怕的怪物"与中国人心目中的"龙"是迥然不同的两种形象，其文化含义是完全不同的，如 the old dragon（撒旦，魔鬼）和 dragon's teeth（相互争斗的根源）等。

### （二）思维方式与审美差异

隐喻作为思维模式的一种体现和一种修辞手段，以"联系"为心理基础，将两个不同事物的某一些相似特征联系在一起。中西方由于人种不同及文化的差异，具有不同的审美观和思维方式，比如两个民族对动物和颜色的隐喻非常丰富但又各自有别。如 green 一词表示一种强烈的感情，green as jealousy 表示"非常嫉妒"。在汉语中，妒忌别人的人被形容为"红眼病"；而在英语中，形容此类人则用 green-eyed。又如汉语中的"梅兰竹菊"四君子，千百年来以其清雅淡泊的品质被用来美喻一种人格品性，然而这样的联想是不可能发生在说英语的民族身上。此外，中西方语言对于情感的表达也体现了思维的不同，其根本原因归结为两个民族的宇宙观不同。英语民族惯于借助宇宙星体和自然界事物来隐喻其感情和情绪。例如："I feel I am in heaven."（我觉得我好像在天堂）；"After hearing the news, he was walking on air."（听到这个消息后，他欣喜若狂）。而汉语中多是依靠人身体各部位或是附着于人体的东西来表达，如手舞足蹈、咬牙切齿、肝肠寸断、七窍生烟、恨之入骨等。自古以来，汉语在表示情绪和感情时，喜欢借助于人的本身。相反，西方人认为世界上万事万物都是对立的，他们以自然为认知对象，认为只有认识自然，才能把握自然；只有探索自然，才能征服自然。这也是为什么西方人将自己情感的表达与代表实体的宇宙事物和世界的本原紧紧联系在一起。

## 四、关联理论下的隐喻翻译

20 世纪 80 年代的许多学者提出了关联理论。关联理论认为言语交际中话语理解的性质和过程就是一个明示—推理过程，明示与说话人有关，推理与听话人有关，即说话人通过明示行为向听话人表达自己的交际意图，听话人根据对方所提供的信息和交际意图产生一系列的语境假设。而交际的目的是以最佳关联作为取向的。关联理论把关联性定义为"与既定语境相关的，并在该语境下产生某种语境效果的假设"。在言语交际过程中，关联性的强弱取决于语境效果和推理努力。语境效果好，推理所付出的努力就小一些，关联性就强，反之就越弱。

### （一）隐喻的翻译

学者们认为交际中的语境是动态的，是一个变项；而关联性是一个常项，一种必然。在关联理论中，语境是听者认知语境的一系列假设或信息。关联依赖于语境，言语交际过程中，听者根据关联原则进行思辨和推理，从新旧信息中推导出说话人的交际意图。而隐喻作为一种语用现象，它的识别也离不开语境提供的线索。一个词或一个句子都必须放在语境中来考虑，而不能孤立地理解，只有在具体的语境中才能判断该词或句子是否用作隐喻。同样一句话，随着语境的不同，可以是非隐喻性话语，也可以是隐喻性话语或理解成这样一种隐喻义，也可以被认为是那样一种隐喻义。因此，根据关联理论的翻译观及对隐喻含义和本质的分析，隐喻翻译过程中需用不同的翻译策略来处理英汉两种文化中的隐喻现象。

### （二）翻译策略

1. 直译

英汉两种文化语言的隐喻具有共性和同质性，其隐喻具有许多惊人的相似之处。"对等"是隐喻翻译的核心概念。译者的最大目标就是尽可能在语言形式上与源语言相匹配以求得对等。当两种隐喻的认知方式相同，语言形式相似时，采用直译方法将源语言的喻体形象移植过来传递给译文读者，可以保持对等的形象与含义，如"All roads lead to Rome."（条条大路通罗马）和"Blood is thicker than water."（血浓于水）。

2. 意译

差异和思维结构的不同，必然存在隐喻的多义性和可变性。根据两种语言中词语范畴的隐喻性以及结构的非对应性，翻译策略则应采用意译的方法。由于不同语言文化隐喻的异质性，有的隐喻形象是不可译的。因此，只能舍弃原文形象，忠实原文意义。例如："That theory doesn't hold water."这句话按字面意思令人难以理解，此句中 hold water 为动词性隐喻，其引申意为"be capable of standing up to examination or testing"（经得起验证）。所以，此句应翻译为"那个理论站不住脚"较为合适。相似的例子还如"Don't let the cat out of the bag."（不要泄露秘密）。

### 3. 直译、意译相结合

直译和意译都有各自的优、缺点。在英汉隐喻互译中，有时可采用直译、意译相结合的方法，以弥补"直译难达意、意译难传神"的不足，做到"神形兼备"。根据关联理论的翻译观，翻译不仅要考虑到源语言和目的语的转换形式，而且兼顾目的语读者对译文的反应，还应当把这种反应和源语读者的反应加以对比。为了让译文更加易于接受和通顺，译者就应根据最佳关联原则，让读者能以最小的努力获得最大的语境效果，将源语文化中的"陌生性"降低到最低程度。

例4：我们有些同志喜欢写长篇大论，但是没有内容，真是"懒婆娘的裹脚，又臭又长"。

（译文：Some of our comrades love to write long articles with no substance, very much like the foot bindings of a slattern long as well as smelly.）

中国人很容易理解"裹脚"这个在封建时期的旧习俗，也能很快在本体和喻体之间做出推理。但是对于不了解中国文化的西方读者来说，由于没有相似的语境和文化认知，他们根本不可能在本体"没有内容的长文章"和喻体"裹脚"之间找到相似性"又臭又长"。而在翻译中增加 like 这个喻词，可以明示目的语读者，帮助读者不用花很大努力去在喻体和本体间建立最大和最佳关联，加之有 long as well as smelly 的明示信息，因此通过直译和意译的结合，使目的语读者能很快地获得像汉语读者那样形象生动的感受。

隐喻作为人类基本的认知活动在生活中普遍存在，它不仅是语言现象和认知现象，还是一种文化现象。通过以上探讨我们可以看到英汉语言中的隐喻有许多的共质性，同时具有社会文化、思维及审美方式等方面的差异性。翻译作为跨文化的交际活动，是信息交流的桥梁。因此，在中英隐喻的互译过程中，译者应该在关联理论翻译观的指导下，在翻译活动中对隐喻做出明示—推理的合理解释，创造性地应用各种策略来处理原文中的隐喻，从而使英汉人民能通过较少的努力获得最佳的语境效果，加深中西方文化的理解和交融。

# 第五节　认知角度与隐喻的跨文化翻译研究

作为一种认知思维方式，隐喻折射出深厚的民族精神和文化内涵。

隐喻的研究源远流长，从范围和方法来看经历了三个时期：一是从大约公元前 300 年到 20 世纪 30 年代，人们对隐喻的研究主要是从修辞学角度来研究；二是从 20 世纪 30 年代到 70 年代初，隐喻研究主要从语义学角度来研究；三是从 20 世纪 70 年代至今，隐喻的研究呈现多元化趋势，包括从认知心理学、翻译学、外语教学乃至人工智能的角度对隐喻进行多角度、多层次研究。然而，从认知语言学的角度研究隐喻仍然是最具活力的一种视角。尤其是 1980 年，认知语言学的奠基人乔治·莱考夫（George Lakoff）和哲学家马克·约翰逊（Mark Johnson）合著的《我们赖以生存的隐喻》（*Metaphors We Live By*）一书的问世，系统地阐明了隐喻的本质和工作机制，指出隐喻在本质上是一种认知现象。两个不同语义领域的互动，使隐喻的研究发生了根本性的变革。

在隐喻的跨文化翻译过程中，既要考虑隐喻在源语中的文化内涵和传达的信息，又要考虑在目的语中如何忠实地重现，使目的语读者能够准确地理解和捕捉。如何实现隐喻的等值翻译，是隐喻翻译的热点和难点。本节以中国四大古典名著之一《红楼梦》中的隐喻为例，因为其反映了强烈的民族文化色彩，显示了中国文化的博大精深，以英国著名汉学家大卫·霍克斯（David Hawkes）和中国著名翻译家杨宪益、戴乃迭夫妇英译本《红楼梦》中的隐喻翻译为例（以下简称霍译和杨译），依据纽马克提出的隐喻翻译策略，对具体译例进行对比分析，探讨隐喻的翻译策略。

## 一、隐喻的认知观

隐喻的结构可以分为始源域（source domain）和目标域（target domain）。一般来说，前者较具体，为人们所熟悉，后者较抽象，比较难以直接理解。隐喻通过意象图式（image schemas）的构建，形成从始源域到目标域的映射（mapping），其目的是借助始源域帮助读者理解目标域。以基本的概念隐喻"Time is money."为例，这里的 time 称为目标域，money 称为始源域，始源域（money）相对来说更为读者所熟悉，money 可以花费，也可以浪费，money 有价值，始源域（money）图式中的特征被映射到目标域（time）图式中。换言之，隐喻能使人们用较熟悉的、具体的概念去理解、思维和感知陌生的、抽象的、难以直接理解的概念，其方式就是把始源域的结构映射到目标域上，这样的映射是在两个不同的认知域之间实现的,其基础就是经验。

## 二、隐喻翻译的认知策略

### (一)隐喻的对等映射

虽然不同国家的地理环境、历史文化、社会生活各不相同,但是地球是人类共同生活的家园,生态环境和气候变化等外部条件是相似的,基本需求是相似的,各个民族在探索和改造客观世界的过程中,能够获得相似的体验、认知和理解[①]。人类的生理基础,如感官和身体构造都是相似的,在视觉、听觉、嗅觉、味觉、触觉等各种感官体验上能够引起共鸣,产生相似的心理认知。著名语言学家沈家煊认为:"人同此心,心同此理,人的认知心理不仅古今相通,而且中外相通。"[②]认知语言学认为,语言是以认知为前提的,是人通过认知与客观世界相互作用的结果。基于对客观世界相同的认知体现在不同民族语言中的共性,不在语言形式上,而在于人的认知心理。所以,跨文化的隐喻之所以能够进行翻译,也是建立在人类相同的认知心理基础上的。下面以《红楼梦》中的隐喻翻译为例:

例1:树倒猢狲散。

杨译:Tree falls and the monkeys scatter.

霍译:When the tree falls, the monkeys scatter.

例2:瘦死的骆驼比马大。

杨译:A starved camel is bigger than a horse.

霍译:A starved camel is bigger than a fat horse.

例1和例2中,"树倒猢狲散"和"瘦死的骆驼比马大"体现了人陷入困境和窘境时的一种生存体验和生活状态,是基于人们相似的生活体验和认知,达到了一种认知心理认同。另外,"猢狲"(猴子)、"骆驼"和"马"在中西文化中的意象并没有太大的差异,达到了源语和目的语的一种文化重叠,在这种情况下,可以尝试用直译的方法进行翻译。直译法一方面可以在最大程度上保证源语的文化特色在隐喻翻译过程中尽量少流失,保留它的原汁原味,另一方面还可以丰富目的语的语言和文化。

### (二)隐喻在目的语中的归化映射

由于地理环境、历史文化、社会生活、宗教信仰、风俗习惯、价值观念、思维方式等方面的差异,各民族的语言表达内涵不同,隐喻也是如此。这类隐喻应该如何翻译,

---

① 翁凤翔:《商务英语学科理论体系架构思考》,《中国外语》2009年第6卷第4期。
② 陈文伯:《英语成语与汉语成语》,外语教学与研究出版社,1982。

笔者认为，译者可以首先考虑归化映射，也就是使用符合目的语社会文化特点的始源域的具体概念来映射源语隐喻中的抽象概念，再现源语的隐喻意义和隐喻表达形式。归化映射易于为目的语读者所接受，获得与源语读者相似的心理认知体验，实现源语和目的语之间最大限度的等效翻译。现将隐喻中霍译和杨译加以区别：

例3：谋事在人，成事在天。

杨译：Man proposes, Heaven disposes.

霍译：Man proposes, God disposes.

从文化和宗教角度看，Heaven 比 God 更具中国特色。中国人经常说："我的天啊！"中国古语有云"天将降大任于斯人也""天行健，君子以自强不息"等等。而 God 是西方信仰基督教的人们的上帝，西方人惊讶时会大喊"Oh, my god！"，祈求上帝保佑时会说"God bless me!"。谚语有云"God help those who help themselves."（自助者天助之）。因此，霍克斯把"天"译为"God"，则更易于为西方读者所理解和接受，更符合西方读者的宗教文化、价值观念和思维方式。

例4：巧媳妇难为无米之炊。

杨译：Even the cleverest housewife can't cook a meal without rice.

霍译：Even the cleverest housewife can't make bread without flour.

从生活习惯角度看，rice(米饭)是中国人日常的食物，中国人司空见惯、习以为常。但是中西方饮食习惯差异很大，西方人很少吃 rice(米饭)，他们的主食更多的是 bread(面包)和 flour(面粉)。如果直译，西方读者会感到困惑和不理解，翻译成 bread(面包)和 flour(面粉)则更易于为西方读者所认可和接受。

从以上三个例子可以看出，杨宪益和戴乃迭的翻译最大程度上保留了中国文化的特色，目的是想把博大精深的中国文化原汁原味地介绍给英美读者，所以遵循的翻译原则是以源语文化为归宿，采用了异化翻译法。霍克斯的翻译则充分考虑了中西文化的差异，考虑到了西方读者的认知心理和理解能力，所以遵循的翻译原则是以目的语文化为归宿，采用了归化翻译法。归化与异化不能与文体效果直接联系，异化的译文不一定比归化的译文具有更强的表现力，反之亦然。笔者认为，如果源语文化和目的语文化差异很大，在隐喻的异化翻译可能会对目的语读者造成困惑、歧义甚至误解的情况下，采用在目的语中的归化映射可能更胜一筹。因为采用这种方法，原文隐喻的内涵和表达形式可以在译文中得以再现，译文也比较符合目的语国家的文化特点和表达习惯，译文读者可以获得与原文读者同样的心理认知。

## （三）隐喻映射的移植

由于两种不同文化认知的错位或缺失，导致一种文化系统下的隐喻在另一种文化系统中找不到与之相对应的类似的隐喻。汉语中很多隐喻性的成语、俗语、谚语、典故、神话故事等都有其独特的历史背景和文化内涵，对目的语而言就是一种文化认知上的缺省。对于这一类隐喻的翻译，应根据不同的情况采取不同的翻译策略。

1. 直译加注法

直译法可以在最大程度上保留源语隐喻喻体的形象，但是由于中西方的文化差异，汉语中特有的隐喻性的成语、俗语、谚语、典故、神话故事等，在目的语中无法找到类似的隐喻重现其深刻的文化内涵和艺术价值，也难以为目的语文化的读者所接受。这时，直译加注法不失为一个两全其美的办法，既保留了源语隐喻喻体的形象，再加上注释又可以让目的语读者理解其内涵。

例5：心较比干多一窍，病如西子胜三分。

杨译：She looked more sensitive than Pikan, more delicate than Hsi Shih.

（1）A prince noted for his great intelligence at the end of the Shang Dynasty.

（2）A famous beauty of the ancient kingdom of Yueh.

"比干"和"西子"都是中国古代特有的人物，"比干"是商朝杰出的丞相，"西子"指"西施"，中国古代四大美女之一。直译加注法不仅保留了源语隐喻喻体"比干"和"西子"的形象，给西方读者一个直观的印象，注释又让西方读者理解其内涵，一举两得。

2. 隐喻转明喻

例6：滴不尽相思血泪抛红豆……

杨译：Like drops of blood fall endless tears of longing.

霍译：Still weeping tears of blood about our separation：Little red love-beans of my desolation.

杨译通过明喻转换原文的隐喻，忠实地再现了"泪水"意象。霍译将原文的隐喻转换为明喻，直译"血泪"，相当于隐喻移植，再现了隐喻意象"泪水"。

3. 隐喻转化成喻底

例7：儿命已入黄泉，天伦啊，须要退步抽身早！

霍译：

I that now am buta shade,

Parents dear,

For your happiness I fear:

Do not tempt the hand of fate!

Draw back, draw back, before it is too late!

"黄泉"是汉语特有的意象,很难使目的语读者理解其内涵和寓意。霍译把"黄泉"的意象转换成了 a shade(影子),揭示了隐喻的喻底(ground),达到了深层含义的一致。

4. 省略

例8:蛾眉颦笑兮,将言而未语;

莲步乍移兮,待止而欲行。

霍译:

A half-incipient look of pique,

Says she would speak, yet would not speak;

While her feet, with the same irresolution,

Would halt, yet would not interrupt their motion.

"蛾眉"原指蛾细长、弯曲的触角,借指中国古代美女细长而弯的美丽双眉;"莲步"是指中国古典美女纤纤细足走路的小巧样子,借指走路时娇羞、婀娜的姿态。这些审美标准很难被西方的读者所理解和接受。霍克斯在翻译时考虑到这种文化和审美的差异,省略了"蛾眉"和"莲步"的意象,而把女子美丽、婀娜、含羞的美妙姿态用语言转述了出来。

### (四)隐喻映射的变异

由于中西方处于不同的文化体系,即使源语和目的语的喻体是同一个意象,但表达出来喻体的含义却千差万别,文化认知的差异性导致喻体所折射的隐喻意义的不一致性。

例9:(北静王)见他语言清楚,谈吐有致,一面又向贾政笑道:"……非小王在世翁面前唐突,将来'雏凤清于老凤声',未可量也。"

霍译:The prince observed to Jia Zheng that... "I trust I shall not offend you by saying so to your face," he said, "but I venture to prophesy that this fledgling of yours will one day 'sing sweeter than the parent bird'."

凤是中国古代神话传说中的百鸟之王,在远古时期被视为神鸟而被人崇拜,比喻有圣德之人,象征美好、和平与吉瑞。"雏凤"指幼小的凤,喻英俊少年。原文的意思是北静王夸奖宝玉"青出于蓝而胜于蓝",有前途不可限量的意思。凤凰(phenix)在西方神话里又叫"火鸟,不死鸟"。神话传说中,凤凰死后会周身燃起大火,然后其在烈火中获得重生,并获得较之以前更强大的生命力,称为"凤凰涅槃"。如此周而复始,凤凰获得了永生,故有"不死鸟"的称号,因此它蕴含着宗教中的"再生"之意。

由于中西方隐喻喻体意象的不同含义，霍克斯采用了意译的方法，将"凤"翻译成笼统意义上的 bird(鸟)。意译是指考虑不同语言民族在文化诸多方面的差异，有时需要舍弃喻体的意象，保留原文的主旨，根据原文的大意来翻译，而不做逐字逐句的翻译。意译的使用能更体现目的语文化的语言特征，以利于目的语读者对其的理解。

隐喻是一种思维认知方式，不同社会文化的人对于隐喻的内涵理解往往有所不同，这就要求译者根据不同的情境采取不同的翻译策略和翻译方法。

译者一方面要了解隐喻在源语中的背景知识，深刻理解其认知特点和内涵意义；另一方面要对目的语的文化有着全面、深刻的了解，在保留源语隐喻文化特色的同时，考虑到目的语读者的理解和接受能力，采用灵活的翻译策略，尽可能地缩小不同语言、不同文化之间的差异，实现源语和目的语之间最大程度的等效翻译，达到思想交流和文化传播的目的。

## 第六节　英语习语的跨文化翻译研究

英语习语是英语词汇的重要组成部分，有着鲜明的地域色彩和民族风格，反映了英语民族的风俗习惯和喜好禁忌，有着鲜明的民族色彩。要将英语习语原汁原味地翻译出来绝非易事，不仅要求译者有较强的语言技巧，还应有深厚的文化底蕴，对英汉文化都有着深刻理解。

习语承载着深厚的文化意蕴，犹如一面镜子，能生动反映民族的文化特征与社会心理。习语翻译是翻译领域的亮丽风景，也是文学翻译的重点与难点。本节试图从英语习语翻译出发，探讨跨文化翻译中文化差异问题。

### 一、习语的内涵与特点

习语是在长期语言使用中形成的生动形象、精练简洁、通俗易懂的语言表达方式，是劳动人民生活或生产实践经验的总结，包括成语、谚语、俗语、俚语、典故等。习语是不可拆分的，具有约定俗成的意义，有着音节优美、韵律协调、形象生动、言简意赅、寓意深刻的语言特点。习语是民族语言的核心与精华，有着鲜明的地域色彩、民族风格，是特定历史时期的人文习俗、思想情感、宗教文化、经济生活、价值信仰、自然法则的集中表达。英语习语是英语词汇的重要组成部分，能够带给人生动形象、含蓄幽默、妙趣横生的审美体验，被广泛应用于日常交往、电视广播、报纸或杂志等方面。

## 二、英语习语所反映的文化差异

### （一）文化传统上的差异

英语习语反映了英语民族的风俗习惯、喜好禁忌，有着鲜明的民族色彩。首先，英汉习语的比喻形象就反映了两个民族的认识差异和喜好。如英语习语 as wise as owl，指人像猫头鹰一样聪明，这与英语文化中的猫头鹰形象有关，在英语文化中猫头鹰是智慧、聪明的象征。一些英语卡通片中猫头鹰常以德高望重、举止文雅的老学究形象出现，西方童话中猫头鹰常是公正、智慧的裁判。例如英汉民族对狗的认识也不相同，汉语中有许多与狗相关的贬义词，如"狗眼看人低""狐朋狗友""狼心狗肺""狗仗人势"等；但英语文化中常用狗比喻值得信赖和同情的人，诸如 as faithful as dog，"Love me, love my dog.""Every dog has its dag."等。汉语文化中"龙"是吉祥的神灵，是皇权、威严、地位的象征，西方文化中"龙"是会喷烟吐火的怪兽，是邪恶、残暴、凶狠的象征。

英语习语形成于特定的历史传统中。工业革命源于英国，在工业革命初期英国发生了"羊吃人"的圈地运动，英语习语中就有 dyed in the wool、much cry and little wool 等。神话传说是原始先民们对客观世界混沌的、模糊的、近乎虚幻的认知，是民族文化的根源。古希腊神话是西方文化的根源，英语习语就与古希腊神话有着深厚的渊源，如 Pandora's box（潘多拉的盒子）比喻罪恶之源；Sphinx's riddle（斯芬克斯之谜）比喻难解之谜；Promethean fire（普罗米修斯之火）指产生生命体的机能和活动的生命力。

### （二）生活方式上的差异

民族的饮食习惯与生存环境有着密切联系，在英国或美国，黄油、奶酪、面包、果酱为常用食品，因而英美有许多与食品相关的习语，如 want jam on it、big cheese、to take the bread out of some one's mouth 等；用 live on wind pudding 比喻挨饿、生活毫无保障；for all the tea in China 指"全中国的茶"，也就代表很多的财富和报酬。

### （三）自然环境上的差异

英国是一个四面环海的国家，有着独特的生活方式，这也反映在英语习语之中，如 go by the board 比喻计划落空，see how the wind blows 比喻观察形势和情况。英国是典型的海洋性气候，伦敦更是著名的"雾都"，所以关于多雨多雾的英语习语非常多，如 as tight as rain；英国是海洋国家，就产生了许多与航海相关的谚语。而中国以农业立国，长期发展中形成许多农谚，如"竹篮打水一场空""骨瘦如柴""滚石不生苔""槁木死灰""众人拾柴火焰高"等。

## 三、跨文化翻译是英语习语翻译的策略

### （一）英语习语翻译策略的选择

人类有着相似的生活方式、思想认识、精神生活，因而在语言表达上也存在相似之处，如英语中的 to burn one's boat 就与汉语中的成语"破釜沉舟"如出一辙；汉语中有"隔墙有耳"，英语中则有 wall have ears。同时，汉语和英语属于不同的语言体系，不同的自然环境、生活方式、历史传统等决定了英汉民族有着不同的价值观、思维方式、审美情趣和风俗习惯。英汉习语有着不同的表达方式，承载着不同的文化信息。如英语中的"Since Adam was a boy."就和基督教文化密切相关；Pandora's box 就源于古希腊神话，没有英语文化背景的中国读者很难理解这些英语习语。

翻译时需要深刻理解习语蕴含的文化意蕴，采用恰当的翻译策略。关于翻译标准，严复先生提出"信""达""雅"，傅雷先生提出"重神似而不重形似"；翻译家奈达提出"动态对等"[①]。虽然这些翻译理论的侧重点各不相同，但都重视再现原作的风貌。英语习语有着浓重的民族文化色彩，译者在英语习语翻译时应使用多种翻译手法，充分考虑中西文化差异，做到"下笔抒词，自善其备"，力求凸显英语习语的语言风格和文化内涵。但在具体翻译中不是每个习语都包含字面意义、形象意义、隐含意义，三种意义也不可能全部再现于原文之中，当字面或形象意义与隐含意义发生矛盾时，应当服从于隐含意义。

### （二）英语习语翻译策略的运用

1. 运用直译法

直译即进行字面翻译，是在不违背译文所属国家的语言规范的条件下，不做过多的引申与注释，以求最大限度保留原文的语言风貌和文化习惯，使读者能深刻体会异域文化。一般情况下，带有异域文化色彩的习语往往都是形象化的语言，通过直译法能保留原文的形象化语言，使中国读者了解更多的英美文化。如 domino effect 翻译为"多米诺效应"；"Practice makes perfect."可以直译为"熟能生巧"。

当英语习语的隐含意义容易推断时，可以运用直译法进行翻译，如"All roads lead to Rome."就可以直译为"条条大路通罗马"。有些英汉习语的语言结构与表达方式极为相似，并且喻义相同、形象吻合，这时应采用直译法，如"Strike while the iron is hot."可译为"趁热打铁"。通过直译法翻译的词语会不断融入汉语之中，如 golden age、break the record、armed to the teeth、cold war 就可以翻译为"黄金时代""打破纪

---

① 平君：《基于应用语言学的大学英语教学模式改革研究》，《吉林省教育学院学报》2018年第34卷第8期。

录""武装到牙齿""冷战"。这些词语也已成为汉语的重要组成部分。

2. 运用意译法

译者在跨文化翻译中无法通过字面或形象意义理解英语习语的思想内容，这时就要采用意译法进行习语翻译，将原文形象更换为译文读者熟悉的形象，如 a cat on hot bricks 就可以翻译为"热锅上的蚂蚁"。

有时要配合上下文语境，保持原文的完整性，也需要采用意译法。如 "Birds of a feather flock together."，就可以译为"物以类聚，人以群分"；"Among the blind the one-eyed man is king."采用意译法就可以翻译为"山中无老虎，猴子称大王"。

3. 运用套译法

套译法是借用或套用汉语俗语来传译英语习语的翻译方法。英语中许多表达方式的形象、意思与汉语非常接近，完全可以用"拿来主义"的方式进行传译，将所选用词语的字面意思做好对应即可。例如，castle in the air 就可套译为"空中楼阁"；"Habit is second nature."可译为"习惯成自然"；"Money makes the mare go."可译为"有钱能使鬼推磨"。另外，有许多英语习语在汉语中没有"形同义同"的表现方式，但可以找到"形异义同"的表达方式，并套用相近的汉语习语。例如，a fly in the ointment 可译为"美中不足"；no respecter of persons 可译为"一视同仁"；"Great minds think alike."可译为"英雄所见略同"。

在文化语境中，影响英语习语的文化因素有很多，如自然环境、社会习俗、历史传统等。因而，译者应准确理解习语的文化内涵，采用恰当的翻译策略巧妙处理可能产生的文化缺省，实现文化交流的目的。

# 第七节　跨文化交际翻译中的"错位"现象研究

近年来，随着中国影响力的不断增强，越来越多的西方学者和游客对中国文化表现出相当浓厚的兴趣。汉语和英语是世界上使用人数最多和使用范围最广的两种语言，然而通过汉英两种语言互译实现的跨文化交际常常会面临"错位"的情形，笔者通过比较分析经典译文，归纳出了一些解决跨文化交际翻译中"错位"现象的方法。

语言是文化的载体，是文化的一个密不可分的组成部分，它既反映文化，也受文化的影响。由于英汉两种语言间存在诸多差异，通过汉英两种语言互译实现的跨文化交际常常会面对"错位"的情形。翻译两种语言间的信息交流和转换，自然不可避免地要在语言转换的同时进行文化转换。不同民族会有不同的历时性感受（diachronic experience）和共时性感受（synchronic experience）。因此，不同文化背景下的人们使用不同的语言形式表示对事物的看法。

从历史的角度看，今人和古人对事物的看法也存在差异。因此在跨文化交际翻译过程中，了解这些错位并懂得使用不同的策略修正这些错位成为提高翻译质量的重要手段。大体上说，跨文化交际翻译中的错位主要表现在时空错位、身份错位和文化错位三个方面。

## 一、时空错位

跨文化交际翻译中的时空错位主要指的是对古汉语和古英语的英译与汉译。古汉语翻译中最典型的是对典籍的英译。中国典籍的翻译是一件较为复杂的事情，其主要困难表现在以下几个方面。

### （一）古汉语和现代英语的互译错位

由于中国典籍大多是文言文，因此翻译的过程较为复杂，需要先将文言文转换为现代汉语，最后再译为英语。而在这种转换过程中，一些重要的语言信息会流失。例如，"淡泊明志，宁静致远"出自三国时代诸葛亮的《诫子书》。分开翻译："淡泊明志"翻译为"Live a simple life, showing one's goal in life." "宁静致远"翻译为"Fair and softly go far in a day."。合起来翻译："Still waters run deep—to lead a quiet life."，还可译为"Simple for explicating one's ambition, quiet to go far."。

### （二）古籍中文化信息与现代英语互译时的错位

中国典籍中含有大量体现不同时期文化特点的语言信息，但是在英译过程中，译者需要考虑不同民族与国家对中国文化认知审美情趣理解。

### （三）对比译文分析时空

中国典籍中有很多先哲的精辟观点，如何使用英语诠释这些语言体现出先哲思想的闪光点，成为译者面临的一大难题。英语在不断演进的过程中，词汇形式不断变化。在翻译过程中，译者也需要把握古英语的表达形式，从而提高译文质量。当跨文化交际译者无法把握英汉语言的这些特点或者不具备英汉古语翻译的能力时，翻译中就很可能出现时空错位的现象。同时，跨文化交际翻译中的时空错位还表现在对英汉文化内涵词的"错用"上。例如：

Some of these phrases, perhaps, came down off Noah's Ark.

也许，有些成语是从盘古开天地就已有的了。（时空错位翻译）

有些成语也许竟来自"诺亚方舟"的远古时代。（正确翻译）

对比上文中提到的时空错位翻译，译者将 Noah's Ark 译为"盘古开天地"时期，容易造成一种不伦不类的感觉。英汉语言编码常受到时空的限制，因此不同时代、地域、民族文化等因素都会对语言产生一定的影响。译者在跨文化交际翻译过程中需要对中西方语言中的时空信息进行筛选与合理翻译，才能提高译文的质量。

## 二、身份错位

### （一）人物身份错位

在英译汉或者汉译英过程中，译者切不可改变文本中人物的行为模式，避免人物"身份的错位"。例如，在翻译中国古典文学作品时，译者最好不要将中国古人的行为西化为西方人的举止。身份错位现象会影响不同文化间的沟通与融合，不利于跨文化交际。

### （二）视角身份错位

视角身份错位指的是对待文本中不同的生活方式，也不能以译者自身的文化背景进行翻译。对于具有文化内涵的文本，译者可以采用不同的视角，通过变换处理来传译对方文化。例如，在翻译"馒头"时，很多人都将其译为 steamed bread 或 steamed bun，这种翻译虽然能够使译者理解，但是却造成了一种视角错位，影响了中国特有文化的传播。

### （三）称呼错位

在跨文化交际翻译中，称呼的翻译十分常见。译者需要结合时代背景，对这些称呼进行合理翻译。例如，随着女权意识的增加，英语中很多带有男权色彩的表达就要进行相应处理，如将"主席"翻译为 chairperson，代替男权意识强烈的 chairman。

## 三、文化错位

文化错位也是跨文化交际翻译中经常遇到的问题，主要表现为以下几个方面。

### （一）文化误译

云平台和各类无线网络通信技术逐步向工业领域渗透，呈现从信息采集到生产控制、从局部方案到全网方案的发展趋势，未来工业装备的互联互通能将生产单元灵活重构，智能装备可在不同的生产单元间迁移和转换，并在生产单元内实现即插即用。

**Bill can be relied on ; he eats no fish and plays the games.**

比尔为人可靠，一向不吃鱼，常玩游戏。（误译句子）

上面句子中的 to eat no fish 是英语中的典故，to play the game 是英语中的习语，由于学生对此并不了解而将其误译为"不吃鱼，经常玩游戏"。事实上，这两个短语都和英语文化有关。英国女王伊丽莎白一世统治期间，规定了英国国教的教义和仪式，部分支持此举的教徒不再遵循罗马天主教周五必定吃鱼的规定，因此这些"不吃鱼"（eat no fish）的教徒就被认为是"忠诚的人"。而玩游戏的时候总是需要遵守一定的规则，因此 play the game 也就具有了"必须守规矩"的含义。因此原句应译为：

比尔为人可靠，既忠诚又守规矩。（正确翻译）

再如："You chicken!" He cried, looking at Tom with contempt.

他不屑地看着汤姆，喊道："你是个小鸡！"（误译句子）

英语中 chicken 一词可以用来喻指"胆小怕事的人"或"胆小鬼"。但对于中国学生而言，看到 chicken 一词只会想到小鸡，因为汉语中只有"胆小如鼠"一说，并无"胆小如鸡"的概念。这就造成了学生的误译。原句应该译为：

他不屑地看着汤姆，喊道："你是个胆小鬼！"（正确翻译）

英语中还有很多类似的词语。例如，to move heaven and earth 的含义是"千方百计，不遗余力"，而不是"翻天覆地，惊天动地"；to talk horse 的含义是"吹牛"，而不是"谈论马"；to gild the lily 的含义是"画蛇添足"，而不是"装饰百合"。

由此可见，在跨文化交际中，译者应该根据具体语境并结合文化背景，准确理解原文的含义，然后选择合适的翻译技巧灵活翻译，切忌望文生义。

### （二）翻译空缺

无论是跨语言交际，还是同一语言内的交际，都不可能达到绝对准确。由于英语和汉语分属于不同的语系，这种现象在英汉语言交际中表现得尤为明显。跨文化交际翻译中，语义不对应或找不到对应表达的现象很常见，尤其是那些极具地方特色的事物更是如此，这就造成了翻译中的空缺，从而为翻译的顺利进行造成了障碍。

1. 词汇空缺

词汇空缺是指不同语言间因概念表达的不对应而出现的对应词汇的缺失。这与译者所处的地理位置、自然环境、生活方式、社会生活等密切相关。例如，英语中表达"雪"这个概念的词语只有 snow 一个，而在爱斯基摩人的语言中却有十几种之多，如冰块似的雪、半融化的雪、落在地上的雪、空中飘舞的雪等。

语言是不断变化发展的，随着历史的前进、科技的进步，新词汇层出不穷，如1957年10月，第一颗人造地球卫星发射成功后，首次出现了 sputnik 一词，而该词随即也在世界各国的语言中出现了词汇空缺。

语言学家萨丕尔曾指出，语言不能脱离文化，也无法脱离世代所传承的社会信念和行为习惯。经历几千年封建文化的中国形成了一套严密、独特的封建宗法体系，如长幼有序，男女有别，血缘关系的远近亲疏十分明显，家庭结构严密。而英美国家的家庭结构较为松散，宗法关系也并不严密。因而汉语中涉及亲属关系的词汇，英语中就会出现词汇空缺。在跨文化交际翻译中，译者必须对词汇空缺现象予以足够的重视，认真揣摩由词汇空缺带来的文化冲突，从而采用灵活的翻译方法化解矛盾，译出优秀的文章。

2. 语义空缺

表面上看，不同语言中表达同一概念的词语字面含义相同，但实际上存在不同的文化内涵。这就造成了语义空缺，如英汉语言中都有色彩词，且多数情况下对应的色彩词意义相同，但在某些场合表达相同颜色的英汉色彩词却被赋予了不同含义。例如，英语中 a black sheep 的含义并非"黑羊"，而是"害群之马"。类似这样的例子还有很多。

不同语言中表达同一概念的词语可能因为语言发出者、语言场合等的不同而产生不同的含义，即语义涵盖面的不重合，这是语义空缺的另一个表现。例如，英语中的 flower 和汉语中的"花"表达的基本语义虽然相同，但在具体使用中二者差别极大。英语中 flower 除了做名词表示"花朵"以外，还可以做动词表示"开花""用花装饰""旺盛"等含义，而这种用法是汉语中的"花"所没有的。相应地，汉语中的"花"做动词时常表示"花钱""花费"等含义，这也是英语中的 flower 所没有的。

对此，译者在跨文化交际翻译中需要了解并掌握这些语义空缺的词语，了解这些词汇的深层含义。

## （三）文化欠额

纽马克（1981）将文化欠额翻译（under-loaded cultural translation）定义为"在翻译中零传输或者部分传输了源语文化环境中的内涵信息的现象，即译文所传递的文化信息量小于原文的文化信息量"。语言往往包含一定的文化信息量，文化欠额翻译就是将原文中的文化信息进行不完整的传输，这也严重影响译文质量。

例如：做中人的卫老婆子带她进来了，头上扎着白头绳，乌裙……年纪大约二十六七……（鲁迅《祝福》）

译文1：Old Mrs.Wei the go-between brought her along. She had a white band round her hair and was wearing a black skirt, ...Her age was about twenty-six...

译文2：Auntie Wei, who is a go-between, brought her along. She had a white mourning cord around her hair and was wearing a black apron... Her age was about twenty-six...

在西方社会，妇女出嫁后可以不改名，但要改为夫姓。在而中国，由于封建文化影响深远，妇女的姓氏作为其所属宗族的体现，即使出嫁后仍不能更改。原文中"卫老婆子"的"卫"姓并非其夫家的姓氏,而是她自己宗族的姓氏,将其按照英语的习惯翻译为 Mrs. Wei 显然不符合汉语文化习俗。

在中国,丈夫去世后,妻子必须为其守孝,且应佩戴白头绳。贫苦人家由于经济条件的限制,常常用棉质丝线拧成廉价、简易的线绳戴在头上。原文中"她"所戴的正是这种"白头绳"。译文 1 中的 a white band 既没有体现中国的传统丧葬文化,也没有体现出"她"较低的社会地位。英语中的裙子用 skirt,因此从字面意义上来理解,将"乌裙"翻译为 black skirt 并无不妥。然而,在中国封建社会,服饰具有非常明显的社会等级特征。原文中的"她"是去别人家当佣人的,社会地位较低,black skirt 与"她"的身份是不相符的。她所穿的"裙"其实是套在自己的衣服外面防止衣服被弄脏的一种工作服,相当于英语中的 apron。

可见,译文 1 没有准确地理解原文背后的文化含义,没有将原文中的文化信息量完整地体现出来。而译文 2 经过适当调整,如将 Old Mrs. Wei 改为 Auntie Wei,将 a white band 改为 a white mourning cord,将 skirt 改为 apron,既体现了原文的情节,又传达了原文的文化内涵。

在跨文化交际翻译过程中,文化信息欠额与文化信息量往往呈反比例关系。具体来说,译文体现的文化信息量越大,文化信息欠额就越小。因此,为了将文化信息欠额控制到最小,我们不能将字面信息等值作为翻译的唯一目标,而应在传达原文字面意义的同时,将其背后的文化内涵也体现出来。

总之,在跨文化交际中,汉英两种语言通过互译进行信息交流和转换时会面对种种"错位"现象,为此翻译工作者需要考虑使用这两种语言的个体或群体之间由于相比较而存在的时空错位、身份错位和文化错位三个层面的差异。对汉英两种语言间的时空信息进行筛选与处理,要根据具体语境并结合文化背景,准确理解原文的含义,然后选择合适的翻译技巧灵活翻译,译文要在传达原文字面意义的同时,将原文背后隐含的文化意义体现出来,使译文真正达到"信""达""雅"的翻译要求。

# 第五章 跨文化英语翻译的创新研究

## 第一节 跨文化法律英语翻译

法律英语翻译是一种专用的翻译。随着经济全球化的发展尤其是在中国成功加入世界贸易组织之后,越来越多的译者认识到了法律英语翻译的重要性。本节旨在分析法律英译过程中存在的问题,并指出了法律英译应遵循的准则和参照标准。在法律英译的过程中,译者必须对法律术语的翻译问题、普通词汇的翻译问题、语句及语篇成分的安排问题、法律文本翻译的风格问题以及法律法规翻译的统一问题等给予足够的重视,合理处理这些问题。为了达到翻译的准确性及合理处理法律英译中的问题,译者在翻译过程中要遵循将法律的表达作为主要目标,要尽量遵从法律英译的表达规范,译者要积极参与到翻译过程中,发挥主观能动性,要重视翻译诸因素的相互作用。同时,译者还要根据法律法规英译的参照标准,做到法律文本的译文要能够完整体现原文,要符合原文精神,更重要的是要符合法律目标。总之,法律英译要能准确表达原文,译者在翻译过程中要按照法律英译的原则,合理处理法律英译过程中的问题。

### 一、法律语言的特点分析

法律语言是一种特殊的语言,有其自身的特点。国内外学者对法律语言的特点都进行了一定的总结。

#### (一)西方学者对法律语言特点的归纳

西方学者大卫·梅林柯夫(David Mellinkoff)不但是世界范围内较早研究法律语言的学者之一,也是对法律语言进行研究的专家之一。1963年,梅林柯夫发表了法律专著《法律的语言》,这部法律专著被视为研究法律语言的经典著作之一。根据梅林柯夫的观点,"The law is a profession of words."(法律本身就是语言的专业或者法律是一项措辞的职业)。换句话说,法律是由语言写就的。如果对法律语言的研究不清楚,就很难理解其背后所体现的法律意义。梅林柯夫还认为法律语言的特殊之处,并不仅仅是因为其使用了大量的法律术语，更是因为法律语言中普通词语往往表达的是特别的意义。梅林柯夫关于法律语言特点的观点被许多学者认可，西方社会语言学家还指出，法律条文、法律文件以及官僚语言之所以难以被人们理解，一个最重要的原因就是其违反了人们使用语言的习惯，比如对名词的重复等等。

### （二）中国学者对法律语言特点的归纳

20世纪90年代以来，关于法律语言特点这一方面，中国学者出了好几本关于法律语言的专著。一般而言，中国学者的著作多是注重研究法律语言本身，主要包括司法语言和立法语言。立法语言主要以书面语为主，司法语言以法庭用语为主。中国学者对法律语言的研究特点是比较细致，也比较全面的，从字、词、句等不同角度进行了深入研究和探讨。有些学者甚至对立法语言中的标点符号进行了细致研究，指出法律条文里面不应该使用感叹号。另外，以对句子的研究为例，从句子的结构到句子里的每一个细节，都有不同的学者进行了深入的研究。

## 二、跨文化法律翻译面临的问题

### （一）法律英译中的术语问题

一般情况下，不同的法律语言都有不同系列的专用术语，专用术语对相应法律语言起了固化作用。因此，法律专用术语与其他类型的词语是不同的，法律术语要能够体现法律体系的典型特征。英汉词语之间的不对应性也成了法律法规翻译的难题之一。例如，法律汉语中的"等额选举""差额选举""统筹安排"等专业术语在法律英语就很难找到相对应的术语。同时，法律英语中也有很多法律术语在法律汉语中找不到相对应的词语，如 alibi、tortfeasor、lobby、ombudsmen、equity、sheriff、Hansard、mandamus、solicitor、recorder 等等，对于这些没有对应的词语，译者在翻译的过程中往往采用意译的方法。使用这种翻译方法能够传递法律术语的含义，但是不能完整表达这些术语原有的相对固定的概念。

### （二）法律翻译在语句以及语篇成分安排方面的问题

受文化差异的影响，法律汉语与英语之间是必然存在差异的。汉英语言之间的差异导致在翻译法律法规的过程中，可能会导致语篇、语句成分在安排方面出现问题。例如，译者在对法律汉语翻译的过程中，或许会出现语句紊乱的问题，对法律英译产生不好的影响。例如，汉语法律法规中的"未经审批管理机关批准，擅自转让探矿权、采矿权的，由登记管理机关责令改正，没收违法所得，处十万元以下罚款，情节严重的，由原发证机关吊销勘查许可证、采矿许可证"，其所对应的英语翻译为"Whoever without authorization, transfers exploration rights or mining rights without approval of the examining and approving agency, shall be ordered to make amends by the Registration agency, have confiscated its illegal gains and be imposed a fine of not more than 100,000 *yuan*; then circumstances are serious, the original licensing agency shall revoke the exploration license or mining license."。在对汉语法律进行英译的时候，译者没有承接上文的主题，还在分号处进行了转换，这样的翻译不仅不符合原文，与法律英语的一般习惯也是有差别的。

### （三）法律法规翻译风格的选择

当前，很多译者在翻译汉语法律的过程中，往往过于重视原文风格的保留，也就是说，汉语法律原文的风格在英译过程中是非常明显的，这就造成法律的英语特点不够明显。其问题在于，虽然翻译风格上是法律问题，但是汉语的法律简单明了，这与现有的英美法律的文本是有很大不同的。虽然法律汉语有很明显的法律问题特征，但是其在表达意义方面却简单、直接，这与普通汉语的特点是很相似的。然而，法律英语与普通英语是有着明显区别的，这也意味着如果译者过于重视法律含义风格的传递，就可能导致译文不是法律英语，而仅仅是普通英语。例如，"第八届全国人民代表大会常务委员会第三十次会议审议了《国务院关于提请审议财政部发行特别国债补充国有独资商业银行资本金的议案》。其对应的英语翻译为"At its 13th Meeting, the Staning Committee of the Eighth National People's Congress discussed the Proposal of the State Council for the Issue of Special Government Bonds by the Ministry of Finance to Supplement the Capital of the Wholly State-owned Commercial Banks."在英译中，译者把"审议"一词翻译成discussed是不合适的，因为"审议"在文中是相当严肃、相当慎重的词，而这样翻译则与原文的准确性和风格有很大出入。

## 三、译者翻译过程中应遵循的原则

受文化差异的制约，译者在法律法规的翻译过程中要遵循一定的翻译原则，主要包括：译者翻译的主要目标是对法律的表达，译者在翻译过程中要发挥自身主观能动性，要注意遵守法律英语的表达规范，并重视翻译过程中积极因素的作用。

### （一）法律翻译的目标是对法律的表达

学者苏珊·萨切维奇（Susan Sarcevic）在研究法律翻译中，曾经提出"要制作能在实践中导致同样效果的文本，译者在翻译过程中必须能够理解词语和句子的意义，并且理解法律文本应有什么效果，怎样在另一种语言中达到这一法律效果"。萨切维奇的观点主要适应于平行法律文本，但是具有较高权威性的非平行法律文本也同样适用。

### （二）译者的英译要尽可能遵守法律英译的表达规范

语言是文化的载体，法律语言体现着法律文化。因此，译者在翻译过程中要考虑的另一问题就是法律语言。因此，译者要想比较准确地传递法律文书的意义，产生一定的法律效果，如要想使译文得到读者的理解和认同，得到合乎立法者意志的正确使用，译者在翻译过程中就要遵从一定的原则，诉诸一定的手段。通常情况下，译者最主要的就是要使用读者能够理解并且熟知的语言，即法律英语。

### （三）译者积极参与，重视翻译诸因素的相互作用

在翻译过程中，译者要对法律文本进行协调、阐述、决策，还要充分发挥主观能动性，了解翻译过程中各因素之间的相互作用。也就是说，译者不仅要对原文和翻译给予足够的重视，还要注意原文作者、原文语言、原文法律、译文语言以及对法律的表达等不同方面，能够做到准确传递法律的含义。

中国在加入世界贸易组织以后，中国政府为了适应 WTO 在透明度方面做出了承诺。然而，在加入世界贸易组织以前，中国法律法规的制定和翻译就已经开始，法律法规翻译在法律术语翻译、其他词语翻译、语句以及语篇成分的安排问题、法律法规翻译风格、法律法规翻译统一性等方面是存在问题的。因此，译者在对法律法规进行翻译的过程中，要遵循一定的原则，确保法律文书简明易懂，并取得良好的效果。

## 第二节　跨文化视域下英语翻译中的同化和异化

### 一、英语翻译中的同化

在英语翻译过程中，考虑到不同的文化之间具有相通性，因此可采用"同化"翻译方法。以文化角度为出发点，把读者放在译文的第一位，通过认真分析源语信息的意图，为读者提供精确的原文翻译。从本质角度来看，译文实际就是与源语信息最贴近的内容。在翻译过程中，强调"动态对等"原则，也就是保持一致的功能性，要求译文表达方式与自然相符，并将源语行为纳入读者文化范畴。从语言结构或者表达技巧的角度来看，一般情况下，语言中对具体生活现象进行描述的词组具有相通性，因此可以在不同的文化之间进行对等转换。

例如，"Better late than never." 直接翻译为"迟做总比不做更好"，这与"亡羊补牢"的意思相同；"It rains cats and dogs." 直译为"现在正在下着大雨"，可以形容"大雨滂沱"。又如，"I love my love with an E, because she's enticing; I hate her with an E, because she's engaged; I took her to the sign of the exquisite, and treated her with an elopement; her name's Emily, and she lives in the east." 翻译为"我爱我的心上人，因为她那样地叫人入迷；我恨我的心上人，因为她已订婚将作他人妻；她花容月貌、无可比拟，我劝她私奔跟我在一起；她的名字叫埃米莉，她的家就在东方。"另外，英语的一些表达方式可以通过中文直接翻译或者以成语来解释，反过来也可遵循同化原则，将中文翻译为英语。例如，"木已成舟"可翻译为"What is done cannot be undone."（已经做的事就无法消失了）；熟能生巧可翻译为"Practice makes perfect."等。

可见，英语翻译过程要遵循"同化"原则，既要确保中英文表达习惯的一致性，又要保留原文独特的文化意味，并且注重与译入语的文化规则保持一致，以此提高翻译的准确性。如果能够在翻译过程中采用带有文化色彩的语言进行翻译，则能够更好地表达原文意思。否则，如果翻译人员根本不理解原文的深刻内涵，对文化层面也一知半解，那么在翻译中就可能出笑话。例如，cross/pass the Rubicon，如果直接翻译成"交叉/穿过卢比孔河"，显然读者难以理解其中含义。如果用 break the caldrons and sink the boats 来代替，翻译为"破釜沉舟"，既能精确表达意思，又便于理解，读起来也朗朗上口。

## 二、英语翻译中的异化

不同的文化背景，再加上地理、历史、经济、社会等诸多因素的影响，不同的国家和民族的文化特征各不相同。在英语翻译过程中，如果一味地使用"同化"原则，难以实现文化之间的对等交流，因此在"同化"的基础上还必须运用"异化"方法，使读者既能领略异国风情，又能在潜移默化中接受不同的文化理念，加深对原文语境的理解。采取同化翻译方法，将语言中原本含有的不同文化成分直接转化为其他的语言文化，以便读者深刻了解，并与自己熟悉的内容进行对比，但是在这一过程中失去了一些信息的附加意义；如果完全采取同化翻译的方法，那么读者在阅读过程中仅回顾了本土的民族文化，失去了对其他国家、民族文化的认知与鉴赏机会。因此在英语翻译过程中恰当地引入"异化"要素，还原异国文化，能更好地使读者实现阅读目标。译者应在遵循基本翻译原则的前提下，展开合理的想象，将异国文化恰到好处地表现出来。

译者在英语翻译过程中运用"异化"原则，必须深刻理解原文，否则会对原文意义有所误读，甚至翻译得"面目全非"。例如，我国四大名著之一的《水浒传》，由美国女作家赛珍珠进行翻译。由于她过多地采用"同化"的方法，很多地方企图忠实于原文，结果背道而驰，完全不能表达真实含义，让读者感到云里雾里。如《水浒传》中涉及"江湖上的人"，赛珍珠将其翻译为 men by river and lake（站在江边或者湖边的男人），很多外国读者不明其意，不仅读起来觉得不通畅，还无法真实领会全文意思。如果翻译成 Robin Hood，即罗宾汉、（罗宾汉式的）绿林好汉，就能让读者理解其中含义。另外，以语用角度为出发点，异化翻译也非常重要。一方面，在汉语行为动词及心理动词中，可采取"多对多"的混用方法；另一方面，在文化传播过程中，应注意避免由立场标记而形成的使用错误，如果立场标记处于错误位置，也会出现运用上的偏差。因此对译文进行辨析性、系统性了解非常重要。

在跨文化英语翻译中运用"异化"原则，就是将原文中的语言、文化等转化为译文中的语言或者文化。这样，在译文中也注入了一些新的元素，增加了异质文化中的信息。在英语翻译中，通过不同文化、不同语言的渗透与交流，能更好地实现文化融合，同时通过具体的语言翻译呈现出中西方文化差异，更能提高译文的精确性、贴切性，更好地传神达意，让读者领略异国文化特色。例如，"Time is money."这句名言，如果将它异化地翻译为"时间就是金钱"，能体现美国人具有极其强烈的时间观念，如果同化翻译成"一寸光阴一寸金"，则感觉色彩不够强烈。同样，paint the lily 如果异化地翻译为"给百合花上颜色"，就可以切实地传达文化内涵。从美国基督教历程来看，百合是非常重要的一种花朵，在西方人的思想中，百合就是"纯洁无瑕"的象征，因此"给百合花上颜色"也就是弄巧成拙。虽然也可用成语"画蛇添足"来表达其中含义，但是其中的英语文化特色就难以表现出来，此处采取异化翻译则更贴切。

综上所述，语言作为文化的重要组成部分，是文化的重要载体与传承者。由于中西方文化差异客观存在，翻译人员必须充分掌握中西方文化差异，合理运用同化与异化原则，才能更为精准地翻译，顺利达到交流的目的。

## 第三节　跨文化英语翻译的词类转换技巧

如何做好两种语言词类之间的转化，需要进行深入的探讨，从而达到英语翻译的目标。例如：李丽和王倩关系一直不好。令她们尴尬的是她们将要在同一个班级上课。译为"Li Li and Wang Qian didn't get along well with each other. It was embarrassing that they were to study in the same class."。通过这样的翻译，能够增强翻译的质量，使语句更加通顺，意思更加明了。

## 一、跨文化英语翻译词类转换的重要性

不同文化背景的文学作品在翻译时需要采用不同的技巧，英语词类转换作为重要的翻译技巧之一，翻译人员在翻译过程中需要做好相应的转换工作，这样才能达到翻译目标，使翻译作品与原文更加贴切。比如在进行英语翻译名词转换时，每句英语中都会包含一个谓语动词，这样就导致动词名词化的现象比较多。但是在汉语语句中就没有英语动词的限制，所以在进行翻译时，翻译人员就可以将汉语中的印象、地位、特点、态度、定义等名词转换为英语语句中所对应的词语。这样不仅能提升翻译质量，也可以增强翻译的流畅性和简洁性，从而达到英语翻译的目标。

## 二、英语翻译文化视角下的词类转换

### （一）英语翻译中的名词转换

英语语句中有许多名词派生出来的动词，翻译时可以将作为主体的名词转换为动词，也可以将其转换为副词或者形容词等。在汉语中一般动词使用频率要远远高于英语中动词的使用频率，这就使译者将英语中的名词转化为动词。例如：pay attention to、have a rest、make a decision 中的 attention、rest、decision 都是短语中的中心词，它们都是名词，但是在短语中却作为动词来表达动作。在句子中同样也存在名词用作动词的现象，如"The flowing of current first in one direction and then in another makes an alternating current."这句话就将其中的名词译成动词，可以翻译为"电流首先沿着一个方向流动，然后再沿着另一个方向流动，形成交流电"。在实际的翻译中，有一些英语动词翻译成汉语动词时会存在一定的难度，如果硬要翻译的话，就会导致翻译出的文章语句比较生硬，语句不够流畅，从而降低英语翻译的质量。这样的动词相对比较多，如 act、run、work、aim、behave、furnish、direct、characterize 等。还有一些英语形容词派生的名词在翻译时需要将其转换为形容词，如"The pallor of her face indicated clearly how she was feeling at the moment."这句话可以翻译为"她苍白的脸色清楚地表明了她那时的情绪"。译者在翻译的过程中有时还要将名词转换为副词，主要是由于这些名词相对比较抽象，在名词短语或者句子中会存在一定的歧义，如果将其翻译为名字，那么将会影响到英语翻译的准确性，甚至会改变整个句子的意思。因此译者可以按照文章中的情景，将其翻译为副词或者与其对应的状语，保证句子翻译的准确性，如"The new mayor earned some appreciation by the courtesy of coming to visit the city poor."可译为"新市长有礼貌地前来访问城市贫民，获得了他们的一些好感"。

## (二)英语翻译中的动词转换

译者在进行英语翻译时,有时候需要将动词转换为其他词性的词语,这样能够保证语句的通顺,同时可以准确表达出原文的含义。英语翻译中的动词转换通常有以下几种:第一,英语中的动词转换为名词。该种转化主要是由于名词派生的动词产生的,在翻译过程中,译者想要找到与之相对应的动词会比较难,这样就可以采用名词来进行转换,从而达到翻译的效果。例如:① "This kind of behavior characterizes the criminal mind." 译为"这种行为是罪犯的心理特征"。② "To them, he personified the absolute power." 译为"在他们看来,他就是绝对权威的化身"。在进行词类转化时,译者还要结合译文中的句子结构来进行,同时还要考虑句子结构和词语之间的搭配状况,从而达到翻译的效果。比如在翻译"绝对不允许违反该原则"这句话时,相关翻译人员就可以将其翻译为"No violation of this principle can be tolerated.",其中,汉语中的"违反"作为动词使用,但是在英语中则将其转换为 violation 这一名词,使翻译出的语句与原文之间的差异不大。如果在英语翻译中还是使用动词,翻译出的句子将会出现错误,影响到英语翻译的质量。第二,名词转用的动词翻译为名词。译者在进行英语翻译时要保证句子翻译的一致性,就要将名词转用的动词翻译为名词。例如:① "Our age is witnessing a profound political change." 译为"我们的时代是深刻政治变革的见证"。② "Most U.S. spy satellites are designed to burn up in the earth's atmosphere after completing their missions." 译为"美国绝大多数间谍卫星,按其设计,是在完成使命后,在大气层中焚毁"。第三,将动词转化为形容词。比如 "Marie's was deeply impressed by what I did at that time." 译为"我在那个时候的行为给玛丽留下了深刻的印象"。其中句子中的 deeply 作为副词可以表示程度,而作为动词的 impress 后加上 -ed 转化为形容词,从而让翻译出的句子更加通顺、正确,更加完善。

## (三)英语翻译中的介词转换

在英语中,介词的使用频率相对较高,中文中常用介词数量相对较少,而且中文中许多介词都是转换而来的。在英语的结构中,介词通常发挥着非常重要的作用,它能够将整个英语语言的魅力展现出来,使语句更加活泼。因此译者在翻译的过程中,可以将英文中的介词译为动词,使其句意更加顺畅,提升翻译的水平。如 across、into、over、past、through 等介词,它们都具有一定的动词意义,因此在翻译时可以将其译为动词,增强译文的紧凑性和句子表达的连贯性。除此之外,在对一些目的、原因状语的介词进行转换时,也可以译为动词。比如 "Qiu Shaoyun in spite of all difficulties, insist on fighting." 译为"邱少云不顾一切困难,坚持战斗"。该句话中的 in spite of 作为介词,在汉语中就可以将其翻译为动词"不顾"。

#### （四）英语翻译中的形容词和副词转换

在进行英语翻译时，为了保证翻译的质量，翻译人员有时会将形容词和副词进行相应的转换，从而达到英语翻译的效果，增强翻译的准确性。比如在句子"I am anxious about my mother's health."中就可以将其翻译为"我担心妈妈的健康"。其中 anxious 在英语中作为形容词，但是在汉语翻译时就可以将其转换为"担忧"这一动词，使其翻译出的句子更加贴切，能够准确表达出原文的意思。英语中的名词在翻译时能够转换成汉语动词，因此修饰该名词的形容词需要转译成汉语副词。比如"We must make full use of exiting technical equipment."（我们必须充分利用现有的技术设备）。所以在今后的英语翻译中，翻译人员需要做好句子结构的调整，利用各种有效技巧，做好词类之间的转化，从而达到英语翻译的目标。

综上所述，翻译人员在进行英语翻译时需要从不同文化角度来进行英语翻译，这样才能够达到英语翻译的目标，提高英语翻译的质量。除此之外，翻译人员进行翻译时，还要掌握不同词类之间的转换规律，结合文章所创设的情景，准确把握其思想情感，从而提升英语翻译的准确性和连贯性，实现英语与汉语之间的良好转换。

## 第四节　地方高校商务英语翻译教学中跨文化交际意识培养

随着全球经济一体化的发展，国际的交流与沟通成为商务发展的主旋律。近年来许多高校相继开设了商务英语专业，其中商务英语翻译课程是主干课程。商务英语作为国际商务活动语言沟通的工具，为商务活动的顺利开展提供了必要的保障。加强在翻译教学中的文化交际意识培养，既是高校商务英语专业教学的重点之一，又有助于促进高校学生跨文化交流沟通能力的进一步提升。

### 一、地方高校商务英语翻译教学概述

随着对外贸易的蓬勃发展和外贸企业的不断增多，社会急需一批既具备一定国际商务英语沟通能力，又具备相应的商务专业知识的复合型人才。在此需求下，商务英语专业应运而生，本专业的毕业生具有较大的市场就业空间。在开设商务英语专业的高校中，无一例外地将商务英语翻译作为本专业的专业必选课程。商务英语翻译技能成为学生能否胜任将来工作岗位需求的关键。

## 二、地方高校商务英语翻译教学存在的问题

### （一）教师方面

虽然众多地方高校为满足社会需求，跟随时代发展潮流，纷纷开设了商务英语翻译课程，然而许多英语教师自身的跨文化意识薄弱，高校缺乏既具有精深的英语知识又精通商务专业知识的复合型教师。多数高校英语教师没有商务专业知识学习的教育背景，即使具有专业学习的经历，也缺乏实践经验。以笔者所在高校为例，本部门16位专任英语教师中，仅有4位教师具有"双师型"教师资质，而其中仅有1位教师具有实际的商务实践经验。其他教师教授的知识均来自书本，教学中主要以理论讲授为主。商务英语授课形式多数为传统的教学模式，其英语翻译教学模式较为陈旧。虽然，有些教师尝试运用新的多媒体技术，并在教学过程中通过网络搜集引用最新的资讯和与课程密切相关的资料，但是从整体效果来看，其课堂内容与实践脱轨情况严重。现代社会信息瞬息万变，知识的更新速度远超过学校课本的更新速度，所以教学达不到理想的效果。

### （二）学生方面

作为商务英语专业的学生，社会对其英语专业基础知识的要求很高，然而地方高校的英语专业学生普遍存在学习热情不高、人文素养相对较低等现象。当前，实用主义的思潮对高校学生的影响较大，高校"严进宽出"的现状致使许多学生对自身的学业要求不够重视，再加上部分学生英语基础薄弱，进而导致了学生在英语阅读、听说等方面能力的欠缺。另一方面，学生普遍缺乏人文教育，致使人文知识储备相对欠缺，对国外文化知之甚少，缺乏跨文化意识和人文素养。这些都给翻译教学带来了障碍，学生很难积极主动地进行翻译学习，商务英语翻译能力很难获得真正的提升。

### （三）教材方面

教材是教师授课的依托，是实现教学目标的保障。尽管我国自20世纪80年代以来开设了商务英语的相关专业，商务英语翻译的书籍五花八门。但从总体来看，商务英语翻译教学缺乏统一规范的商务英语翻译教材，这是高校普遍存在的问题。有的高校为提高学生的英汉翻译能力，采用英语基础翻译教材代替商务翻译教材，初衷虽好，却忽视了跨文化交际能力的培养和商务翻译实践能力的提高，并且挤占了商务英语翻译教学的学时，导致学生只能开展有限的商务英语翻译实践。部分商务英语翻译教材采用全英文撰写，专业术语繁杂，学生学习难度过大，学生产生学习挫败感，影响到教学效果的实现。有的教材编写时间过久，内容相对陈旧，已无法满足实际需求，不能适应当前的社会发

展需求。

## 三、商务英语翻译教学中跨文化交际意识和能力的培养

### （一）改革教学模式

1. 改进商务英语翻译的教学模式

随着社会的进步和发展，语言也在不断变化和丰富。社会对人才的需求也越来越高，对商务英语专业的毕业生也是如此。商务英语教师要及时转变教学理念，改进教学方法，通过新的、适当的教学方法改变原来枯燥的翻译教学法以适应新的教学环境和教学要求。案例教学法是较为新颖且有效的教学形式。案例教学法是指将真实的案例引入课堂，以学生为学习的主体，教师作为引导者，选取与课程内容相关的案例，引导学生独立思考、自主学习。

实施案例教学法，首先要求教师注意案例选取要符合教学目标，要贴近实际，与时俱进。选取的案例要有代表性，要详略得当，难易度符合学生的实际水平。其次，还要注意案例的可操作性，让学生在具体交流分析时能发挥积极主动性，实现独立思考和分析应对能力的提升。通过话题性和具有较强实际操作性的案例教学，不仅能增加课堂趣味性，在学生彼此交流的过程中，学生语言表达能力和解决问题的能力也得到了训练和提升。这将为商务英语翻译教学中跨文化意识的培养奠定基础，也为今后学生在实际工作中的人际交往能力和合作沟通能力打下基础。

2. 提高教师的专业素养

商务英语翻译教师要有不断学习的意识，注重自身跨文化交际能力的培养，具备较强的商务文化意识。在商务英语翻译教学过程中，往往涉及中西方政治、经济、宗教、习俗等方面的差异。商务英语教师要在教学过程中创设良好的英语学习环境，注重在翻译课程中渗透英美国家文化。商务英语翻译教师在教学中应有意识地培养学生的跨文化交际意识。另一方面，针对目前地方高校商务英语翻译教师师资短缺的问题，相关院校应大力开展专业教师的培训工作。同时，加强和相关企业的合作，通过多渠道引入企业人员对专业教师进行培训。在引入新教师时应注重商务经验背景，尤其应优先考虑有外贸工作经历的人员。在职教师应利用假期或学生实习的机会深入企业，参与到真实的跨文化交际活动中去，了解实际需求，积累实际经验，使商务英语翻译的教学不只停留在书本上，从而提升自身的商务翻译能力并将之内化传授给学生。

### （二）提高学生的跨文化意识

让学生进一步明确翻译课程的学习目标和开设的重要意义，使其了解到掌握跨文化

交际意识对翻译学习的必要性。激发学生的求知欲望，提高他们的自主学习意识，特别是对英语国家文化学习的积极性和主动性，督促学生广泛涉猎知识，提高学习效率，从而提升他们的人文素质，为商务英语翻译教学中跨文化意识的培养奠定基础。只有学生自觉地投入学习中，才能有意识地吸收教师讲授的知识，并在英语翻译的实际过程中，将自己所学的英语知识结合跨文化意识更好地应用到实践中来。

### （三）选取适当的教学材料

地方高校应结合学校学生的实际情况选取适当的教材。教材的选择不能盲目偏爱名家，以免导致选用的教学内容过于陈旧。教材应基于商务英语翻译理论以及实际练习对整个授课过程进行合理化、优良化设计与部署，使商务应用的本体特征得到体现。要结合学科特点，选取新理念、新思维的教材，优秀的教材应根据时代发展及时更新内容和词汇。要切实考虑到教材的合理性、缜密性、正确性以及实用性。教师可结合学生的实际学习水平和需求，对教学内容进行适当的增减。可将实际的商务活动内容融入课堂教学中，如公司的合同、产品的包装、产品说明书等，针对复杂多变的商务英语环境，将先进的教学理念和商务思维传授给学生，提高教学内容的实用性，使其在实践活动中能够自如应对。

随着全球经济一体化的不断深化，国家间的经济交流日益频繁，对商务英语人才的需求也随之增加，面对光明的就业前景，商务英语人才的培养受到极大重视，但与此同时，商务英语翻译教学存在的问题也开始凸显出来。作为开展商务英语教学的地方应用型高校，培养具有较强综合商务能力的复合型商务人才，不断提升商务英语教学水平是办学的主要目标。在商务英语翻译课程中，注重学生的跨文化交际能力的培养，对促进英语专业学生英语水平有效提升具有重要意义，从而实现向社会输送翻译水平高、实践经验丰富的商务英语人才的目标[①]。

## 第五节　跨文化交际中的武术英语翻译原则与对策

武术是具有中国特色的传统运动项目，有独特的东方哲学思想、民族文化内涵，是历代武术家斗争经验、练武经验、生活经验、养生经验的结晶。武术用精辟的语言指导习武者做人、行事、养生、练功、传艺、格斗，对武术爱好者和工作者具有一定的积极意义。武术翻译通常趋向"信、达、雅"的标准。另外，除重视武术原意表达和民族文化特色外，还要注意跨文化交际中的传播的易懂性和得体性。

① 冯翠华：《英语修辞大全》，外语教学与研究出版社，1995。

## 一、武术英语翻译的历史回顾

　　武术英语翻译始于两千多年前，大概经历了萌芽阶段、成长阶段、全面发展阶段。早期，因为交通限制，翻译主要在亚洲进行，汉朝时期中国武术已经被介绍到了日本和西域的各个国家。随着西方传教士的到来，武术英语翻译逐步展开，一些国外习武者对中国武术产生了浓厚的兴趣，这个阶段属于萌芽阶段。1693年，武术翻译史上现存可考的第一本英文著作《基本中国拳法》出现。这是一本在美国正式出版发行的专门介绍中国拳法的著作，它的出版标志着中国武术的英语翻译开始由单一的口译进入到以口译为主、口头和书面相结合的成长阶段。从1979年起，武术翻译进入一个新的历史阶段。这个阶段，笔译内容丰富，包含武术各个方面，翻译作品数量增长迅速，质量提高显著，内涵更加深刻。还有突出对武术文化内涵和历史的介绍，使读者可以了解中国武术和体会中国文化。武术在海外的影响，客观上是由武术翻译的兴盛带来的。

## 二、武术英语翻译在当前跨文化交际中的现存状态

　　目前我国现有的武术翻译注重对竞技部分和简单术语的翻译，外国读者对其原意和文化内涵不能深刻理解。一方面因为中国武术理论不但建立在古代哲学基础上，而且它还融合了兵、道、儒、墨、医等流派的思想，很多哲学术语进入武术范畴中，如阴阳、四象、两仪、元气、五行、互根等。这类术语一般在英语中难以找到相对应的词语。另一方面，中西方存在明显的文化差异。译者如果忽略了传统文化的深刻内涵，过分地采用直译，武术的技术动作和喻义都会给武术英语翻译带来较大的难度。传统武术的部分动作比如八卦掌中的一些名称会让译文读者对动作产生迷惑，影响到了译文效果。本小节根据跨文化交际中出现的问题，试图探讨跨文化交际中武术英语翻译的原则与策略。

## 三、跨文化交际中武术英语翻译的原则与策略

### （一）跨文化交际中的翻译原则

1. 系统性原则

　　文化的系统性是指一种文化就是一个自成体系的系统。一个文化系统由物质文化、制度文化、心理文化三个层次组成。这三个层次之间是相互联系、相互作用的关系，它们共同构成了一个完整的文化统一体。文化是由各种各样的要素组成的一个统一整体，而构成文化的各要素之间紧密联系又彼此作用。武术文化分为器物文化层、制度文化层和精神文化层。器物文化主要包括武术服装、技术体系、器材等；制度文化主要包括武

术技术等级制、组织和管理体制、武术段位制等；精神文化主要包括武术的观念、思想、价值观等。武术文化与文化体系在一定程度上是相互对应的，武术也蕴含着丰富的文化，所以跨文化交际中武术翻译要遵从文化的系统性原则，这样才可以真正传播武术的内涵。

2. 民族化原则

中华武术是以中华民族文化为理论基础，以攻防技击为主要特征的中国民族文化，对运动技能有独特的思维层次的认识。传统武术的文化层面涉及天文、地理、军事、医学、哲学、生理、易学等各个领域，对于相关文化的理解程度会直接影响武术翻译的质量。因此，武术翻译一定要体现和保留武术蕴含的民族文化内涵和语言风格。传统武术动作名称和传统武术理论当中，随处可见蕴含有文化信息的内容，要想把它们翻译得很贴切，确实不容易。武术理论中特有的一些术语在英语中也很难找到对应词。比如"文有太极安天下，武有八卦定乾坤""阴阳互根""武术"等，这部分术语具有典型的中国民族特色，无论选择直译还是意译，都无法准确再现其原文内涵。所以这部分特有的概念最好采用音译，应该译为 t'ai chi、bagua、yin-yang、wushu 等。

3. 平衡性原则

平衡性原则是指译者在翻译武术著作的过程中，尽量做到平衡输入语与目的语信息。译者的首要任务就是平衡信息的输入与输出，既要保证信息输入的准确与充分，又要考虑信息输出的可被接受程度，防止过量输入或是输出不足。随着跨文化交际的不断渗入，读者的接受能力也不断提升，具备了理解一定异域文化的条件。同时，我们也必须看到民族化的翻译思路并不代表全盘中化，要清楚翻译的最终目的还是为了交际。平衡原则的提出，是源于武术翻译过程中民族化与国际化问题的讨论。事实证明，无论是从读者接受程度，还是从翻译目的来看，要使中国文化在西方文明中占有一席之地，就必须保持民族特色。武术翻译的目的是为了弘扬中华武术以及哲学思想，如果舍本逐末，翻译就会失去其原有的意义，造成重要信息缺失。武术的自身特点决定翻译过程存在着实际困难。武术术名不统一、术语自身的不规范现象给跨文化交际带来了一定的障碍；武术中浓厚的民族特色也在一定程度上妨碍了世界人民对武术的理解。因此，译者也需要适当借用西方竞技用语，降低武术翻译的理解难度。比如，一些译者在翻译太极拳术语时会借用西方拳击比赛中的用语，这也不失为一种平衡方式。但译者应把握适度的原则，"平衡"是动态的概念，随着中西方文化的进一步融合，平衡标准也随之改变；随着武术文化逐渐广为人知，民族性也逐渐凸显。

## （二）跨文化交际中的翻译策略

### 1. 基于系统性原则的归类翻译法

从系统性原则可以得知，武术文化与特定的文化体系是相互对应的，武术中也蕴含着丰富的文化，中国武术目前历史清楚、脉络有序、风格独特、自成体系。根据地域分少林、武当、峨眉、南拳四大门派，内部又有许多支派，各支派中某一套路有其显著特色，因此武术英语翻译遵循各门派的体系和特点，应该基于系统性原则进行归类翻译。各门派的专业术语要有其系统性和一致性，以便忠实于原文，如《武当武术词语英语翻译》《杨家太极拳秘诀》《中医气功学翻译》等。

### 2. 基于民族性的音译法

尽管文化的共同性决定了某些文化能够为全人类所有，但是文化首先是民族的，其次才是人类的。实际上，就文化的产生与存在而言，文化原本都是民族的。民族是一种社会共同体，因此越是古老的社会，文化所具有的民族性就越鲜明。武术文化就是由各民族文化共同来构成的，从不同民族的角度出发来分析武术文化，自然就具有民族性。

因为武术文化中有很大一部分是表示武术特有的事物，具有浓厚的民族文化色彩，在英语中很难找到与其相对应的词语。而在跨文化交际中，音译附带动作演示和图片影像等肢体语言，使对方可以进行直观有效的交流，如太极 t'ai chi、功夫 kung fu、气功 qigong、阴阳 yin-yang 等。另外还有一部分武术术语在英语中已经有了译名，而且已经被外国人所接受，就应该按照约定俗成的原则继续使用原有的固定译名。

### 3. 基于平衡性的多元法

（1）直译法。文化是全人类所共同创造的，又为全人类所享有、继承，因而文化具有人类共同性。武术被誉为中国的国粹，发展至今已成为一项世界性的体育运动。武术文化基于共同性的直接翻译法在全世界范围内得到逐渐推广和普及。

直译法是在保留原文基本形式、形象、民族、地域特色的前提下，将原文按照文字的字面意思直接翻译出来。这种翻译方法不仅需要译者准确理解原文意思，还要有较深的文学功底，有一定数量英文体育肢体术语的掌握且能熟练运用，同时要注意在表达清楚意思的前提下尽可能翻译出特色来。例如：

流星锤 meteor hammer；燕子入林 Swallow Flying into Woods；起势 Starting Posture；白鹤亮翅 White Crane Spreads its Wings。

（2）意译法。中国武术是最富有民族文化特色的体育项目。它的指导思想是中国传统的"天人合一"哲学思想，因此哲理性很强。"天人合一"的观念是道家哲学本体论的一种表现。它认为人和自然在本质上是相通的，人应顺乎自然才能获得生存与发展。

"天人合一"思想给中国传统哲学带出了一系列的合一，如形神合一、主客合一、理气合一，也为中国武术打下了思想基础。由于中国武术蕴涵着深刻的哲理思想，具有修身养性的功效，因此它在世界上很多国家有着广泛的影响。但是这种哲理性也要求武术文化翻译时要抓住内容和喻义的重要方面，结合前后比较灵活地传达原意，即采用意译法，如马步 horse-ride step、绝招 kill shot、生死斗 life and death duel、扫堂腿 ground sweeping 等。一般来说，有些习语的汉译英较为简单，不会发生保持习语的民族或者地方色彩的问题。因为两种语言中有些同义习惯用语无论在内容、形式和色彩上都相符合，它们不但有相同的意思或隐义，而且有相同的极相似的形象或者比喻。因此我们可以大胆借用英语中的同义习语来表达。例如"花拳绣腿"就不能从字面直接翻译出原意，而要突出原文的寓意，我们可以译成 showy but not practical martial arts，any showy but not practical skill。这种翻译方法要求译者通过自己的语言表达原文的隐含意义，使读者在阅读过程中受到启迪和教育。

（3）解释性翻译法。任何文化都是在历史发展演变的过程中产生的，不同时代产生的自然文化、人文文化和科学文化构成人类文化的生态结构。武术文化的时代性就在于它动态地反映了武术价值观念的变化过程。然而由于时代的发展和历史的变迁，有些武术文化到今天有了新的变化，可能会让国外武术爱好者产生误解，因此宜采用解释性翻译。它是翻译时根据实际情况补充一些背景、内容或者进一步解释其确切的含义，使那些不太了解中国文化的人更加准确地理解武术文化。例如："T'ai chi ch'uan（太极拳）—— T'ai chi ch'uan is a soft, slow and light exercise which features continuous, circular and fluent. Different styles of t'ai chi ch'uan stress various aspects. Bai He Liang chi（白鹤亮翅）—— a white crane spreads its wings."。可见，合理的翻译不是词句转换的"对号入座"，而是沟通思想的"搭桥人"。

## 第六节 英语电影字幕翻译的跨文化因素及对策

英语电影字幕的翻译除了可以代表不同国家文化之间的交流，还符合如今全球化的潮流，但是在文化交流的过程中也会存在一些文化冲击，这就需要译者在了解不同国家的文化之后再进行有效的翻译，准确把握不同文化的特征，而不是简单地把一种文字转化为另一种文字，在避免文化冲突的情况下把最能体现句子意思的字幕展现在所有的观众面前，这是译者需要长期积累并且需要配合讨论的过程，也有利于不同国家的文化交流与融合。

## 一、英语电影字幕翻译的跨文化因素

英语是现今不同国家进行沟通交流的主要语言，不同于一般语言的枯燥无味，英语具备不同地域的不同特色，被赋予了特殊的灵魂，所以英文字幕的翻译工作不是简单的意译，而是涉及不同区域的文化输入。在文化全球化的大背景下，人们的文化意识不断增强，对不同文化的渴求度也在逐渐提高，虽然获取各国文化差异的技术发展迅速，但不可否认的是，如何解决区域间的文化冲突和差异是英语电影字幕译者亟待解决的问题。但在此之前，他们需要了解的就是英语电影字幕的跨文化因素。

### （一）文化背景及带来的影响

在不同的文化背景之下，译者对同一个语言的翻译不尽相同，如中国有句古话叫"谋事在人，成事在天"，因为中西方文化背景下"天"的含义不一样，西方信仰的天是上帝，也就是 God，所以在翻译的时候会译为 Man proposes, God disposes。而在中国，天就是老天爷，翻译时会倾向于使用 Heaven 这个词，也就是 Man proposes, Heaven disposes。这样直观地把两者进行对比就会发现，译者对某个词语的选词取决于他受到何种文化的影响。

### （二）翻译字幕的接受程度

以前，英语字幕的译者并没有受到大多数人的重视，大部分人关注的重点都在英语文本内容的翻译工作上，但是随着时代的发展，越来越多的人开始注重翻译过来的电影字幕，甚至有些电影字幕翻译的好坏将影响整体的观影效果，还决定着观众对电影内容的理解程度。译者在翻译英语字幕的时候，需要把观众的接受程度考虑在翻译之内。不同的人看待同一段话的理解不会相同，而产生不同理解的原因和他们所处的文化背景和所学知识有很大的关系。所以译者在翻译英语文本的时候，需要根据观众对同类型电影的理解能力来进行符合他们接受度的翻译，而不是仅仅着眼于翻译词句和运用修辞手法。

### （三）英语台词的文本考量

在对英文字幕进行翻译的时候，译者不是只遵循一种翻译原则，而是需要根据台词文本的不同属性用相应的翻译方式进行翻译。所以，译者在进行英语字幕翻译的时候，首先应该考虑对台词文本进行分析，找到合适的翻译方式，然后才开始进行翻译工作。根据英语台词文本的不同属性，大概可以分为两类：记录性文本和工具性文本。记录性文本注重的是台词内容所传递出来的最真实信息，这就需要译者在翻译过程中正确把控语言的灵活性，使翻译过来的内容更贴近原文意思，并在此基础之上适当地增减情节来加强事件的戏剧性表达效果。比如："He is a university student."原本的意思很简单，翻译成"他是一名大学生"，但是因为字幕的长度和影片中演员的口型以及配音的长度要尽可能地协调，所以译者需要对这句话进行适当增加，从而让观众有一个更好的观影体验。字幕翻译有一个不成文的规定，如果英语的句子有八个音节，在翻译的时候就需要八个汉字长度的中文与之匹配，所以在扩充"他是一名大学生"的时候，可以从 is 这个时态出发，因为是一般现在时，就加上"现在"这个词，最终翻译为"他现在是一名大学生"。这个翻译的长度和原句长度比较吻合，符合台词文本翻译的基本要求。另一种工具性文本翻译就是把原来的语言转化为目的性语言，从而让观众明白做这件事的意义所在，这种文本翻译的关键就在于能否完全忠实于原文，不会因为迎合大众的需要而改变意思①。

## 二、英文电影字幕翻译的策略

电影本身就是一门艺术，在将电影文本进行翻译的时候，不仅要实现语言文字方面的转变，更重要的是整个电影的语境也需要无误差转变，从而达到最终的翻译形式。进行英文翻译的时候主要有以下四个策略：删减、压缩、直译和意译。以下主要讨论删减和压缩的方法。

### （一）删减策略

电影的字幕有时会受到时间和空间的影响，这就需要译者根据实际情况对翻译内容进行删减，尤其是翻译有特殊意义的抽象词汇时，不能简单地进行逐字翻译，而是要根据台词的大背景以及译者对台词的理解能力进行删减，从而突出电影的核心故事信息，具体可分为缩减性和删除性意译。这两种删减策略顾名思义，缩减性意译是对原句中的某些词句进行精练之后再进行翻译，删除性意译则是删掉不影响原句意思的细枝末节的词汇，使翻译出来的句子更加通俗易懂。举个例子，电影《怦然心动》中有一句台词"He was so embarrassed that his cheeks turned completed red."，这里的 embarrassed 和 his cheeks turned red 有着同样的意思，就是因为害羞而脸红，这种翻译用到了缩减性意译的方法，简单明了地把这句话的意思表达了出来；另一个删减性翻译的例子"I...I absolutely, totally and unduly adore you and I just think you are the most beautiful woman in the world."，这里的 absolutely、totally、unduly 都是表示强调，在翻译的时候可以适当地进行删减，保留一个，如果要强调重复，可以用省略号来表达重复的次数，翻译成"我非常……崇拜你，你是这个世界上最漂亮的女人"。

---

① 苗兴伟、秦洪武：《英汉语篇语用学研究》，上海外语教育出版社，2010。

## （二）压缩策略

有时候翻译的英文是一个长句子，里面会涉及不定式短语和定语从句，这就需要译者把句子化繁为简，把长句子分成一个个独立的句子，然后对比相关信息进行组合翻译，使观众既能理解句子的意思，又能减少翻译的工作量。比如《呼啸山庄》中有句话"He's been using you, to be near me, to smile at me behind your back, to try to rouse something in my heart that's dead."，最后翻译成"他一直在利用你，利用你来接近我，还背着你对我笑，试图唤起我心中早已熄灭的感情"。这种翻译也是带有个人情感在里面的，通过这种翻译表达方式，可以让观众更能体会主人公在说这句话的时候所带的感情。

## 三、当今英语字幕翻译的特点

### （一）口语、现代语与流行语增多

例如《黑衣人3》中"There is no such thing as time travel."翻译为"你穿越剧看多了吧"。time travel这个词在剧中被译为"穿越剧"，这样翻译既符合原句的意思，也符合当今社会影视的潮流，观众在观看的时候也会觉得很有意思。再如《花木兰》中的"You mean loser？"，如果直译为"你说我是失败者"无法让观众了解主人公的真实感情，所以译者在翻译的时候可以借鉴现在的流行语翻译成"你说我很衰？"这些流行词汇是以娱乐消遣为目的，以最简单的方式获得大众的喜爱。像"Hey, we need a ride.""Pack your bags, we are moving out.""The truth is we are both frauds."这些都适合用流行语来进行翻译，可以依次译成："哎，搭个便车吧。""收拾行李，我们走人。""其实我们都是冒牌货。"这些翻译过来的字幕中"便车""走人"和"冒牌货"都非常地道，很容易被观众所接受。

### （二）"名人"名字的套用

在当今经济文化融合的时代，演艺明星和某些网络红人受到了越来越多的关注，很多电影的翻译也加入这一点拉近和观众的距离。比如"I don't want you to think of me as some sort of authority figure."被翻译为"你不要把我当成大明星周杰伦"。译者将"周杰伦"这个为大众所熟知的明星人物带入字幕翻译，不仅可以通过他身上的某种特质来表达电影本身需要达到的效果，更能引发观众的共鸣，还可以用轻松的文字内容博取观众的欢心。

综上所述，英文电影字幕翻译其实是一门学问。译者要有强大的词汇和文化背景知识，可以说是各国历史文化的见证者，同时，译者还需要紧跟时代的潮流，用最通俗易懂的方式进行文字翻译。毕竟在现今这个社会，字幕翻译得好坏将直接影响到观众的观影评价，译者还需要综合运用删减、压缩、直译和意译这四个翻译策略让观众能够身临其境，理解电影真正想要表达的意思，使他们在关注自身文化的同时可以感受其他国家的文化，从而促进各国文化的交流与融合。

# 第六章 跨文化英语翻译的意义

## 第一节 跨文化商务英语翻译

商务英语的规范性能够帮助国家实现两国间贸易上的合作，提高我国在国际舞台上的地位与魅力，对促进我国经济发展具有重要意义。本节就商务英语的翻译特征、文化差异对商务英语翻译的影响及合理的优化措施展开探究。

### 一、文化对商务英语翻译的影响

#### （一）风俗习惯对商务英语的影响

由于地理位置不同，全球各个国家的风俗习惯以及风土民情都具有很大的差异性。风俗习惯是受社会文化的特定性影响，进而形成具有一定模范性的人为活动。风俗习惯的形成都是经过漫长的历史洗礼得来，是一个民族文化的象征。譬如在中国，最典型的风俗习惯就是新年的传统节日——春节；而在西方国家，一般以圣诞节、复活节、感恩节为主。这些节日都能够很好地反映一个国家的风土人情，并且对人民群众的日常行为造成深远的影响。东方和西方由于地理条件存在巨大差异，导致两个地方的人民在思想、文化内涵上也存在很大的差异，同时对商务英语的翻译产生影响。例如，"龙"是中国传统文化的象征，它象征着高贵、吉祥。但由于西方国家对"龙"这个词的解释完全不一样，因此当"亚洲四小龙"出现时，我国翻译人员不能将四小龙直接翻译为 Four Dragons In Asia，这会让许多西方国家的人民难以理解，正确的翻译应该是 Four Asian Tigers（亚洲四虎）。这样的翻译能够让西方人明白其中的语境和意义。

#### （二）文化差异对商务英语的影响

由于历史发展的缘故，西方国家与中国存在非常明显的文化差异。如果贸易主体在进行交流的过程中没有注意其中的文化差异，当涉及文化方面的合作时就容易产生异议，不利于合作的正向进行。例如，对阿拉伯数字的使用情况进行分析可以发现，数字的含义与当地文化具有较强的联系。在中国，因为"4"这个数字与中国的"死"谐音而常常被避讳，如开发商一般将4楼改为3A楼。而西方国家对"4"这个数字往往没有讲究，反而对"13"这个数字十分忌讳，这也是因为西方文化对耶稣的敬仰。因此，在商务英语翻译过程中，译者应该尽量不用"4""13"这样的数字，从而辅助商务谈判顺利进行。

### （三）文化表达对商务英语的影响

中国与西方国家不仅在文化内涵上存在较大差异，在文化的表达上同样存在明显差异，甚至可以用相悖来形容。中国尤其是儒家文化圈通常以孔子的思想进行交流与沟通。子曰："由，诲女知之乎！知之为知之，不知为不知，是知也。"这句话是谦虚地表达自己的想法和建议。受儒家思想的影响，中国人通常会将自己的地位放低，提倡尊重他人进而表达看法。在撰写文章的时候，一般都以"浅析""浅谈"等非常谦虚的词语进行文章的论述，这凸显出我国"以礼待人"的传统美德。但在西方国家，他们在表达自身看法的时候，不会以自谦的方式进行，这主要源于他们自身对国家文化的认可，对自身文化的自信。例如，中国在签署合作协议时出于礼貌都会在文件中附加一句"本着双方平等互利的原则"，这在西方人眼里是可有可无的，因为他们认为这些都在法律的管辖范畴内，法律会根据事实来保证合作双方的合法权益，没必要在合同中出现。因此，在商务英语翻译的过程中，需要译者对中西文化差异深入了解，再使用规范的词语进行翻译，防止在交流过程中双方产生误会。

## 二、跨文化商务英语翻译的优化路径

### （一）加强对商务英语表达特征的了解

商务英语的表达特征一般表现为简明扼要、浅显易懂，具备自身特色的修饰以及生动形象。由于商务英语的使用范畴及对翻译内容规范性的要求非常高，这就需要商务英语翻译人员在日常生活和工作中加强对其表达特征的了解，才能在翻译中灵活运用。不同的贸易活动具有不同的翻译标准，为此，翻译人员需要根据不同的活动内容选择合适的表达特征进行翻译。在熟悉商务英语的表达特征之后，还需要对与商务英语有关的文化背景进行了解和掌握，对其中的主要句式及写作风格深入研究，进而准确把握其中的语境，以便于我国与西方各个国家进行更好的交流与合作。

### （二）充分考量文化因素对商务英语翻译的影响

由于每个国家都存在独特的文化和历史，导致相同的内容在不同的文化背景下翻译出来的意思也会出现差异。因此，需要翻译人员在进行商务英语翻译之前，对其他国家的发展历史及文化背景进行研究，对他们的风俗习惯有一定的了解及掌握，确保能够充分理解对方在贸易交往中所表达的意思，并且将内容准确地翻译出来。首先，翻译人员需要充分考量文化因素及风俗习惯对英语翻译的影响，尽可能对中西方文化差别详尽了解。其次，在翻译之前需根据谈判事项的翻译内容提前做一些准备，尤其是贸易主体的文化背景及风俗习惯，争取做到我方国家"入乡随俗"，保持友好、融洽的沟通方式。最后，专业翻译人员在英语翻译过程中还需时刻注意对方表达看法及建议时的语音语调，准确拿捏对方表达的情感及意图，从内容到情感逐一进行翻译，为两国顺利开展贸易活动提供专业性保障。

### （三）根据贸易活动的语境进行英语翻译

语感在学习英语的过程中占有重要地位，而语感的培养一般来自对语境的准确分析。在国际贸易活动中，翻译人员需要根据语境进行分析判断并做出准确的内容翻译，进而提高英语翻译的质量。无论是汉语还是英语，或是其他国家的语言，很多词汇在不同的环境下代表的含义也会发生改变，甚至会衍生出新的释义。例如，new balance 这个品牌用最直白的翻译方式可以直接音译为"新的平衡"，但在中文语境中"新平衡"明显失去了它所要表达的真正含义以及词语的辨识度，不如"新百伦"更能体现产品的高贵品质，更符合目前中国消费者的审美，因此新百伦自然赢得广大消费者的青睐。在跨文化的背景下，商务英语翻译人员必须充分了解语境，根据不同的语境将词汇赋予新的含义，避免因为语境理解有误而导致翻译不当的现象发生。

### （四）加强贸易活动中专业术语的词汇量

相比于其他类型的英语翻译，专业英语翻译在专业性及严谨性方面都表现得比较强。从事商务英语翻译的工作人员除了需要具备日常生活英语的词汇量外，还需要积累大量的专业术语来协作完成商务英语翻译。首先，翻译人员需要积累大量的专业名词并对其进行准确的翻译，同时要对积累的专业名词进行归类划分，在不同的贸易活动中使用不同的专业术语，以保证翻译的专业性和准确性。其次，某些英语词汇是一个国家特有的，在其他国家可能并不存在。对此，翻译人员在开展翻译工作之前需要进行资料的搜索，根据商务英语翻译的特点进行准确翻译，尤其是那些在贸易活动中出现频率特别高的词汇，才能保证贸易合作的正常进行。

综上所述，商务英语在贸易活动中占有主导地位，是国际活动主要语言形式之一，对国际贸易的顺利进行具有非常重要的作用。而商务英语翻译可以快速推动我国国际贸易的发展，促进多边国家贸易合作，是帮助我国实现中华民族伟大复兴的助推剂。因此，翻译人员必须从跨文化的视角出发进行商务英语翻译，根据不同国家的文化背景将贸易主体的中心思想准确表达出来，同时翻译人员还需要考虑地区的文化认知、语言表达以及思维方式等多方面因素的差异，这样才能使翻译工作变得更加轻松、顺利。

## 第二节　英语翻译教学中跨文化交际能力的培养

随着人类社会交往越来越密切，跨文化交际的现象逐渐变得普遍和常态化，跨文化交际的需求也在不断地增大。作为交流途径的一种，翻译也显得尤为重要。

### 一、翻译与跨文化交际的差异

人类共有的感知能力既有共性，也有个性。在翻译的过程中，跨文化交际出现的差异性导致翻译障碍是必然的。民族性的文化给翻译带来了一定的困难和障碍，如名言和谚语。不同的民族根据自身的自然环境、宗教信仰、生活习惯和民族心理等多种关系密切结合，凝结了自身智慧的不断传承，承载了丰富的文化信息和文化内涵。

思维模式的差异是人脑对客观现实的反应和反射功能，是人类对世界的一种认知能力，它不仅具有共性，也具有强烈的个性。也是由于这种思维个性形成意识上的差异，人们对知识的来源和能否有条理清晰的思维方式产生了差异，考虑角度的不同，还有语言自身的复杂多样，构成了不同民族和国家之间文化上的交往障碍。例如，表示"勉强别人去做他不能做或不愿做的事情"在汉语中可以说是"强人所难"或者"赶鸭子上架"，在英语中会翻译成"Drive a duck onto a perch."。再如，英语中的"Love me, love my dog."在汉语中可以翻译为"爱屋及乌"，法语为"爱马丁的人，也爱马丁的狗狗"。由此也可以看得出，在不同的民族与不同的国家，尽管思维内容有很多的相同之处，但由于思维的差异，在整个翻译的过程中，跨文化交际也有着很大的差异。

语言文化的差异性，其实有些时候是受声像化、物质化、民族意识、地域化、社会化等因素影响的。例如，"花生"在汉语中除了作为食物名词之外，在结婚的时候送上花生就寓意着希望新人早生贵子，在升学考试的时候则寓意着步步高升，对生意人来说则寓意着升官发财，这就是语言文化中由于声像化导致的文化差异。再如，"天地"在汉语中象征着至高无上，像是历朝历代只有皇帝才可以祭拜天地，夫妻新婚时要互拜天地；农民在耕作的时候要面朝黄土、背朝天；在悲怨、感觉走投无路时会大喊"老天啊"，这些都是天道观的反射。而英语中的 God 代表着至高无上的神，也就是上帝，他主宰并给予了人们一切，这是语言中的文化差异。

## 二、翻译与跨文化交际的阐释与融合

跨文化意识就是要求译者对不同文化之间的差异和冲突具有感觉的敏锐性、理解的科学性和处理的自觉性。也就是说，对于在跨文化交际翻译的第一轮交际活动的参与者来说，译者的跨文化意识是其进行成功翻译的关键之处。有学者就此认知专门细分出了四个层次：第一，是不理解与自己有别的不同文化的表面文化现象的认知；第二，对于与自己文化背景相反，是不可思议又缺乏理念的文化认知；第三，通过理性认真的分析之后，对不同文化的文化特征得以认知；第四，要求交际者在充分、理性地认识不同文化差异的基础上，让自己移情融入文化当中去，让自己设身处地感知别人的际遇和感受，完全走进对方的心境，在与自己完全不同的文化背景下观察、学习、思考和认知。

译者的跨文化意识中要有对原来语言文化的意识；要对不同文化有所意识；要对自己翻译的策略方法有解释的能力。这些不仅是进行良好翻译的基础，还是使跨文化交际有效进行的必要条件。

归化作为翻译的一种策略，主张是降低接受者的接受难度，将原著或源语言中文化的异类成分进行牺牲，也就是要将其大量的、宝贵的并且极具有价值的附载信息进行消除，从而转化为即将翻译的语言文化中被人们非常熟悉并且认知的内容。异化作为与归化相对立的翻译策略，其主张在翻译的过程中要以原著或源语言文化为根本归宿，不怕造成很多接受者对译文的接受难度及陌生、不通畅感，更加在意的是可以保留原作者的真实情调，使读者充分地欣赏、学习并借鉴到自己的母体文化当中来，以丰富本国的文化，促进交流发展。

随着文化的交汇融合和全球性发展，人类的交往及学习沟通方式也越来越全面，人类对文化的多元化已经有了充分的认识和包容。当民族文化不断被其他民族了解和接纳，甚至吸收，翻译将变得开阔而清晰，翻译与跨文化交际的畅通性不再是不可能。

# 第三节 跨文化交际中科技英语翻译的语用失误

随着社会、经济和科技的发展，中西文化交流与合作日益增加。自20世纪50年代开始，科技英语慢慢地成为一种专门用途英语。科技英语有着文体简洁、逻辑严谨、语言紧凑的特点，词汇中含有大量的专业词汇及术语，句子中多用一般现在时态和被动语态。

由于英汉语言在文化形态、表达习惯和认知模式等方面都存在较大差异。科技英语翻译常常会出现跨文化和跨语言的语用失误，这些语用失误严重地影响了翻译效果。所以，了解和分析跨文化交际中的语用失误问题，避免科技英语翻译中的错误和译文的语用失误现象非常有必要。

## 一、语用学与科技翻译之间的联系

20世纪90年代出现了把语用学和翻译结合起来的语用翻译理论。国内外学者对有关语用翻译的研究也逐渐增多。在西方，代表人物有哈蒂姆、梅森、奥尔森、卡瓦西克、昂格尔等学者，他们应用相关理论对翻译进行了研究；在中国，何自然、钱冠连、刘祖慰、吴议等学者在语用和翻译的结合研究方面亦有不少研究。张新红等人认为："语用翻译是指从语用学的角度探讨翻译实践问题，即运用语用学理论去解决翻译操作中涉及的理解问题和重构问题、语用和文化因素在译文中的处理方法以及原作的语用用意（pragmatic force）的传达及其在译作中的得失等问题。"语用翻译的目的是要把原文的语用用意在译文中准确地翻译出来，让译文与原文意思一样。语用翻译一定要注重语言在特定语境中的语用用意和目的语与源语的语用等效。如果不能实现语用上的这种等效，翻译就会出现语用失误。

语用学研究语言的使用与理解，既研究发话人利用语言和外部语境表达意义的过程，也研究听话人对发话人说出话语的解码和推理过程。语用学研究的不是抽象的语言系统本身的意义，而是交际者在特定交际情景中传达和理解的意义以及理解和传达的过程。翻译研究则是探讨译者解读原文、在译文中重构原文意义的学问。语用学和翻译学的研究对象都是语言理解和语言表达，两者都关注语言的目的。

## 二、科技英语翻译在跨文化交际中的语用失误原因

英汉科技翻译独具特色。科技英语的文体、语言、交际目的等因素决定了科技英语的文本意义不会有过多的言外之意，科技英语翻译的标准应是精确、通顺。但英汉两种语言存在较大的差异性，翻译时难免会引起语用失误，而且科技英语是不断发展变化的，在跨文化交际中科技英语翻译语用失误产生的因素主要有以下几个方面。

### （一）单词字面意思引起的翻译失误

译者翻译时没有充分考虑词语的具体语境，没有传达出单词在文中隐含的语用用意；翻译时只片面地注意词语的字面意义，而忽视暗含意义，因而造成误译。词语的语用意义是词语在实际运用时所蕴含的意义，它与词语的语境密切相关。

Rivers provide good sources of hydropower.

误：河流可以提供好的水力资源。

正：河流具有丰富的水力资源。

good 一词表示"好"，但"好"在哪里？译者应根据具体情况翻译，使句子意思更加清晰。good sources 翻译为"丰富的资源"就比较贴切。

### （二）文化差异的影响引起的翻译失误

中国是东方文明古国，受儒、道、佛学的影响很深；而西方一些国家大多信奉基督教。科技英语翻译在跨文化交际中，不可避免要接触这两种文化。两种文化的差异越大，科技英语翻译在跨文化交际中就越困难。对目的语文化的了解程度如何，是科技英语翻译在跨文化交际中能否顺利进行的一个至关重要的因素。翻译时要重视文化因素，科技文章中的翻译都带有一定的文化特征。忽视了文化因素，会成为科技翻译交流的障碍。

有许多话题是中西方人都能接受的，如个人业余爱好、节假日、天气、职业、电影或书籍等。在跨文化交际中，如果交际双方只顾遵循自己的说话方式，就会打破对方的说话规则或习惯，影响交际的顺利进行。因此我们要了解文化的差异，防止翻译中的语言失误。

**Have faith in me, please. I can separate the sheep from the goat.**

误：请相信我，我会区分绵羊和山羊。

正：请相信我，我会区分好坏的。

如果了解的话，就会知道 separate the sheep from the goat 是出自圣经的一个典故，sheep 和 goat 在英语中具有不同的含义，分别表示好人和坏人，所以常用这个短语来表示区分好坏。

### （三）思维方式和价值观不同引起的翻译失误

民族的语言表达与其思维方式有关，在国际交往中值得注意。西方的思维方式主张"人物分离"，崇尚个体思维，认为整体只有在个体对立中才能存在。西方人的思维场在"同"中求"异"，从小到大，从未知到已知，突出人作为一个独立个体的主观作用。思维场以主题为中心，主客体界限分明，惯于逻辑思维、抽象思维。反映在语言上，西方人有"重形和"的特点。而中国人有"重意和"的特点，在语言中多用非人称主语和被动句，很少省略主语。中国人的思维方式偏重形象思维。中国人追求"天人合一""物我交融"，注重"心领神会"的个人感受，习惯在异中求同；倾向于整体思维和情感思维，从大到小，从已知到未知，从实际出发，注重主客体融合。语言中多用无主句和主动语态，连词少用，文章讲究对称与和谐的完美。例如：

Now, parents can have god-like powers over their children's online lives viewing everything the kids do as they surf or chat, and immediately stopping any activity that the parents is approve of.

译：如今，在掌控孩子们的网络生活上，父母简直具有上帝般无所不能的能力。他们可以看到孩子们网上冲浪或聊天的一切内容，并马上阻止任何他们不认可的行为。

按照西方人的思维，上帝是无所不能的，但中国人不这么认为。译者翻译时添加上无所不能，就能表达出原文的含义。

### （四）表达习惯不同引起的翻译失误

科技英语当中，常用无生命的事物或抽象名词做主语，谓语由行为动词来充当。而在汉语中，无生命的事物或抽象名词是不能用行为动词来做谓语的。译者在翻译时要考虑汉语的表达习惯，否则就会造成语用失误。有时汉语和英语在特定的语境中都有自己习惯的表达形式，在科技文章中经常使用若干特定的句型，如被动语态结构句型、分词短语结构句型等。在翻译中，我们要注意区分英汉两种语言的不同表达，才能准确地表达原文的信息和用意，减少语用失误的产生。同时要灵活运用各种翻译方法和技巧，并非"硬译""死译"。例如：

Heat from the sun comes to us by radiation.

误：太阳的热量通过辐射到达我们。

正：太阳通过辐射给我们以热量。

The engine has given a consistently good performance.

误：这台发动机一直给出好的性能。

正：这台发动机的性能一直很好。

两句的谓语动词 comes to、has given 在误译的句子中都被直译出来，结果译文意思很别扭。正确的翻译应符合汉语的表达习惯，消除语用失误。英语中完美的搭配如果直接移植到汉语中来，往往会产生语用失误。

### （五）专业知识缺乏引起的翻译失误

科技英语翻译指文学、社会科学翻译以外的专业翻译，是结合某具体学科专业与语言学、翻译学等各种知识的综合性工作。科技英语内容广泛，涉及各个学科。科技翻译的基础是专业知识，对专业知识不了解、忽视专业知识与语言知识会直接影响翻译的顺利进行。没有专业知识做基础，翻译会逻辑混乱，信息点表述不清，甚至发生翻译失误现象。例如：

All the various losses, great as they are, do not in any way contradict the law of conservation of energy.

误：所有这些各种各样的损失，虽然很大，却并不都是和能量守恒定律有矛盾的。

正：所有这些各种各样的损失，虽然很大，却丝毫不违背能量守恒定律。

从语法角度讲，翻译完全正确。但只要稍微有一点科技知识的人都知道能量守恒定律是无条件的，没有任何形式的能量损失违背这条定律。

## 三、克服翻译中语用失误的措施

### （一）加强语言的文化学习

语言能力、语用能力、交际能力和文化能力是相辅相成的关系，因此学生在语言学习的同时要加强学习文化，这是语言学习中不可分割的一部分。要做到有计划、有目的、有步骤地了解所学语言的国家的文化和风土人情。在翻译理解的过程中，要注意结合交际情景、原文的文化背景和推理习惯，充分理解原文意义，注意结合文化背景知识和读者的推理习惯来准确翻译出原作者的意图。翻译时还要注意原文与译文之间的差异，避免导致译文读者对原文意思传达的含义异解或曲解，减少文化差异引起的翻译失误。

### （二）提高自身的文化意识和文化素养

多接触所学语言国家的文化，了解他们的风俗历史、宗教信仰、思想价值观念等，培养文化意识，提高文化素养，把自己置于英语语言和英美文化中，力求消除跨文化交际中翻译的障碍。

### （三）加强科技英语教学和科技翻译教学

教师在英语课程教学安排中应加入科技英语和科技翻译内容，讲授科技英语的特点、科技文章的写作风格、科技文章的用词特点、特有的构词方式以及科技翻译方法、科技翻译技巧等等。

### （四）加强英语知识、科技知识及汉语知识的学习

科技英语翻译要求译者要有扎实的汉语语言功底和超强的英语语言能力，也要精通科技知识，掌握科技发展的前沿动态。从事科技英语翻译的人需要具有相当程度的这三方面的知识，否则就很难做好翻译，不能达到科技英语翻译的目的。

为了减少科技英语翻译中的语用失误，我们不仅要加强语言的文化学习，不断提高自身的文化意识和文化素养，加强科技英语教学和科技翻译教学等，还要了解科技英语翻译的独特特点，从而保证科技英语翻译准确恰当，做到既忠实原文，又通顺流畅，让翻译达到预期的效果。

# 第四节　跨文化英语翻译中的文化意义

本节从翻译中的文化意义出发，揭示文化翻译的翻译策略。翻译中的文化意义既包括宏观文化意义，又包括微观文化意义。文化翻译的翻译策略包括图像、模仿、置换、阐释和淡化等。通过分析这些文化意义及其在翻译中的表现，得出文化翻译的翻译策略是一个开放的系统，从文化客体的翻译到文化自我的构建，就是文化翻译的辩证法。

语言是人们日常交际的工具，也是文化的载体，在人际交往和文化交流中扮演着十分重要的角色。英汉翻译是在英语原文意思基础上用汉语替代英语的活动过程。翻译结果既要符合原意，又要确保内容、思维完整。事实上，英汉翻译是一种跨文化的语言交流活动，它要求译者熟识英语、汉语两种语言体系及各自的文化背景，了解它们之间的差异。只有这样才能确保翻译的内容精确无误，也才符合学习者的实际需求。想要成为一名优秀的英语翻译工作者，必须了解跨文化视角转换。

语言和文化历来息息相关。语言是文化的载体，文化又推动了语言的发展。英国翻译理论家苏珊·巴斯内特（Susan Bassnett）曾说：正如外科大夫在进行心脏手术时，不能不顾及身体其他部分；翻译在进行语言转换时，也不能不顾及文化。因此，翻译不仅是两种语言之间的词汇指称意义的转换，更是文化信息的传递。因此，翻译本身就是一种跨文化的交际行为。

任何一个国家的文化，从创始之初，就不可避免地受到外国文化的影响。"人类文化从整体来说，是各国、各民族文化汇聚、交流的产物。"文化交流必须借助翻译，在翻译的过程中，两种文化进行双向交流，既相互影响，也相互制约。翻译同时反映了一定的意识形态，并在一定程度上影响着文化系统的发展。

## 一、翻译中的文化意义

跨文化翻译的目的在于翻译传递文化信息的文化意义。意义既是翻译的出发点，也是终点。文化意义有两个层面：① 宏观文化意义；② 微观文化意义。宏观文化意义指包括语法意义在内的所有文化信息；微观意义则指语言的单词、词组、句子、段落和文化思维等层面。在进行翻译活动时，我们既要传递微观文化意义，也不能无视宏观文化意义，因为后者体现了语言的异质性。

### (一)宏观文化意义

人类语言有同质性,也有异质性。跨文化翻译重点研究由于文化差异而表现出的异质性。语法意义和词汇意义都是表达意义的手段。在语法的层面上,宏观文化意义讨论如下问题:

1. 主语和主题

在汉语中,主语的主题性要比施事性常见得多。例如:① 胡大妈死了两只狗;② 海水不可斗量;③ 三个月不到赚了1000元。在这三个句子中,"胡大妈""水"和"三个月"并没有施动,发出"死""量"和"赚"的动作,而只是引出句子的主题;真正的主语在动词之后,甚至隐含不出现。而英语是SV(主谓结构)语言,因此以上句子的英译分别为:① Two of Aunt Hu's dogs died.(SV);② The sea cannot be measured with a bushel.(SVA)/Sea water is immeasurable.(SVC);③ 1000 *yuan* is earned within three months.(SVA)

2. 汉语中虚词的文化功能

汉语中存在大量虚词,这也是体现汉语异质性的标志之一。例如在《离骚》中,除了最常用的"兮"之外,还有"之、以、于、夫、与、其、而、乎、此"等虚词。

### (二)微观文化意义

微观文化意义不关注语法意义,而是关注单词、词组、句子、段落等层面,这也是本节的研究重点。语言的微观文化意义通常由四种方式体现,即象形、映射、折射、暗示。

1. 象形

象形是一个单词形成文化意义的最基本方式,它可以直接描述该单词所指代实体的形象。中国的象形文字就属于这种方式,如古文字"刀""弓""血""鼎"都可以从字形看出实物的原形。但是在现代汉语和英语中,这种体现文化意义的方式已经很少见了。

2. 映射

映射表示不同地域、人种、阶层、职业的文化特征间接反映在语言的不同层面上,从而产生文化色彩。文化通过映射可以影响语言的发音、词汇、语法等,使它们具有鲜明的文化特色。

以英语发音为例,美国黑人的音素有着明显的文化特征。例如,在the、then、that、those、these这些词中,th- 的发音接近于辅音 /d/ 而非 /θ/;然而在with、both、birth这些词中,即"th-"位于词尾时,它的发音又近似于 /f/。在美国黑人的发音中,另外一个值得注意的音素是 /r/,它往往被省略掉。如during被发成 /ˈdjʊərɪŋ/,而star的发音是 /stɑː/。有学者曾经做过一项著名的关于音素 /r/ 的调查,调查显示,一个人所处的社会阶层越高，/r/ 的发音就越明显。

词汇中的文化色彩也可经由映射反映出来。例如，在 the macaroni club 这个短语中，macaroni（通心粉）源自意大利语，在 18 世纪中期，它被视作昂贵的美食，所以 the macaroni club 也具有了附加的文化含义，指代上流社会的某个群体，翻译成"浮华世界的浪荡公子小圈子"。再如 bog trotter 一词，bog 意为"沼泽"，爱尔兰是一个多沼泽的国家，因此该词被用来指代"爱尔兰人"，someone straight from the bog 指的是"货真价实的爱尔兰人"。而在短语 march to the beat of a different drummer 中，西方有游行时击鼓的习俗，如果有人不跟着鼓的节奏前进，便是一个"不随大流、不随波逐流"的人。从以上例子可以看出，短语是映射文化色彩的主要语言层面，被映射的短语的文化含义可以通过分析字面意思得出。

3. 折射

在折射中，语言的文化背景和真实含义之间的距离更加遥远，很多短语已经不能通过字面意思来解释了，而要用到另外一些方法，如推理、延伸、演绎等。例如，在单词 Paddy wagon 中，Paddy 源自爱尔兰人的名字 Pad rick，而在美国工作的爱尔兰人后裔中，很多人在警察系统工作，所以，Paddy wagon 就有了"囚车"这一微观文化意义。再如，the ghost walks 并不是字面意思所传达的"有钱能使鬼推磨"，这一短语的文化意义来自莎士比亚的《哈姆雷特》。在 19 世纪的曼彻斯特，一个莎士比亚剧团不付给演员工资，演员便计划罢工。在出演《哈姆雷特》中鬼魂现身一幕时，扮演鬼魂的演员喊道："No, I am damned if the ghost walks any more until our salaries are paid."《世界图书词典》(*The World Book Dictionary*) 据此给出例句："This is the day the ghost walks."（今日发薪）。因此，the ghost walks 通过间接折射获得其文化含义，即"发放薪金"。

不仅英语如此，在汉语中也存在着大量俚语、习语、成语，应该通过折射获得其微观文化含义。

4. 暗示

通过暗示获得的文化意义最间接、最隐晦，语言的文化背景和真实含义之间的距离也最遥远。因此，词汇或短语的文化意义往往与字面意义大相径庭。

例如，在英语中存在着很多表达英国人对苏格兰人和爱尔兰人的负面情感的说法，not give a rap 即是一例。rap 是爱尔兰的古代货币单位，面值仅为便士的八分之一，因此被用来指代毫无价值、不值一提的东西。所以该短语可以翻译为"毫不介意"。再如 ballyhoo 一词，源自爱尔兰科克郡的一个村庄名称，该村庄的村民经常酗酒取乐，所以 ballyhoo 被用来指责那些骗子和吹牛者，译为"鬼话连篇"或"自吹自擂"。如果我们不知道这些说法后面的背景故事，就无法正确理解和翻译它们的文化含义。

## 二、跨文化翻译策略

跨文化翻译策略有很多，最常见的有图像、模仿、置换、阐释、淡化等。

### （一）图像

图像指通过直接感官来翻译文化含义，包括图片、形式、图案等手段。例如中国功夫的一招一式都有其独特名称，如果仅凭文字翻译，恐怕还是不能直观展示这些招式的含义，如果辅以图片，其形象就一目了然。

### （二）模仿

模仿是在翻译时尽量模仿源语的文化含义，即通过直译来保留源语的文化含义。这种方法借助人类共同的通感，在两种语言文化之间起到了互相联系和补充的作用。因为忠于原文，模仿也一直是跨文化翻译的主要手段。比如，太极拳中的基本姿势名称即可通过这一策略来翻译：

虚步 empty step；双手勾 hook hands；提膝 bring up knee；弓步 bow step；金铰剪 gold scissor's winding；盘腿跌 sideway falling on a twisted leg。这样，通过模仿翻译，太极拳招式的原汁原味得以最大限度地保留。

但是译者在使用模仿策略时，也要注意两条原则：第一，尽可能简洁。通常来说，好的翻译总是简短而准确的，如果模仿翻译造成了冗长累赘的译文，则不宜采用。例如，"湘荷甘塘水鱼云裳裙边煨细皮五花"是湖南省的一道菜肴名称，长达15个汉字，尽管原名含有浓重的地方特色和文化风味，但在翻译时还是应尽量简洁易懂，如 calipash and calipee（甲鱼裙边）便是在尽量少牺牲文化含义的前提下的通达译名，因"甲鱼""裙边"本身就很有中国文化特色。第二，注意语言恰当。如果直译译文和源语不协调甚至产生歧义，也是不可接受的。

### （三）置换

置换是一种更开放的体系，有着无尽可能性，它主要通过改变源语的遣词来达到翻译目的。例如：

He that lies down with dogs must get up with fleas.

a. 与狗在一起睡的人身上必定有跳蚤。b. 近朱者赤，近墨者黑。

Love me, love my dog.

a. 爱我，就爱我的狗。b. 爱屋及乌。

between cup and lip

a. 杯唇之间　b. 功败垂成之际

Let them eat cake.

a. 让他们吃蛋糕好了。　b. 何不食肉糜？／别人的事我可管不了。

以上各句中，a译为模仿，b译为置换，不难看出，置换译法在此处更合适、更自然，也更符合汉语习惯。

## （四）阐释

阐释是通过解释说明的方法来化解源语中的文化障碍，也是"不可译"时的策略。它通常使用句子而非词或短语，来解释说明文化内涵。例如，中国古代哲学中的"阴"和"阳"可以通过阐释的方法进行翻译：yin: an inactive force derived from the activity which reaches its climax（动极而静，静而生阴）; yang: a force derived from the dynamics of the Great Ultimate brought into action（太极动而生阳）。

阐释不仅可以传达文化内涵，也能帮助消除不同语言之间的文化差异和障碍。再看这首李白的《玉阶怨》：

玉阶生白露，夜久侵罗袜。却下水晶帘，玲珑望秋月。

埃兹拉·庞德（Ezra Pond）在翻译这首诗时，就增加了很多解释的部分（见NOTE）：

　　The Jewel Stairs' Grievance

The jeweled steps are already quite white with dew,

It is so late that the dew soaks my gauze stockings,

And I let down the crystal curtain,

And watch the moon through the clear autumn.

NOTE: Jewel Stairs, therefore a palace. Grievance, therefore there is something to complain of Gauze stockings, therefore a court lady, not a servant who complains. Clear autumn, therefore she has no excuse on account of weather. Also she has come early, for the dew has not merely whitened the stairs, but has soaked her stockings. The poem is especially prized because she utters no direct reproach.

## （五）淡化

淡化是去掉源语中的文化含义，也是跨文化翻译的终极手段，它被广泛用于习语翻译和文学作品翻译；诚然，淡化会造成一些形象化比喻的缺失，但也是"没有办法的办法"①。以下汉语表达就是"比喻性习语+'办法'"的结构：

蚂蚁搬家的办法（do sth.）in a small way

打铁趁热的办法 lose no time in（doing sth.）

一刀切的办法（do sth.）indiscriminately

打一枪换一个地方的办法 change one's way every time（he/she dose it）

以上翻译采用淡化的策略，固然丧失了源语中形象的比喻，但如果采取模仿"硬翻"，则显得不伦不类；而采用置换，又很难在译出语中找到现成的对应比喻。因此，淡化也不失为减少累赘和别扭感的有效策略。

翻译一定会涉及对宏观文化意义和微观文化意义的理解，通过分析文化意义在翻译中的体现，我们可以找到更多的翻译策略。由于翻译中的文化信息是由人来解读的，翻译策略也是一个开放的体系；对人本的关注，将有助于实现从文化客体的翻译到文化自我的构建，从而使我们更深入地研究翻译中的文化信息，并将翻译提升到审美的高度。

## 第五节 跨文化文学作品翻译的人际意义

优秀的文学作品通过翻译在全世界广泛流传，以飨各国读者，文学作品的翻译也就承载着实现作者和目的语读者之间的跨文化交际的重任。从功能语言学的一个重要的概念——人际意义的角度考察文学翻译作品，可以发现人际意义的成功传译对译文的质量起着决定性的作用。韩礼德的功能语言学将语气和情态作为构成人际意义的主要成分。随着系统功能语言学的发展，人际意义的理论框架不断完善，许多实现人际意义的形式为人们所认识。以系统功能语言学的人际理论为基础，在语气、情态、评价和称谓语四个层面中对文学作品翻译人际意义的跨文化建构问题进行描述和解释，将对文学作品的翻译有所启示。

功能语言学把语言看成是社会符号系统和意义系统，它将语言的功能概括为三大纯理功能：概念功能、人际功能和语篇功能。这三个功能是语言意义的三个方面，在交际中同时发挥作用。韩礼德曾指出，他建构功能语法的目的是为语篇分析提供一个理论框架，这个框架可用来分析英语中任何口头语篇或书面语篇，其中也包括译作。其实，翻译也就是在译入语中建构连贯的语篇，将源语篇所表达的概念意义和人际意义现实化的过程。虽然概念功能承载了文学作品的主要内容，但人际功能的成功传译无疑对译本的

---

① 黄鹏鸣：《功能对等视角下英语体育新闻汉译策略研究——以美职篮英语新闻为例》，《新闻研究导刊》2017年第8卷第8期。

质量起着至关重要的作用，因为文学作品中的人物刻画以及其中复杂的人物关系都体现于语言的人际功能之中。

## 一、人际意义概述

语言除了传递信息、表达概念意义之外，还具有反映交际角色并表达讲话者身份、地位、态度、推断、评价和协商等的人际意义。例如：

Might I ask you if you could recommend a couple of nice books on taboo language?

显然，这句话的内容，亦即概念意义，是请求对方推荐几本关于禁忌语的书。但是 Might I ask you 是用来跟对方礼貌地协商，而不是谈论客观世界中的事情；could 也并非指"推荐"这一行为本身，而是指说话者对受话者"推荐"的可能性所做的判断和估计；nice 表达了说话人对禁忌语这一类书的判断或看法，这些都属于人际意义的范畴。除此以外，说话者选择了疑问句来表达人际意义，而不是祈使句或陈述句。这句话的概念意义和人际意义分析如下：

内容（概念意义）：you recommend books on taboo language.

互动（人际意义）：might I ask you if ,could, nice?

如前所述，这句话的概念意义是请求对方推荐几本关于禁忌语的书，其英语表达形式还有多种选择，在此不一一赘述。选择就是意义。在众多语言潜势中，说话人采用何种表达方式，其中有出于语篇衔接的考虑，但更多的是考虑人际意义表达的需要。因此，人际意义是整体意义中的一个非常重要的方面，在翻译中应尽量传达，使译文读者对原文的语言特征和文化特色有所了解。

在韩礼德的功能语言学中，语气和情态是人际意义的主要成分。人际意义中的语气系统承担着小句作为交流的功能，从而使语篇具有了对话性，受话者对命题的有效性可以表示接受或提出异议。情态是讲话者对自己所讲的命题的有效性和实施可能性的判断，情态的高、中、低三种量值分别代表命题的不同意义。

随着功能语言学的发展，人际意义的理论框架不断完善，许多实现人际意义的手段为人们所认识，如语气、人称、态度、评论、词汇语域、时态和语调系统。当我们讨论人际意义时应该超越小句的限制，不仅把人际意义理解为作者和读者之间的关系，也理解为作者的话语中的多种声音和读者的关系。在文学语篇的翻译中，交际事件不仅涉及作者和读者，还涉及译者和目的语读者的关系，因而建立语篇人际立场的一个重要策略就是巧妙地安排显性的和隐性的评价，从而使译文读者能同意译者对文本的重建。称谓语是小句的剩余部分，可以直接反映讲话者与受话者之间的人际关系。

好的译文应该同时实现原文的概念意义、人际意义和语篇意义。由于语言和文化的差异，有时候译语不可能完全忠实、对等地再现原文的所有意义。

## 二、文学作品翻译中人际意义的传达

### （一）语气系统与人际意义的跨文化建构

功能语法把语气作为人际意义的主要成分。不同的语气分别执行不同的交际功能，表达不同的人际意义。语气作为人际意义的"句法"具有互动的基础，说话人为自己选取了一个言语角色，也为听话人分派一个互补的角色，每一步都是通过语气的选择来实现小句的四个言语功能——提供、陈述、命令、提问。例如：陈述句通常表示陈述，疑问句用来提问，祈使句表示"命令"；而"提供"则可以通过各种句式来体现，如陈述句、疑问句或祈使句。语气的选择有建构身份的作用，选择因文化差异而呈现动态的过程，译者为了正确再现作者本意，可能在翻译中改变原作的语气。如：

例1：你若不嫌少，就暂且先拿了去吧。

译文：Take this for the time being to make some cloth...

例2：天也晚了，也不虚留你们了，到家里该问好的问个好吧。

译文：Give your regards to everybody who ought to be remembered when you come back!

例3：Please tell me about it and you can explain what I don't understand.

译文①：我不懂的地方你解释给我听。

译文②：我不懂的地方你可以解释嘛！

译者在翻译出译文之前必须识别原文的语气类型。例1和例2的情景语境是刘姥姥初进荣国府拜见王熙凤的场景。王熙凤对刘姥姥说话时语气是轻软的，态度是热情的。但语气词"吧"的连续使用则有效地体现了双方人际互动中的不同身份，故而霍克思用了祈使句来翻译这两句话，这样译文就执行了王熙凤命令和要求别人按其意愿办事的言语功能。如果译者一味遵从原作的陈述语气（直译），则无法刻画凤姐的冷漠和高傲，也无从体现她高高在上的权势和地位。同样地，例3的译文②和原作的语气也不对等。这是《飘》中女主角斯嘉丽对其准妹夫弗兰克所说的一句话。斯嘉丽得知弗兰克事业小有成就之后立即动了勾引他的心思，因此她跟弗兰克说话时总是温言细语，极尽女性的娇柔和妩媚。比较译文①和译文②，很明显可以看出译文①的语气虽然跟原文相符，但显得生硬，还带有命令的口吻，这跟原作是大不相符的。而译文②以感叹句式取代祈使语气，女性的娇俏形象跃然纸上。

## (二)情态系统和人际意义的跨文化建构

情态系统与语气系统一样,也是人际意义的重要组成部分,表达了对命题的"态度"。情态系统是介于肯定和否定两极之间的意义领域,它的高、中、低三个值明晰了交际主体间的人际关系。情态的表达形式有多种,如情态动词can、may、must、will、would、should等,副词certainly、probably、likely等,形容词certain、possible、probable等及其名词化形式certainty、possibility、probability等。情态也可由小句来表达,即韩礼德所称的"隐喻",如I'm certain、I think、I'm sure、I suppose等。所有这些词或小句都带有说话者对信息的倾向和态度,他们涉及断言、犹豫、承担责任、冷漠及其他一些人际意义的关键方面。

语气属语法范畴,情态则属语义领域。情态的合理使用一方面可以表达说话者的态度,使提议更具商讨性和说服性,另一方面也体现出交际双方的地位和权势。如:

例4:你总应该知道如何对她讲。

译文①:I am sure you know how to put it to her.

译文②:You should always know how to put it to her.

这是戏剧《家》中克明对觉新说的一句话,如直译,似乎也未尝不可。但译者选择以主观隐喻的方式来表达克明的发号施令。主观隐喻通常把个人观点装扮成客观肯定性和必要性的不同方式,表达高值概率或义务。两个译文都做到情态值与原文对等,均为高值情态,但译文②仅表达出觉新这个晚辈应尽的义务,没有表明这更是克明作为长辈的中肯的意见。译文①恰恰刻画出克明喜欢支配觉新但又不忘表现其慈爱的惺惺作态,同时更反映出封建家长制长辈至高无上的地位。可见,对情态意义的理解只能结合具体语境加以判断。又如:

例5:繁漪:(反抗地)我不愿意喝这种苦东西。

译文①:(protesting):I won't touch it—it's too bitter.

译文②:I do not like it—it's too bitter.

责任型情态值的选择往往与身份、地位等权势因素有关。在不平等的地位关系中只有权势高的说话者才适合用高值责任性情态词,相反,权势较低的说话者则会选用表示倾向的情态或表示低值的可能性的情态词。本句的"不愿意"表达了繁漪对丈夫周朴园让她喝药的温婉的拒绝,属低值情态,而won't是中值情态词,对命题反对的色彩更为强烈[①]。情态值的不对等造成译文①人际意义的缺失,因为英语读者不能判断繁漪在封建家庭中从属于丈夫的低下的地位。为了再现原作的人际意义,笔者不揣冒昧,译为②。

---

[①] 余炫朴、尤金·奈达:《"功能对等"翻译原则在商务英语翻译中的应用考量》,《江西师范大学学报》2014年第47卷第5期。

笔者认为，表示倾向的情态 I do not like 更符合繁漪的身份和地位。

### （三）评价系统和人际意义的跨文化建构

评价理论把评价性资源依据语义分为三个方面：态度、参与和分级。其中，态度包括情感、判定和鉴别，是核心系统；情感是说话人对现象采取的姿态的最明显的表现；判定系统是依据社会道德和规范来评论人的行为，得出肯定或否定的判断；鉴别是在"社会价值"的子范畴下根据各种社会常规来评价物体、产品和过程，依据的是特定领域内的评价方式和标准。

语言的评价意义与译者的价值取向密切相关，张美芳对此有深入的研究。她的研究从原作者与译者的评价标度是否一致、译者在翻译的过程中应该增加还是删减原著的评价意义等方面进行了概括性的探讨。要成功地再现文学作品的评价意义，实现人际意义的跨文化建构，译者应该对原作的评价资源做相应的增加或改变。如：

例6：会嫁的嫁儿郎，不会嫁的嫁田庄。

译文：A wise woman marries a good man, while a stupid just property.

对照原文与译文，我们可以发现，对于"儿郎"一词，译者不是简单将其译作 man，而是译为 good man。通过增加判断资源 good，译文更好地传达了原文的人际意义。

当原作者与译者的评价标度不一致的时候，译者应该以自己的评价标度去传达原著中的评价意义。如：

例7：...yet, as it sometimes happens that a person departs his life, who is really deserving of the praises the stone-cutter carves over his bones; who is a good Christian, a good parent, a good child, a good wife or a good husband; who actually does have a disconsolate family to mourn his loss; ...

译文：不过偶尔也有几个死人当得起石匠刻在他们朽骨上的好话。真的是虔诚的教徒，慈爱的父母，孝顺的儿女，贤良的妻子，尽职的丈夫，他们家里人也的确哀思绵绵地追悼他们。

从字面上看，原作者和译者的评价标度是一致的，即都可笼统地理解为"好"字。实际上，原作者心中对这五个理想角色有更具体的评价。如果译者遵循"忠实"的原则，将其译为"好教徒、好父母、好儿女、好妻子、好丈夫"，则大大降低了这五种理想角色在汉语读者心中的可信度。译者依照自己的评价标准用五个不同的词来评价这五种不同的理想角色：虔诚的教徒，慈爱的父母，孝顺的儿女，贤良的妻子，尽职的丈夫。这样具体的评价使"好教徒、好父母、好儿女、好妻子、好丈夫"的形象更加鲜明，给人的印象也更加深刻。可以说，译文既符合汉语读者的价值取向，也"忠实"于原文的评价意义，不愧是翻译的精品。

### （四）称谓语和人际意义的跨文化建构

"通常在小说中某些特定的词语如称谓语往往具有丰富的内涵意义和一定的民族文化特性。"在中英两种文化系统中，称谓语存在着较大的差异，如英语中亲属关系的相对年龄在语言中没有表现，姻亲的称谓都不做区分，而且这些称谓也不在语言中表现出来。所以，译入语系统中选择合适的表达方式体现源语称谓语的人际功能是译者经常面临的难题。试看下例：

例8：探春忙道："姨娘这话说谁，我竟不解。谁踩姨娘的头，说出来我替姨娘出气。"

译文①："Whom are you accusing, Madam?" asked Tanchun. "I don't understand, who's trampling on your head? If you'll tell me, I'll take your side."

译文②："Who are you complaining about?" said Tanchun. "I really don't understand you. Who's been trampling on you? If you would tell me, perhaps I might be able to stick up for you."

译文①和译文②有个明显的区别在于对"姨娘"这一称谓的不同处理。译文①用Madam，而译文②直接译成you。笔者认为，译文①的Madam既表明了探春和赵姨娘的母女关系，同时表达了探春对其生母的尊重。实际上，原作三个"姨娘"连用还有更深刻的内涵：希望赵姨娘顾及身份，注意场合。译文①用一个Madam，其余则用you也没有完全传递原作复用"姨娘"所产生的人际功能。而译文②仅用代词you只能表现交际双方的互动，更不能承载"姨娘"在原文文本中的语境含义和交际含义。

运用系统功能语言学中的人际意义理论对文学作品的翻译所做的评论是对人际意义跨文化建构进行系统研究的一种努力。综上所述，充分表明人际意义是文学作品翻译中必须考虑的一个重要因素，也是对译者最具挑战性的方面。在文学作品的翻译中实现人际意义的绝对等值是不可能的，译者只能采取灵活的措施以实现人际意义的相对等值。

# 第七章　跨文化英语翻译的原则

## 第一节　翻译中的合作原则

会话成功与否在于会话的参与者是否遵守合作原则，即会话准则。翻译这种跨文化交际与合作原则关系密切，译者在翻译过程中必须注意遵守原文作者和目标文化的合作原则，努力促使跨文化交际成功实现。

翻译是语言活动的重要组成部分，是指把一种语言或语言变体的内容变为另外一种语言或语言变体的过程或结果，或者说把一种语言材料构成的文本用另一种语言准确而完整地再现出来。孙致礼在《新编英汉翻译教程》中对翻译这样定义：翻译是把一种语言表达的意义用另外一种语言传达出来，达到沟通思想情感、传播文化知识、促进社会文明，特别是推动译语文化繁荣昌盛的目的。

翻译有两个需要，即理解的需要和表达的需要。一位法国译者说："翻译就是理解和使人理解。"[①] 翻译的过程就是译者理解原文，并把这种理解恰当地传递给读者的过程。理解是表达的基础，表达是理解的目的和结果。表达是翻译过程的第二步，是实现由源语到译语信息转换的关键。表达取决于对源语的理解程度和译者驾驭译语的能力。中西社会文化的差异必然造成中西方人在逻辑思维和语言表达上的巨大差异。为此，译者在翻译过程中必须充分考虑译文读者的知识面貌、文化背景、思维习惯和阅读习惯，即应遵循一定的原则，帮助译文读者尽可能轻松顺利地阅读、理解，接受译文的表达方式、内容实质乃至精神内涵，即原文的核心意义。

"合作原则"一指语用学的"合作原则"，一指译者与他的交际对象之间的合作原则。美国语言哲学家格赖斯（H. P. Grice）提出的"合作原则"是语用学的理论核心，包含四种"会话准则（量的准则、质的准则、关系准则、方式准则）"，是判断话语是否遵守交际原则的基础。遵守的，话语意在言内；故意不遵守的，便产生"蕴含"，话语意在言外。

---

[①] 苗兴伟、秦洪武：《英汉语篇语用学研究》，上海外语教育出版社，2010。

## 一、翻译与合作原则

翻译与合作原则的关系密切。语用学认为，交际行为要求交际参与者的合作，即要求话语的发出者必须使自己的话语能被接受者听懂，那么他就必须对自己和接受者的共有知识做出判断，并在交际过程中不断地调整说话的策略。翻译是一个双重的交际行为：译者作为读者与原文交际；译者作为二度作者与假象目标读者交际。在这个双重交际过程中，作为接受者/读者，译者必须尽可能理解作者对合作原则的遵守和违反；而作为发出者/二度作者，译者必须从理解翻译的角度努力让目标读者尽可能领略到原作者和他假象读者之间的"会话"。同时，他必须对目标文化的合作原则了然于心，并据此对原文的语用策略做出积极的反应，使译文既能准确地反映出原文话语和语境之间的关系，又不至于使这种反映超越目标文化的语言容忍限度。翻译的美在于译者对格赖斯所提出的"合作原则"，即四种会话准则的操纵，在对这些准则的遵守和违反的交际行为中，创造翻译之美。

## 二、量的准则

格赖斯对量的准则的定义是：说出的话要尽可能包含所需的信息（符合当下的交际目的）；说出的话不要包含超过所需的信息量[①]。对于一个译者而言，这个准则可以解读为：译出的话要尽可能包含原文的信息（符合当下的交际目的）；译出的话不要包含超过原文的信息量。

就翻译而言，译者作为作者的代言人，理应遵守的是作者对合作原则的操纵方式，译文的信息量在原则上应该是不多不少，既不做超额翻译，又不做欠额翻译。但由于语言和文化差异的客观存在，特别是为了达到特定交际目的的需要，译者必须采取一些变通的手段。从目的论的角度出发，无论作者怎么处置原文，只要达到了译者的目的，就算是成功的。在一定的目的的促动下，对原文信息的增删有时会起到美化原文的作用，甚至让译文获得远远超过它在源语文化中的名声。例如：

But I ought to forgive you, for you knew not what you did: while rending my heart-strings, you thought you were only uprooting my bad propensities.

译文1：但是，我还是原谅你，因为你并不知道你干了什么。（长春出版社版《简·爱》）此译文把部分内容删除了，这样的欠额翻译是消极的，使得童年简·爱和她舅妈之间的矛盾失去了一个总结性的归纳，是不值得肯定和提倡的。

---

① 何兆熊：《新编语用学概要》，上海外语教育出版社，2000。

译文 2：但我应当原谅你，因为你并不明白自己干了些什么，明明是在割断我的心弦，却以为无非是根除我的恶习。（译林出版社版《简·爱》）

此译文一语道破了简·爱和她舅妈之间的矛盾所在。

## 三、质的准则

格赖斯对质的准则的定义是：尽量要让你说的话是真实的，尤其是不要说你认为是错的话，不要说没有确切根据的话[①]。这个质的准则，其实就是说真话的准则。但译者不同于日常会话中的说话人，严格地说，译者代表的不是他自己，而是原文的作者，代表原作者与目标读者进行交际。用质的准则来要求译者，即要求他不要说他"认为是错的话"或者是"没有确切依据的话"。然而，在具体的翻译实践中，人们会经常发现译者明知有错，却将错就错，如林纾的翻译，因为当时规划的翻译策略有文化和认知两个方面的理据。在翻译中遵循质的标准，实际上就是要求译者首先有较强的理解能力，从而把原文的真实如实地告诉读者。这是大多数译者的共同目标，也是一个良好的愿望，与译者的翻译能力直接关联。例如：

November, December and half of January passed away. Christmas and the New Year had been celebrated at Gateshead with the usual festive cheer.

译文：十一月、十二月和半个正月都过去了。圣诞节和新年，在盖茨海德和往年一样，欢欢喜喜庆祝过了。（上海译文出版社版《简·爱》）

在英国的文化语境中植入"正月"，意味着把整个小说的时间体系调整到农历上。在同一部译作的另一个地方将 January 翻译成"一月"，整个小说的时间体系就被打乱了，违背了连贯的原则，语篇内连贯的失衡导致语篇外连贯的困惑。再如：

And the final stage, we could say, is the "home" stage where people begin to feel at home, enjoy living in that foreign country.

译文：最后一个阶段，我们可以说，是"如归故里"阶段，人们开始不再有陌生感，开始享受在那个世界的生活。

此译文明显的失误就是把 country 译成"世界"。这句的主题内容是说在异国他乡的生活感受，主题展开的方式是把"异国"与"故里"做比较，突出的是不同国家之间的文化冲突。这里把 country 译成"世界"，使"异国"与"故里"的冲突性对比变得模糊，此变通是没有根据的，因为这里不存在翻译困难[②]。

翻译中存在三种违反质的准则的现象：消极地故意违反（没有积极的目的做理据，

---

[①] 高晓芳：《英语语用学》，华中师范大学出版社，2008。
[②] 王克非、张美芳：《〈翻译与翻译过程：理论与实践〉导读》，外语教学与研究出版社，2001。

是不负责任地明知故犯，应坚决反对）、积极地故意违反（有积极的目的做理据，它的社会语用价值可以从社会学和历史学的角度来评价）、无意违反（是所有译者都不愿意做的，应努力克服）。作为一般的翻译原则，我们主张翻译要尊重作者，尊重读者，要以质取胜，不仅指表达的高质量，还指真实地体现原文的质。

## 四、关系准则

格赖斯对关系准则的定义是：要注意关联。每一个语篇成分都是被它所处的语境以某种关联的方式所定义的[①]。翻译中，译者需要使每个语篇成分的意义与所有的语境发生关联互动，达到语境连贯的效果。如下面片段中的谚语：

...For you, please?

Mr. Bloom pointed quickly. To catch up and walk behind her if she went slowly, behind her moving hams. Pleasant to see first things in the morning. Hurry up, damn it. Make hay while the sun shines. She stood outside the shop in sunlight and sauntered lazily to the right.

译文："您呢，要点儿什么？"

布卢姆先生赶紧指了指。要是他走得慢的话，还能追上去，跟在她那颤抖的火腿般的臀部后面走。大清早头一宗就饱了眼福。快点儿。太阳好，就晒草。她在店外的阳光下站了一会儿，就懒洋洋地朝右踱去。（译林出版社版《尤利西斯》）

"Make hay while the sun shines."相当于汉语的成语"趁热打铁"。这个谚语与其所处的语境之间的关系是一目了然的，表现了"布卢姆先生"急于要与那位姑娘搭讪套近乎的心情。但"太阳好，就晒草"没有把原文的关联性充分地表现出来，没有充分凸显谚语所包含的"趁机""抓紧时机"的语义内涵和人物急迫的心情。人民文学出版社版《尤利西斯》"晒草得趁着太阳好呀"凸显了"趁"的语义轴心，较为合理地沟通了这个句子与语境之间流畅的关联性。

## 五、方式准则

格赖斯对方式准则的定义是：要注意简洁，即语言表达要避免晦涩、要避免歧义、要简练、要有条理[②]。对于翻译而言，方式准则首先要求译者如实地体现原文对方式准则的把握尺度。译者的任务就是要尽可能真实地反映原文对方式准则的遵守和故意违反，原则上不应用简练来译啰唆，也不能以啰唆来译简练，以免破坏原文的文体价值。因此，

---

① 刘晓民、刘金龙：《大学英语翻译教学：问题与对策》，《山东外语教学》2013年第34卷第5期。
② 肖丽：《母语负迁移在英语翻译教育实践中存在的现象及解决策略》，《内蒙古师范大学学报（教育科学版）》2016年第29卷第9期。

翻译的方式准则应理解为：表达要清晰（如果原文如此的话），即语言表达要避免晦涩（如果原文如此的话）、要避免歧义（如果原文如此的话）、要简练（如果原文如此的话）、要有条理（如果原文如此的话）。如下面两则译例：

所指定货物若能够办到，请速示知，以便即刻通告各方。

译文 1：In the event of your being able to execute the order at all, please advise us to that effect as specially as possible, so that we may acquire our correspondents with equal promptitude.

该翻译没有遵循简洁的原则，致使收信人难以理解其真实意图，故改译为：

译文 2：If you can complete the order, inform us as soon as possible please so that we can let our correspondents have the information at the earliest time.

同理，下面的英文应如此翻译：

We note with pleasure that you are sending us samples of imitation Fancy Earl Necklaces and Earrings, on receipt of which we shall examine some along with the price-list you have furnished us with, and if your designs are quite acceptable to our clients and price competitive, we shall immediately pass on our orders.

获悉贵公司向鄙公司寄来仿珠宝首饰、耳饰样品，甚喜。样品到后，我们将查看样品并对照已收到的价格表。如我公司客户接受贵公司的产品设计，同时贵公司的价格具竞争性，鄙公司将立即订货。

在翻译中，把明晰译成含糊是对方式准则的违反，而把含糊译成明晰同样是对方式准则的违反。如果不是文学作品，那么语言表达一般都是遵守方式准则的。译者翻译时应根据原文的语篇类型及其交际目的，用目的语中具有同等交际价值和文体价值的方式来体现原文。在翻译这种跨文化交际中，方式准则中的"要避免歧义"应该特别引起注意，不能因为追求字面意义或语音对应而引发歧义。

语篇对方式准则是遵守还是违反往往会形成不同的文体特征，具有不同的语用和文体价值。译者在翻译时应在保留原文信息内容不变的情况下，尽量保留原文对方式准则的遵守或违反，重构原文的整体效果。

翻译是一种交际行为。译者一方面作为接受者与原文交际，或者说通过原文与作者交际，另一方面作为发出者或作者、译文读者交际，因此译者的交际原则同样具有两重性。作为接受者，他要假定作者是遵循总的合作原则的，无论对四项会话准则是遵守还是违反，都得在这个总的原则之下，即在解读原文时，要试图从作者的视角看待语言表达的千变万化，并在翻译中尽可能地把这种变化再现出来，而不是用一成不变的语言风格应对这种千变万化。另外,译者又要与译文读者交际,这时他也是一个作者,要考虑与译文读者的交际关系,把对原文的解读用译文读者可以接受的方式传达给他们,这是他翻译行为真正的交际目的,因此译者的合作原则是有底线的,是读者取向的,是向着读者的。在明知某一表达方式直译后读者不可能接受的情况下,译者如果再坚持,就是对读者采取了不合作的态度。

语言表达可以"破常示异",甚至可以走向极端,但不能超过那个极端。任何语言的任何范畴都是有其变异的限度的,蕴含之所以成为蕴含,是因为读者可以利用自身的知识推导出其中的言外之力;如果原文某一蕴含被翻译过来后,译文读者无法推导出其言外之力,那么这个交际行为就是失败的。为此,对译者的一个建议是:译文初稿完成后,在投入使用之前,最好能多方征求意见,并认真对待所有的反馈意见。

## 第二节　新闻报刊的翻译原则

新闻报刊翻译是一种跨国家、跨语言、跨文化的翻译活动。它的对象是目的语国家或地区的读者或观众,其目的是让他们了解新闻事件,懂得出发语新闻报道的观点,因此应该对新闻报刊的翻译原则加以研究。

### 一、信息传递

对于新闻翻译来说,应该遵循目的论所提出来的"功能+忠诚"这一根本原则。针对新闻翻译,其功能是在译文环境中按照预定的方式运作,也就是新闻的根本作用是传递信息。而忠诚是指原文、原文作者、译者、译文还有译文读者之间的关系,原文作者撰写新闻的目的是什么,原文的效果又是怎样,译者在读到新闻后怎么理解原文新闻,又是怎样翻译的,达到的翻译效果是什么样的,译文的读者是怎样接收新闻信息的,这都是关乎忠诚的重要环节。

新闻翻译的责任重大,新闻的目的就是传递信息,如果信息传递错误就会引起很大的麻烦,尤其是对于外文的新闻传递,如果翻译错误,校对、编辑没有发现译文错误,就会把错误的信息传递出去,这样就会引起译文受众收到错误信息,并且会降低本国媒体的可信度,这样的后果是不堪设想的。由此可见,翻译新闻的责任很大,我们不但要对本国新闻媒体负责,更要对译文的受众负责,只有这样才能保障新闻译文的质量。

## 二、信息可信度

新闻受众是非常在意新闻消息的可信度的，这是新闻消息传播的根本前提。一般情况下，新闻翻译是不同于其他文体翻译的，尤其是不同于我们常见的文学翻译。作为文学翻译的译者，在翻译的过程中要对原著心存敬意，并要忠实于原著，无论是前言还是各章节，都要最大限度地遵循原著的节奏。但是，新闻译者的随意性更强，他可以根据受众的需要对原文信息进行重新塑造、编辑、合成、转化等，其中包括可以根据受众的情况更改标题、重新组织导语、加大新闻文化背景的知识，甚至可以重新编排各段落的顺序，来方便译文受众的理解，所以这种翻译过程改变了原著作者和译者在传统翻译过程中的关系，是一种忠诚的关系。虽然译者可以对原文进行一定程度的主观改变，但是这样的改变是有前提的，不可以歪曲原文的意图，并以传递准确信息为宗旨。

## 三、跨文化信息对等

新闻的翻译过程不是简单的信息传递，也不是简单的字面上的对等翻译，它包括翻译过程中的信息对等功能，是一种很大程度上的跨文化交际。比如，各个国家的国情不同，从国家体制到社会习俗，从社会生活到生活细节，新闻翻译工作者都要熟悉，这些内容是在翻译过程中时时会遇到的。我们在读原文新闻的时候经常会读到 foreign minister，读到之后的第一个反应是"外交部部长"，然而美国要翻译成"国务卿"，英国要翻译成"外交大臣"，日本要翻译成"外相"。由此可见，对于不同的需要，要按照不同的标准对译文进行翻译风格调整，选择不同的词语[1]。在新闻翻译的过程当中，会有潜在的价值体系体现在译文当中，与此同时，还要考虑到新闻的功能性，也就是说，新闻的译文对于异国的受众来说依旧是新闻。

新闻报道者对新闻的报道是有不同角度、立场和出发点的，其对事件的理解和评价会受到其文化意识形态的影响，所以在信息传达的内容之外还有其政治内涵的传递，这就要求新闻译者熟悉事件所在国的政治、经济、文化等，才能正确识别原稿件的政治含义，准确把握某些词汇在特定语境中的含义和本民族文化含义的共性和差异，把它们准确而又恰当地反映出来。

国际新闻中信息内容多种多样，它们的社会功能也各不相同。因此，国际新闻翻译人员在选择翻译信息时必须是多层次的，不仅要满足所在媒体的编辑方针和意识形态立场，还要认识到原文和译文在文化上的差异，这样才能确保新闻译文的真实性和可信度，

---

[1] 高梅：《项目课程模式下商务英语翻译教学改革》，《价值工程》2016 年第 35 卷第 31 期。

在内容和功能上尽量获得不同层次受众的认可。

## 第三节  对立统一和谐理念下的跨文化翻译原则

作为"和谐"理念的核心思想,"和而不同"的"和"与"不同"是对立统一的关系。以"和而不同"作为指导思想,跨文化翻译应尊重原作,尊重源语文化。为此,就要贯彻"忠实第一,创造第二"和"内容第一,形式第二"的翻译原则,采取"异化第一,归化第二"和"直译第一,意译第二"的翻译策略,只有这样,才能更充分、更有效地发挥翻译的文化传播功能。

### 一、对立统一的"和谐"理念与翻译的功能

#### (一)和谐理念与跨文化交际

中国人的和谐理念源自中国古老的"以和为贵"的哲学思想。所谓和谐,是指人与人(包括民族与民族、国家与国家)、人与自然、人与社会、人与自身之间保持友好相待、和睦共处、协调平和的关系。"和"指的是一致性和统一性,但"统一"绝非"一统",它是以承认差异为基石的相对统一和求同存异,而非以消灭差异为前提的绝对统一或完全一致;"谐"指的是协调性和均衡性,是指人类社会的诸要素以及矛盾与问题的诸方面之间的协调性或适配性,是整个世界发展过程中人与人、人与事物、事物与事物之间的均衡或公平关系。所以,和谐理念是一种对立统一的思想观念。在应对和处理不同民族、不同文化之间的关系时,和谐理念体现或表征为"和而不同"的观念[①]。这个"和",如上所述,"反映的是一种有差异的平衡或多样性的统一",而这个"同","反映的是无差别的同一或抽象简单的同一"。

#### (二)翻译的功能

翻译,简洁地说,就是语际转换。翻译的目的,首先是要让译语读者能够看懂和了解源语作者的写作意图及其文本语义。因此,翻译的功能首先是将源语文本的语义内容准确无误地通过译语文本传递给译语读者,使他们能够正确地理解和把握源语文本的语义内容。这无疑是翻译的第一位的、首要的功能。

但是我们千万不可忽略翻译的另一项重要功能,那就是将源语文本的文化内容准确无误地通过译语文本传递给译语读者,使他们清楚地了解和熟谙源语民族所持有的文化传

---

① 于根元:《应用语言学概论》,商务印书馆,2003。

统。"翻译是文化的翻译。文化传播是翻译的真正价值所在。"众所周知,跨文化交际是世界各国、各民族之间在政治、经济、外交、军事、科技以及文化等众多领域进行相互交往与合作的客观需要;在当今经济全球化的背景下,跨文化交际正发展迅猛,已呈现出文化全球化的端倪。为使上述各个领域的交往更加有效,从而达到合作共赢、和谐相处、共同发展,就需要不断深入了解、认同甚至接纳他国异族的文化,包括人文历史、民族特征、心理结构、思维模式、世界观、价值观、情感态度取向、人际交往方式、社会习俗、生活习惯、文化传统等。作为跨文化交际的一种极为重要的形式或手段,翻译当然要在准确地传达源语文本语义的前提下,让译语读者了解源语文本所承载的异域文化。

## 二、"和而不同"的跨文化翻译原则

跨文化翻译的基本原则为"忠实第一,创造第二"和"内容第一,形式第二"。

### (一)忠实第一,创造第二

的确,翻译在一定的意义上确实是译者所进行的一种再创造工作。但是,这个"创造"是相对的、有条件的,是以忠实传达源语语义和文化内涵为前提的;因为"翻译的目的是使一种语言的读者通过本国文字了解他国文化,即译者通过译语向译语读者介绍源语文化"。换言之,就是要千方百计力求"让不懂原文的人通过译文知道、了解甚至欣赏原文的思想内容及其文体风格"。这里的"思想内容"当然既包括源语文本的语义内容,也包括源语文本的文化内容;而在此基础上再去传达源语文本的文体风格,就是更高层次的目标和要求了。"而要实现这一目的,就必须追求目的语文本与源语文本之间的意义之相当、语义之相近、文体之相仿、风格之相称"。这就决定了我们必须把"忠实"作为翻译的首要原则。

"和而不同"的翻译态度要求翻译过程中尊重原作、尊重源语文化,同时也不妄自菲薄,使各自的文化在对话过程中保留个性。尊重原作、尊重源语文化就意味着在翻译过程中要尽最大可能去忠实源语文本,而不是随意删改、改造或"改写"原作。诚然,绝对的"忠实"是不存在的,绝对的忠实势必导致硬译、死译,这是翻译之大忌。这里所说的"忠实",主要是指如实、准确地表达原文的语义内容、文化内容及其韵味,即"意似"和"神似",而非刻意地追求"形似",即语言表达形式的雷同。当然,在真正做到"意似"和"神似"的前提下兼顾"形似",则是译者理想的追求。由于语言表达方式的差异以及"文化缺位""概念缺位"的存在,拘泥于绝对忠实的翻译有时候是无法以恰当的译语再现源语的语义内容特别是文化内容的,此时采取适当、得体的"创造"也是必要的。尤其对于文学翻译,这种"创造"特别是以提高审美价值为目标的"艺术加工"

不可缺少的。说翻译是对原作的再创造，指的就是译者通过自己的创造性工作把原作的精髓用另一种语言完美地再现出来。但我们切不可走向极端，以"创造"为名，任自己的思想随意驰骋，凭空想象地"改写"乃至歪曲原意，或摒弃其文化内涵。总之，创造始终是第二位的，忠实才是第一位的，创造必须以忠实为前提。这就是"忠实"与"创造"之间的对立统一关系。

例1：人怕出名猪怕壮。

参考译文：Bad for a man to be famed; bad for a pig to grow fat.

此译文是杨译本《红楼梦》第83回里对这个汉语俗语的翻译。此俗语意指人一旦出名日子就会很难过，因为出名后将会面临更大的挑战、更多的困难或矛盾、更苛刻的要求，甚至会引来嫉恨或指摘等，有如猪长肥壮后就会面临被宰杀的厄运一样。注重异化策略的杨译本贯彻了忠实的原则，很贴切地表达了源语的文化内涵。而强调归化译法的《红楼梦》霍译本则将该俗语译为"Fattest pigs make the choicest bacon ; famous men are for the taking."。这个译文显然是"创造"过度了，与源语几乎是南辕北辙，其根本原因是没有真正把握源语的文化内涵。

## （二）内容第一，形式第二

所谓内容，显然是指源语语言本身所蕴含的语义、文化及情感等内涵；所谓形式，则是指源语"内容"借以表达的语言外壳，包括原作的文本体裁、语句篇章结构、修辞手段等。在跨文化翻译中忠实地传递源语文化的客观要求，就使我们必须将是否能最大限度、最为准确地用译语表达源语的语义内容，特别是文化内容作为判断翻译质量高低的重要标准。所以，必须将内容的翻译处理、准确传递放在第一位。当然，如果能兼顾源语文本的形式，则会更有利于传达源语的文体风格。当维持原作形式无法有效地表达原作内容时，则宁可牺牲形式以追求内容的准确，务必不要拘泥于原作形式；"形式"是附属于"内容"、为"内容"服务的，因此切不可为追求形式而损害内容。两者间的对立统一关系可概括为"内容第一，形式第二"的原则，这是对"忠实第一，创造第二"的最好诠释。

例2：Let me not to the marriage of true minds/Admit impediments...

参考译文：我不承认两颗真诚相爱的心 / 会有什么阻止其结合的障碍……

这是曹明伦对于莎士比亚第116首十四行诗的第一个句子给出的译文。这个译文无疑较好地表达了源语的内在含义。而其他许多译本大多译成"我决不承认两颗真心的结合 / 会有任何障碍"，其形式虽与原文更为统一，表达也很流畅，但这里的"障碍"指的是什么却不甚了了。难道有人认为真心的结合会有什么障碍吗？抑或是指双方父母因不赞同婚事而做出的阻挠？其实，这源自西方的婚礼文化，是主持婚礼的牧师在婚礼仪式上分别对新郎、新娘提出的质询词，问他们是否存在任何使两人不能合法结合的障碍（例如未到合法结婚年龄或重婚等）。故而，曹的译文更为清晰、明确地传递了源语的语义及其文化内涵，较好地体现了"内容第一，形式第二"的原则。可见，进行跨文化翻译时，译者应首先注重语义内容和文化内容的准确表达，将语言形式放在第二位，必要时可以适当地调整结构、改换句型、增删字词、转换词义等。

例3：裁衣不用剪子——胡扯。

参考译文：Cutting out garments without the use of the scissors—only by tearing the cloth recklessly/talking nonsense.

此译文贯彻了"内容第一，形式第二"的原则，较好地再现了源语中蕴含的中国文化。众所周知，各类习语中往往蕴含极其丰厚的文化内涵。汉语中的歇后语就是个典型例子，它是汉语所特有的语言表达形式，承载着鲜明的中国传统文化，却经常构成英语中的"文化缺位"或"概念缺位"。如果只注重形式的一致，就很难准确地传递其真正内涵。如果将例3的歇后语译为"Cutting out garments without the use of the scissors—talking nonsense."，则其前后两部分缺乏直接的语义衔接和逻辑联系，不了解汉语"胡扯"双关之义的英语读者，肯定不会知道"裁衣不用剪"与"胡说八道"有什么内在联系，因而会感到困惑不解。而only by tearing the cloth recklessly/talking nonsense这种"直译＋意译"的译法，则传递了汉语使用前半句隐喻所产生的双关语义。英语读者就能明白，only by tearing the cloth recklessly（胡扯）在源语即汉语中另外还有"胡说"的语义。这是翻译不能一味拘泥于语言形式的一个典型译例。

## 三、"和而不同"的跨文化翻译策略

翻译策略指的是在特定的翻译原则指导下所采取的具体翻译方法或手段。说到翻译策略，就不能不提到"异化"和"归化"。翻译中到底应该采取异化策略还是归化策略？这是一对矛盾。同样，翻译中应该采用"直译"还是"意译"？这是与前者既相似又不尽相同的又一对矛盾。这两个问题长期以来一直争论不休。但是，以跨文化交际的视角，从翻译的文化传播功能出发，以"和而不同"的观念作为跨文化翻译的指导思想，这两个问题就不难找到答案。依据上述"和而不同"的翻译理念，正确的跨文化翻译策略应该是"异化第一，归化第二"和"直译第一，意译第二"。它们两两之间也显然是既对立又统一的关系。

## （一）异化第一，归化第二

"和而不同"的跨文化翻译理念和翻译的文化传播功能在客观上要求翻译工作者尊重源语文化。"翻译的根本任务是准确恰当地表述源语文化的差异性，使其为译语文化所认可和吸收，进而促进异质文化之间的交流、互补与融合。"为此，译者就应主要采用异化策略，这样才能更好地完成上述任务。鉴于此，含有隐喻的英语习语 to shed crocodile tears（掉鳄鱼眼泪）和 to kill two birds with one stone（一石二鸟）没有必要采用归化译法译成"猫哭老鼠"和"一箭双雕"。同样，汉语俗语"吃着碗里的，看着锅里的"中的"碗（bowl）"和"锅（pan）"也没有必要译为具有浓厚西方色彩的 dish 和 saucepan。有国内学者曾经从功能派的视角对《红楼梦》中《螃蟹咏》的霍译和杨译两个版本做过比较，认为采用归化译法的霍氏译文不如采用异化译法的杨氏译文，前者使"译入语读者品尝'异国风情'的权利在无形中被剥夺了"，而后者虽然不如前者流畅，但"其异化的策略在上下文中很好地体现了作者意图，因而从功能的角度是更成功的翻译"。原作特别是文学作品的作者经常会采用富含语用含意的表达方式，翻译处理时采取"异化翻译"而不是"过度诠释"，往往更易于发挥源语文本的文学效果，从而更好地彰显原文作者的写作意图，使译语读者能够毫发无损地领悟和欣赏原汁原味的异域文化和写作风格。由此可见，跨文化翻译应注重文化内容的再现，主要采取"异化翻译"的策略；同时可在必要时添加适当的补译或脚注给以相应的补充阐释，这恐怕是最为适宜的方式。美国著名翻译家尤金·A. 奈达（Eugene A. Nida）在谈及译文的调整原则时也曾这样说过："如果源语文本有意模糊，则保留模糊，采用脚注的形式对模糊的作用加以解释"①。这儿的"有意模糊"正是文学文本刻意追求"形式美"的典型手法。"保留模糊"既可达到形式上的完美对等，又可有效地"保存源语文化风味与核心价值观""把原文所承载的有关异域历史背景、民族传统、社会习俗等文化信息如实地传达给译语读者""借以缓和文化冲突，促进文化多元化"，还能"使本族语言得到极大的丰富"。毕竟，传播异族文化是文学翻译的重要功能之一。

但是，"绝对的归化和异化的翻译是不存在的。绝对的归化'以我为中心'，随意删改或改造原作，置翻译的文化传播功能于不顾，那翻译存在的必要就要受到质疑；绝对的异化，又会遭到译文读者的排斥"。因此，在翻译实践中需视具体情况采用异化和归化的策略：应尽一切可能采用异化策略将源语文本所蕴含的文化内容充分传达出来，而当采用异化策略无法让译语读者准确理解的时候，则可以适当地采用归化策略。

---

① 何自然：《语用学十二讲》，华东师范大学出版社，2011。

### (二)直译第一,意译第二

翻译中的直译和意译表面上与上述异化和归化似乎很相似,其实却有所不同。异化和归化主要考虑的是源语文化在翻译中的处理策略问题,即源语文化内容的处理方式:是原封不动保留源语文化的特色还是采用相应或类似的译语文化加以替代?而直译和意译则涉及源语文本的语义内容和文化内容的语际转换问题,即源语语言形式的处理方式。两者有交叉,但并非完全等同:异化翻译主要采用直译方法,但并非不能用意译方法翻译;归化翻译则主要采用意译,但在某些局部也不完全排斥直译。

综上所述,译者在进行跨文化翻译时,显然应将直译摆在首位,在此基础上适当运用意译,这就是"直译第一,意译第二"的内涵。

## 四、"和而不同"的跨文化翻译策略的运用

翻译是不同民族语言之间的语际转换,而语言是文化的载体,因此从广义上可以说,几乎所有的翻译都属于跨文化翻译的范畴。如前所述,将对立统一的"和而不同"的和谐理念应用于跨文化翻译中,要求我们将文化传播摆在十分重要的位置,有必要采取同样呈对立统一关系的"异化第一,归化第二"和"直译第一,意译第二"的翻译策略。在具体的翻译实践中,通常可有以下四种处理方式:

### (一)直译

当直译足以让译语读者理解源语文本的语义内容特别是文化内容时,直译当然应为首选。

例4:When the cat's away the mice will play.

译文:猫儿不在,老鼠翻天。

此句译文显然不属于地道的汉语表达方式,其含义近似汉语的俗语"大王不在,小鬼跳梁",与后者具有异曲同工之妙,却反映了英国人和中国人不同的思维方式:在表达相同意蕴时采用了不同的文化隐喻。如果将这句英语谚语意译为后者,语义虽无不妥,却失去了源语的文化意蕴。

### (二)直译+意译

有时候,单靠直译也无法将源语的全部文化内涵表达出来,或者直译虽然传递了源语的文化内涵,却难以让译语读者理解。此时,可以在直译后再将其内蕴意译出来,如前面的例3。此处再举一例:

例5:捡了芝麻,丢了西瓜。

译文:Picking up the sesame seeds while overlooking the watermelons: concentrating on minor matters while neglecting the major ones.

此句汉语俗语在译成英语时，如果仅仅采取直译，英语读者就难以读懂，因为在西方文化中从不会使芝麻和西瓜发生关联，因而他们不能理解这两者之间到底有什么内在联系。加上后半句的意译之后，就使前半句隐喻的真正内涵得以揭示。

### （三）直译加注

这是指翻译时直接从源语中将文化意象移植到译语中，然后给以必要的注释。这样做既可忠实地保留源语文化特色，又可让译语读者正确地解读和领会。英语和汉语中的各类习语蕴含着丰富的文化意象，因此这些习语的翻译就要特别注意避免简单意译的倾向，经常需要采用直译加注的方式。例如：

例6：姜太公钓鱼，愿者上钩。

译文：Like Jiang Taigong fishing they have cast the line for the fish who want to be caught.

Note：Jiang Taigong lived in the Chou Dynasty. According to a legend, he once fished in the Weishui River, holding a rod without hood or bait three feet above the water, and saying "The fish that destined to be caught will come up."

这是一个含有十足的中华文化色彩的俗语，翻译时采取直译虽然可以有效地保持中华文化，却难以让译语读者完全领略中国的文化内涵，所以有必要在直译的基础上加注。在出版物中，所加的注既可以脚注形式放置在该页底部，又可以参考文献的形式放置在篇章的尾部。这种直译加注法的优点在于"不仅保留了源语文化意象，而且也传递出源语文化信息。这不仅能使文学创作重要手段之一的意象在译语中真实再现，也能让读者通过真实再现整体地理解源语文化氛围以及文化意象在其中的民族特色和艺术效果。这无疑对跨文化交际和外国文学作品的鉴赏具有重要意义"。

### （四）意译

有时候，由于文化的巨大差异，采取直译无法准确传递原意，甚至会造成误读。此时，"归化"的策略和"意译"的手段就很有必要。但需要强调的是，这个"意译"不仅是要注重语义内容的流畅表达，还要重视文化内涵的准确传递。前文的例2就是一个很好的译例。此处也再举一例：

例7：In the country of the blind the one-eyed man is king.

译文：莫道个人多不幸，世有更加不幸人。

此句如果直译为"盲人国里，独眼称王"，似乎也没有什么不妥，但是却容易产生歧义，让人误解为"山中无老虎，猴子称霸王"之义。其实，这句话本意是说：比起盲人来，独眼人就算是很幸运的人了。因此，为避免文化的误读，对这个英语谚语以采用意译策略为好。

在经济全球化以及伴随而来的跨文化交际蓬勃发展、世界各国之间的民族矛盾和利益冲突层出不穷的时代，打造和谐社会、和谐世界已成为人类社会可持续发展的客观要求，和谐理念已日渐深入人心。"和而不同"是和谐理念的核心价值观，也是不同国家、民族之间进行跨文化交际的指导思想和行动指南；跨文化翻译作为跨文化交际的重要途径，必须尊重源语、尊重异族文化，充分发挥翻译的文化传播功能。为此，在从事跨文化翻译之时，贯彻"忠实第一，创造第二""内容第一，形式第二"的原则，采用"异化第一，归化第二""直译第一，意译第二"的策略必然是我们明智的抉择。

## 第四节　跨文化交际视角下中医隐喻翻译原则

中医文化是我国传统文化的精髓，中医文化有一个重要的特点，就是"取象比类"，而取象比类在现代语言中就是隐喻。隐喻作为一种普遍存在的认知现象，不但存在语言中，在日常生活的思维与行动中也无处不在。中医是中华传统文化的精髓，中医语言是中医文化的高度浓缩，它包含了大量的中医基础理论与中医实践经验，其内容复杂难懂，各种专业中医名词层出不穷。中医翻译尚处于萌芽阶段，根据中医独特的理论体系、深奥的词句、复杂多变的隐喻现象，中医翻译的难度不断增加。由于没有相应的翻译标准可借鉴，导致国内外中医翻译的作品参差不齐，缺乏系统化。

中医是中国上下五千年的智慧结晶，是中国五千年历史中，人们与疾病顽强斗争的丰富的实践经验与充实的理论基础。随着中国在国际中的地位越来越高，中医作为我国的非物质文化遗产，逐渐在世界的舞台上发光发热，受到国内外各方人士的追捧。随着中医迈向国际化，单纯的汉语言已不能满足世界人民的需求，中医需要被翻译为各种文字，通过对中医文化国际的传播隐喻翻译原则探究，在跨文化交际的视角下，推动中医文化的传播事业，促进中医文化面向世界。但是由于中医术语中有大量的隐喻，使翻译过程异常困难。

### 一、跨文化交际视角下中医的隐喻性特征

所谓隐喻就是语言概念的转换，由一种事物的发生暗示与另一种事物的形象转换而成。隐喻的表现通常都存在于我们表达的语言思维当中，它作为一种普遍存在于语言与思维中的修辞手法，它通过感知对事物的暗示，联想到事物的相关信息，理解事物的本

质，将人的语言、心理、文化做出深入的剖析。人性的思维是场奇妙之旅，而隐喻的表达方式是中心泉眼，通过这种方式来进行身心交流，由此达到我们想要的结果与目的。中医最大的语言特点是隐喻现象，同时是跨文化交际下中医翻译的一个难关。而中医语言上的隐喻有着"取象比类"的特殊性质。常见的隐喻有方位隐喻、实体隐喻、人像隐喻这三种类型。方位隐喻是中医隐喻翻译中最简单的隐喻，它与一般的方位词大致相同，但数量上比一般的方位词还要少。实体隐喻是将中医的一些症状用生活中的一些物质进行贴切的形容。人像隐喻是将中医的一些关系、功能与人与人之间的关系进行生动的联系，以此解释人体部位的关系与功能。

## 二、跨文化交际视角下中医的翻译现状

### （一）中医语言复杂

中医语言主要由传统的文言文构成，语言概念十分模糊，富有隐喻性，语言描述得十分抽象，具有一定的哲理性，这种种原因都使中医语言难以理解。这些深奥难懂的语句，使翻译的难度加大。首先，中医翻译的译语较为混乱。除了少数的翻译比较精准，其他的术语翻译没有统一性。翻译著作的混乱，令我们难以理解其中的意思[1]。其次，翻译的词语意思较为冗长。通常来说，当中医语言翻译成英语时，通常一个词的意思可以翻译出很多词汇出来，这样不但语句冗长，还会给人混乱的感觉。造成这样的原因可能是译者本身对这些名词缺乏专业的认知，在翻译的时候当作解释来理解。再次，词语表达的意思不明确。中华民族的语言是非常博大精深的，在中医语言翻译中，有些词语在特定语境的情况下，它所展现的寓意是不一样的，这就需要译者的细心和耐心。但往往在翻译汉语原文的时候，可能会由于译者的不仔细，导致译文中所要表达的意思与原文不同，这会令读者不明所以。造成这样的原因是译者本身对中医理论基础方面无法掌握，无法真正理解其中的含义。

### （二）中医隐喻文化英译存在困难

人类的语言与文化是息息相关的，文化是语言的地基，而语言是文化的楼层。语言和文化是相辅相成的，要想让隐喻文化走向世界，优秀的翻译质量就变得尤为重要。而隐喻文化的翻译又存在非常多的问题，使目前的中医翻译处境极为艰难。我们熟知，隐喻语言是将我们平常所熟知的事物运用到陌生的理念当中，使隐喻文化的语言变得生动文雅。因此在汉译英的过程当中，译者必须灵活运用各种策略来保持隐喻文化的科学性，获得最佳的结果。

---

[1] 于根元：《二十世纪的中国语言应用研究》，书海出版社，1966。

### (三)缺乏高层人才

翻译必须得有高素质的专业人才,但目前我国的翻译人才的现实情况不容乐观,对翻译人才的需求和实际翻译人才的数量成反比的现象已经发展成为制约我国中医文化发展的瓶颈。在中医翻译领域中,译者的中医基础环节较为薄弱,使翻译著作的信息可能失去了真实性。而专业的中医人才的外语水平有限,使中医翻译陷入困境。由于上述这些条件的限制,更表明想让中医隐喻文化走向世界,需要众多的翻译人才来共同完成。机会与挑战并存,译者应把握机遇,顺势而为,把中医的隐喻文化传播出去,这也是一项重大的使命。

## 三、跨文化交际视角下中医的隐喻翻译原则

### (一)接受性原则

翻译是文化沟通的传播者,是搭建中西方文化的桥梁。简单点说,翻译是把一种文化的思想转化成可以让读者理解的、以通俗易懂的形式表达出来的文化。要想让读者接受你所要表述的信息,要站在读者的角度去考虑问题,你所阐述的文化观点会不会适应这个文化传播的世界,能否得到文化传播世界群体的认可,是否达到想要的预期的效果……以上这些问题的思考方向是翻译里比较注重的环节,因为只有真正清楚认识到这些问题,才能更好地传递出正确的信息。中医翻译者要实现传播中医文化的使命,就是要让读者准确接收有效的信息,注重读者的心理需求,契合读者的思维观念,让中医的文化传播行之有效。

### (二)增补性原则

增补从字面上都可以理解为是和词汇量有关的增加和补充。通常我们看到的医学方面的书籍,有些书里的概念是比较模糊的,具体描述的事物比较抽象化,这无疑让译者翻译的难度加大,对于其含义的理解颇为头疼,再加上中医疾病诊断方面的书具有特殊性,使原本的难度又上升了。词汇的缺失历来是翻译的难点,而词汇的增加和补充就显得尤为重要,因为它关系到翻译质量的优劣,会影响到译者传播隐喻文化的正确性。

### (三)变通性原则

一词多义是见怪不怪的现象。通常在一篇文章里一个词的意思是多种多样的,而非只有一种固定的意思。翻译一个词在文章中的意义通常都需要"承上启下"分析它所表达的具体意义。译者在翻译时要摆脱词语本身原有字句的意思,不要被其固有思想禁锢,要懂得融会贯通、灵活理解其深刻的含义。

### （四）对应性原则

中医隐喻翻译中词语对应和意义对等一样，虽然意义对等在翻译中占据主导对位，但词语对等在翻译中也有其存在的合理性。词语对等有时候所表现的只是一种现象，或者是一种结果，意义对等虽是翻译中所想所得的结果，但在此期间一定会出现特殊词汇。对应性原则有利于译者传递较为准确的信息，快速地掌握其中的含义。有利于译者掌握完整的信息，有利于提高作品的质量，限制乱译的现象发生。当然使用的前提是以不影响信息的再现为基础的。

### （五）含蓄性原则

做人要含蓄低调，做事也是如此，在翻译的过程中，译者不能用自己的语言文化灌输给别国，这样做不但不能被理解反而会起反作用。翻译的任务是让彼此之间相互沟通理解，而不是用言语误导他人。译者需要把握好尺度，了解读者的需求，多换位思考，含蓄一点才更有利于文化的传播。反之则会平添麻烦，产生不良影响。所以译者在翻译中应力求简单明了，减少陈腔俗调，准确表达所要传递的信息。

### （六）自然性原则

中西方的医学体系虽然是完全不同的两种概念，但是总会有相类似的词汇概念存在，译者在翻译时应该选择最贴切、最自然的译语来概括，这样不但具备科学性，还能保证自然性。不可因为中方的独特概念而反对西方的专业概念。

### （七）简洁性原则

如上述所说，中医语言的一大特色就是简单明了，译者也应该要保持一致才行，但现实情况并不是如此。我国中医翻译大多采用的是意译法，比较喜欢解释，一大堆词汇让人眼花缭乱，译语的信息精准度也大大降低。所以，在中医翻译中，要注重简洁性原则。

### （八）民族性原则

中医与其他类别的医学虽然有相同的功能，但由于中医的独特性，使得它与其他医学有很多不通之处。就文化的特性而言，中医具有鲜明的民族性，在中西方文化相互借鉴的情况下，中医语言运用到西方医学上的知识是非常有限的，只有少部分的词汇能与西方医学相对应，这种现象体现在民族性原则中。

### （九）规定性原则

当一个词的内涵在中西方医学上趋向于对等的时候，我们对这个词进行规定，使它不能有别的解释，这样做的主要目的是让中西方医学上的译语的内涵和源语达到一个相对完整的概念对等，使约束变成习惯。

改革开放和综合国力的提高，使我国与其他国家和地区在经济、政治和文化方面的交流更加频繁，而交流意味着文化的传播，文化的传播需要借助翻译作为桥梁。传播文化是我们面向世界的窗口。目前来说，中医的翻译没有统一的标准，缺乏相关的理论材料，许多著作的研究还没有得到实证。而中医中深厚的语言基础又为汉译英带来了困难。因此，在中医隐喻翻译下，需要遵循接受性原则、增补性原则、变通性原则、对应性原则、含蓄性原则、自然性原则、简洁性原则、民族性原则、规定性原则等原则，这样才能更好地传播中医文化。

## 第五节　跨文化交流中外事翻译的原则

外事翻译主要是向对方传达国家、政府的政治立场和态度，因而是一项十分重要又严肃的工作。为了正确地传达思想，译员在外事翻译中要特别保持高度的政治敏锐性，注重翻译的政治性和时代性。

外事翻译的主要任务是承担我国领导人出访或外国领导人来访时双方或多方谈判、会谈、交谈时的现场翻译，以及在各种场合的讲话或参观访问时的介绍等即席翻译。作为一名翻译，在参与对外活动的过程中，不仅要有坚定的政治立场，更应该注意时刻保持高度的政治敏锐性。译员如何培养高度的政治敏锐性，有以下途径可供参考。

### 一、培养高度的政治敏锐性

#### （一）增强爱国情感，坚定政治立场

外事翻译工作是一项政治性、原则性都很强的工作，不但涉及维护国家主权和利益，还涉及外交关系。所以，一定要始终保持强烈的爱国热情，具有坚定正确的政治方向，以维护国家主权尊严和声誉。

#### （二）及时掌握国际国内形势变化，认真分析政治热点问题

外事翻译人员要坚持用宽广的眼界观察世界，提高科学判断国际形势和进行战略思维的水平，做到审时度势、因势利导、内外兼顾、趋利避害，这是外事翻译人员应当具备的一种重要能力。

#### （三）正式场合与非正式场合均要保持敏感性

外事翻译代表着国家的对外形象，它有着不同于其他翻译的特定要求，正如周恩来总理曾说过的"外交人员是不穿军装的解放军"。外事翻译者要有坚定的政治立场，有

着符合国家和政策的政治原则,在任何场合下翻译时都要反映国家的立场、政策和态度,不能有丝毫的随意性。

## 二、外事翻译的原则

### (一)政治性

外事翻译是政治性的翻译,译文除了要严格忠实于原文以外,在选择词语和句式时要仔细推敲,准确表达原文的立场和态度。也就是说,政治翻译要做到文字和思想的统一。对于重要的词特别是涉及领土主权、重大国家利益的词语,要保持清醒的头脑,掌握好分寸。不仅要译出词的字面意思,还要表达出原文的深刻内涵[①]。

例1:中央政府不干预香港特别行政区的事务。

译文:The Central Government has refrained from intervening in the affairs of the HKSAR.

refrained from intervening 的意思是克制自己不去干预。而事实是中央政府从不干预也不想干预香港特别行政区的事务,所以改译为:

The Central Government has never intervened in the affairs of the HKSAR.

例2:经验证明,关起门来搞建设是不能成功的,中国的发展离不开世界。

译文:Our experience shows that China cannot rebuild itself with the door closed to the outside world and that it cannot develop without the help of other countries.

译文用了 help 一词,语气有些重,不符合原文口气,这与我们强调的"自力更生"原则相矛盾,所以改译为:

Our experience shows that China cannot rebuild itself with the door closed to the outside world and that it cannot develop in isolation from the rest of the world.

### (二)时代性

随着时代的发展,有些词语的意思已经发生了变化。所以,在翻译有关历史事件或时过境迁的事件时,翻译人员对于一些不合时宜的词要及时纠正。中国正发生着世界瞩目的变化,带有中国特色的词汇不断出现,有些词汇在英语里找不到相应的词和词组。翻译乃一刀两刃,可以强国,亦可弱国。因此,国家的翻译政策也是非常值得关注的。

1.旧词新用法

原文:进一步落实党的政策,坚持和完善民族区域自治制度,发展平等、团结、互助的民族关系。

译文:We need to make future efforts to implement the Party's policy on ethnic affairs, adhere

---

[①] 廖七一:《当代英国翻译理论》,湖北教育出版社,2001。

to and build on the system of regional autonomy of ethnic minorities and develop socialist ethnic relationship characterized by equality, unity and mutual assistance.

"民族"一词,20世纪50年代至20世纪80年代初期一直沿用苏联的用法,把"民族"译成 nationality。因此就有了"中国各族人民 the Chinese people of all nationalities""各少数民族 the minority nationalities""党的民族政策 the Party's nationalities policy""多民族的国家 the multination state"的译法。

实际上 nationality 的含义在第二次世界大战后已经有了变化,该词不再指少数民族的"民族",而更多的是指"国籍"。在国外人类学的文献中"民族"一词的表述是 ethnic group or community。nationality 除了指"国籍"和"民族"外,还有"国民"和"国家"的意思,有时可与 nation 通用。如果将"民族"译为 nationality,很容易引起误解。上句则是根据这个考虑,将"民族"的翻译做了相应改动。但并不意味着所有的"民族"都译为 ethnic group,而要根据具体的上下文进行判断。如果指的是整个中华民族的团结,就应译为 national unity or unity of the Chinese nation,如果指的是各民族之间的团结,则应译为 unity among ethnic groups。

2. 具有中国特色的词汇

原文:我们应该把依法治国和以德治国结合起来。

译文:We need to govern the country by combining the rule of law and the rule of virtue.

"以德治国"是新的提法,英译文应与中文一样言简意赅,形式上也应与"依法治国"对称,因此采用 the rule of virtue 的译法。

3. 古诗词及对联的翻译

如果文中出现古语、诗词和对联,在翻译时除了要领会它的内涵,还要考虑语句的对称,甚至是否押韵。

2010年3月14日温总理记者招待会上的现场女翻译张璐因为准确无误地翻译了温总理即兴引用的古诗文而轰动一时。

原文:亦余心之所向兮,虽九死其犹未悔。

张璐译文:For the ideal that I hold dear to my heart, I'd not regret a thousand times to die.

译文直译:我遵从我内心的想法,即使要死千万次我也不会后悔。

"九死"翻译成 thousand times(上千次),很地道。"上千次"极大地表现了原文的意思。

对于古诗词的翻译,要求翻译人员不仅要有娴熟的英语翻译技巧,还要有深厚的中文功底。要让外国人士读来上口、顺耳,达到"三美",即"音美、形美、意美"(the three beauties: beauty in sound, beauty in form and beauty in meaning)的效果。

我们期盼中华文化的翻译政策自信但不自大,了解中华文化的优缺点,一方面有计划地对外输出本国文化,塑造良好的国际形象,努力与各种文化沟通交流;另一方面了解自己的短处,借翻译取长补短,引进他国文化与科技,丰富本地文化。因此,保持开放的心胸,维护多种语言和多元文化,尊重不同的声音,是外事翻译应该努力的方向。

## 第六节　跨文化交际的商业广告翻译的创造性原则

广告翻译与跨文化交际密切相关。本节从跨文化交际角度讨论了商业广告翻译中的创造性原则,从理论和实际方面说明创造性原则的必要性,采用文本分析和对比分析的方法着重探讨了创造性原则在商业广告翻译中的具体运用。

"广告"即广而告之,最早源于拉丁语 advertere,指唤起大众对某种事物的注意,并诱导于一定方向所使用的一种手段。商业广告翻译是一种跨文化交际活动,并有着明确的商业目的。商业广告译文本身也是广告,它必须具有广告特征和属性。目的语文化是广告翻译中不得不慎重考虑和尊重的因素。完全依靠传统的直译或意译并不能很好地指导广告翻译。由于各民族各地区的文化、风俗习惯、审美情趣、价值观存在差异,再加上一些概念很难在另一种不同的文化中找到对等物,在这种情况下创译原则为跨文化交际下的广告翻译提供了新的思路。何谓创译原则?顾名思义,就是指基本脱离了翻译范畴而重新创造的过程。创译原则指导下的翻译往往具有创造性,译者可以根据需要灵活变通,甚至打破译文同原文在词义、语义和风格上要对等起来的限制。通过"意译""扩译"等策略和手段进行翻译创作,在广告翻译中屡见不鲜。译者在使用创造性原则时必须把握尺度。有的广告语可以扩译,有的需要语义的延伸,有的需要一定的删减。

### 一、创造性原则的必要性

广告关系到公司的市场战略、产品推广和企业形象。一则成功的广告应达到 AIDMA 法则的要求,即注意(Attention)、兴趣(Interest)、欲望(Desire)、记忆(Memory)、行动(Action)。而商务广告译本也是一则广告,也应遵循这些法则,以求在目的语文化中实现广告的效果。在理论方面,在这类翻译中,根据奈达的动态对等理论,人们并不那么关注接受语信息和源语信息的一致,而更关注动态的关系,即接受者和信息之间的关系应该与源语接受者和原文信息之间的关系相同。纽马克的交际理论也强调："译者试图在目的语读者身上,产生与原文在源语读者身上所产生的相同的效果"[1]。因此,商业广告的翻译不应仅局限于对文本的忠实,还要考虑目的语消费者的接受效果。为实现良好的接受效果,有必要对商业广告进行创造性翻译。奈达的动态对等理论和纽马克的交际理论为创造性原则提供了理论依据。在实际方面,由于源语与目的语消费者在民族文化、风俗习惯、历史背景、价值观、审美观等方面的不同,为迎合目的语消费者心理,有必要对源广告进行创造性翻译。总之,从跨文化角度看,广告翻译的过程不是单纯的复制过程,而是根据受众所在的民族文化、风俗习惯等实际需要进行"改造"与"再创造"的过程。以上从理论和实际两方面说明了创造性原则的必要性。

## 二、创造性原则在商业广告翻译中的运用

商业广告翻译是一门艺术,是一种带有明确商业目的的跨文化交际活动。适当的创造性翻译能使广告译本充满目的语民族特色,迎合目的语消费者的文化审美情趣,并最终使该产品成功地在异国他乡推广。以下是一则关于中国茶的广告:

本品采用鄂州梁湖鲜嫩芽茶叶精制而成,色绿香高,味醇形美,能清肝明目,养颜健体,减肥益气,生津化痰,是老少皆宜,可四季常服的最佳饮料。

这则广告中,诸如"清肝明目,养颜健体,减肥益气,生津化痰"这些中医理论本来就是中国独有的东西,一般的外国消费者很难理解。如果按原文将这些功效忠实地翻译出来:improving eyesight and removing heat from the liver, keeping beauty and fitness, helping lose weight and benefit qi, producing saliva and dissolving sputum,会出现许多弊端。第一,译文很长,违背了广告的简洁性原则。广告越长,目标受众注意力分散的可能性越大。第二,广告的受众为普通大众。对于没有接触中医理论的人来说,他们很难理解茶的这种功效,很可能对这些效果不知所云[2]。第三,作为一种茶饮料,它的药用价值很难得到验证。为迎合国外消费者的文化心理,让他们更好地接受这种茶饮料,有必要对这则广告进行创造性翻译。以下为这则广告的参考翻译:The Liangzhu Lake Green Tea is sourced from the finest leaves and produced in the strictest procedures. It comes alive with emerald green color, enchanting aroma and soothing rounded taste. Several cups a day will keep you refreshed and energetic from all day's work, and save you many of the consults with the doctors.

此翻译没有字对字地把原文全部翻译出来,也不是采用完全意译,而是创造性地翻

---

[1] 陶冉冉:《大学英语翻译教学存在的问题及对策》,《吕梁教育学院学报》2016年第33卷第3期。
[2] 文军等:《当代翻译理论著作评介》,四川人民出版社,2002。

译，突出此饮料能补充能量，使人神清气爽。译文的最后一句说免去跑医生之苦，也说明了该饮料强身健体的作用。原文的最后一句"是老少皆宜，可四季常服的最佳饮料"在译文中完全没体现出来。这是结合跨文化交际因素有意而为之。中西方的价值观不一样，西方崇尚个人主义，而中国强调集体主义。在西方，像 special for you、meet your special needs 等广告语很流行。在国内，像"大家好，才是真的好""用了都说好""老少皆宜"这类广告语很普遍。在广告翻译中，有些译者往往忽视了中西方价值观上的差异，在对外广告中也极力推崇"男女老少皆宜""大家都喜欢用"等。像下面这些明显具有中国特色的词屡见不鲜，如 be loved by all 和 suitable for men, women, and children。其结果是，这样的广告词由于没有能突出产品的独特性，只能给消费者带来怀疑与观望，而不会让他们立即去购买，因为他们会觉得这种广告言过其实，不可相信。在翻译本段广告时，根据中西方不同的价值观及购买心理，对原文做了一些处理，删去了最后一句。运用创造性原则，译文简单明了地说明了该饮料的功效，迎合了国外大众消费者的需求。这样的创造性翻译考虑了跨文化交际，增强了该广告的表现力，更能引起目的语受众的注意力。

类似的例子还有畅销中国的红罐凉茶——王老吉，其广告语"怕上火，喝王老吉"早已传遍大江南北，成为家喻户晓的一句话。"上火"一词也是中医的理论，在翻译这句广告时也必须考虑到文化差异。中医认为人和周围的环境有一种特殊的联系，上火是中医术语，意为人体阴阳失衡、内火旺盛。所谓的"火"是形容身体内某些热性的症状。而大多数崇尚西医的外国人就很难理解这种说法了。对于这句话的翻译值得探讨，网上提供了几种翻译。① Afraid of heat, drink Wanglaoji!；② Afraid of getting inflamed, drink wanglaoji!；③ A bottle of Wanglaoji keeps peeve away.。前两句的翻译很简洁，但对于中医上火的概念始终不是很贴切。第三句的翻译考虑到了目的语读者的习惯，套用了"An apple a day keeps doctors away."的句式。这样的翻译进行了一定程度的创造性翻译。这样的广告语更容易被国外消费者记住。所以，在遇到跨文化交际的广告语时，适当的创造性原则能取得更好的宣传效果，并促进消费者的购买行为。

再看两则英文广告的中文翻译，比如 Maxwell（麦森威尔）咖啡的广告语"Good to the last drop."，该广告考虑到中文的四字习惯，创造性地翻译成"滴滴香浓，意犹未尽"。这样的广告，巧妙地传达了原文的精髓，极易调动人的味觉，让人产生喝上一口回味无穷的联想。

另一则广告语"What we do, we do best."，这句广告语不是翻译成"我们做一行，做得最好"之类的，而是突出产品的优良品质，创造性地翻译成"我有我品质"。这句广告语简洁有力，充满个性，让消费者更愿意亲自体验一下该产品。

商业广告翻译是一种带有明确商业目的的跨文化交际，广告目的是在受众群实现良好的广告效果，而不是对原广告语信息进行忠实的传递。由于源语与目的语在民族文化、风俗习惯、历史背景、思维方式、价值观、审美观等方面存在差异，再加上有些词语很难在目的语中找到对等词语，创造性原则成为商业广告翻译的必要原则。在充分理解目标受众的语言文化、心理特征的前提下，把握好创造性原则的度，这样的广告翻译才能真正发挥出广告的效果，使产品为目标消费者所接受，并最终推进产品的销售。

## 第七节　跨文化语用学视域下的商务语篇翻译原则

商务语篇翻译旨在确保商务活动顺利进行，圆满完成跨文化交际任务。以跨文化语用学为理论指导，对商务语篇翻译进行研究是一大突破。本节对跨文化语用学做了简介，包括国内外学者对其概念的陈述和分类；阐述了商务语篇翻译的原则——以商务语篇为中心、以衔接连贯为手段、以跨文化交际为目的；从跨文化社会语用学、跨文化语用语言学、语际语语用学分析了跨文化语用学指导商务翻译的可行性；提出了商务语篇翻译的对策——树立语篇意识、把握归化/异化尺度、遵循语用原则、立足跨文化交际。

截至2016年4月，全国已有293所高校设置了商务英语专业，在跨境贸易日益繁荣的背景下，商务英语受到越来越多的关注。商务翻译作为跨文化交流与沟通的桥梁，在商务英语学科中发挥着关键性作用。21世纪以来，众多学者从不同角度对商务翻译进行了细致的研究，这些研究主要集中于对比中西文化差异对商务翻译的影响。如章爱民分析了中西方商务语言在词汇、句法、语篇等方面的不同，提出了相应的翻译方法。贾晓雯讨论了中西地理环境、历史文化、宗教文化、风俗习惯的差异对商务翻译的影响，并提出了直译、意译、音译等翻译策略。虽然以往的研究取得了不少成果，但是研究角度过于单一，深度还须加强。鉴于此，本节将用跨文化语用学指导商务翻译，打破以往只关注文化因素的局限，并以语篇为单位对商务翻译进行研究。

### 一、跨文化语用学简介

20世纪80年代，学者们开始关注语用学中的跨文化交际问题，跨文化语用学由此产生。有语言学家认为，跨文化语用学探讨不同文化背景的社团对意义建构方式的不同期待。何自然指出，跨文化语用学关注来自不同文化的人们进行交际时产生的语用失误。

何兆熊认为，跨文化语用学研究的重点是对比不同文化的交际活动。语言学家杰弗里·利奇指出，跨文化语用学研究人类交际功能的普适性和在不同文化背景中的差异性[①]。各个研究者对跨文化语用学的理解各异，但归根结底，跨文化语用学的研究本质是挖掘人们使用第二语言进行跨文化交际时呈现的各类语用问题。

一些学者将跨文化语用学分成了若干小类。何兆熊认为其包括以下三个方面：跨文化社会语用学、跨文化语用语言学和语际语用学。王建华将其分成三类：文化载体——语用手段方面、文化蕴涵——语用环境方面和文化策略——语用主体方面[②]。

## 二、商务语篇翻译的原则

关于商务语篇的翻译原则，译界尚无定论。刘法公提出了商务翻译的三原则：忠实、准确、统一。李明认为，商务语篇翻译应遵循衔接和连贯的原则[③]。衔接体现的是语篇结构上的关系，呈显性；连贯指语篇语义上的关系，呈隐形。但是中西方语言在衔接和连贯手段上存在不同，这对译者是一大挑战。

在以往研究的基础上，笔者认为商务语篇翻译应遵循如下原则：以商务语篇为中心；以衔接连贯为手段；以跨文化交际为目的。

### （一）以商务语篇为中心

语篇常常由若干个句子组成，指能在特定语境中表达完整意义的片段。商务语篇翻译指译者在翻译过程中，把焦点从对字词的顺次翻译转为对具有完整意义的片段的翻译。为了达到商务语篇的翻译目标，进而实现贸易双方的合作共赢，商务语篇翻译需要译者首先对整个语篇的语境进行分析，把握全文的主旨，然后在明确全文主旨的前提下，突显出各个层级独特的翻译特点，最终用准确、通顺的译文把整个语篇的意义、观点等清晰地传达给读者。

### （二）以衔接连贯为手段

从语篇层面看，中英两种语言在衔接和连贯手段上大不相同。有关衔接的手段主要有两种：词汇衔接手段和语法衔接手段。词汇衔接主要通过词语的同现和词语的复现来实现，语法衔接有省略、替代、照应和连接四种。连贯是一个非常复杂的语言学问题，它涉及语篇行文的整体性、逻辑性、思想性的统一。在商务语篇翻译中，顺应于原文的

---

① 李亚蕾：《"互联网+"背景下大学英语翻译教学模式的创新路径》，《湖北函授大学学报》2018年第31卷第8期。
② 黄旦华：《"互联网+"背景下大学英语翻译教学模式创新研究》，《教育理论与实践》2017年第37卷第15期。
③ 杜开群：《关于高校英语语言学教学问题及对策分析》，《山东农业工程学院学报》2017年第34卷第2期。

衔接和连贯有助于构建译文中新的语篇。

### (三) 以跨文化交际为目的

商务翻译作为国际贸易顺利开展必不可少的环节，其本质是跨文化交际行为，具有跨文化传播的特点，比其他翻译更加注重跨文化交际的实用效果。商务翻译中的文化差异主要体现在三个方面：原文读者和译文读者所处的文化环境不同，对同一事物常常具有不同的态度，从而影响译者在商务翻译中的价值取向；语言特征和文化倾向的不同导致翻译过程中表达形式和风格的差异，进而带来认知上的偏差；目的语读者接受心理的不同，也会造成自我评价的不确定性。总之，商务翻译过程中，译者不仅要考虑中英语言的不同特征，更要关注中英文化的不同特点，遵循以目的语读者接受认可的表达形式，达到成功跨文化交际的目的。

## 三、跨文化语用学指导商务翻译的可行性

商务翻译包括贸易、经济、政治、生活等多个方面，并借助图书馆、电视、电台、网络等渠道进行传播。商务翻译除关注翻译的准确性和灵活性外，更加重视源语与目的语的文化差异，注重译语在译文读者文化意识形态方面产生的影响。由此可见，商务翻译与跨文化语用学密不可分，在跨文化语用学的指导下讨论商务翻译，具有极大的可行性。笔者将以何兆熊对跨文化语用学的分类为依据，分别阐述跨文化语用学与商务翻译的关联性。

### (一) 跨文化社会语用学和商务翻译

跨文化社会语用学研究不同文化背景的人们在交际中产生呈现出的不同语用行为，涉及遵循合作原则、礼貌原则、言语行为理论等语用原则。语用原则的差异要求商务翻译应与社交语用等效，能够为跨语言、跨文化的言语交际服务。要做到等效翻译，译者首先要对源语和目的语有深入的认识，对这两种语言的文化和社会背景有一个正确的把握，从而从文化和社会交际的视角去研究语言的使用，并照顾到译文的目标读者。

### (二) 跨文化语用语言学和商务翻译

跨文化语用语言学着重研究处在不同文化背景的人们交流时对语言行为的认识和传达的差异。如相同的语言行为在不同的文化中使用的频率和范围有所不同、表达同一语言行为使用的语言形式有所不同以及人们是否能运用外语准确把握和传达该语言的语言行为等。

翻译离不开文化的制约，在商务翻译中更需要充分考虑源语文化与译语文化的差异。

商务翻译研究包括各种广告、信函、说明书、合同等实用文体的翻译，其译语读者主要是业务伙伴，主要目的是克服文化障碍、顺利达成交易。因此，对文化因素的处理是重中之重[①]。译界针对翻译中文化因素的处理，一直争论不休，争论的焦点集中于该选择归化还是异化策略。归化要求译文以译语读者为归宿；异化的观点刚好相对，主张译文以源语文化为着眼点。笔者认为，归化和异化是互为补充的，二者并不矛盾，商务翻译要综合分析各种文化差异，采取合适的策略，既可选用让受众直接获取信息的归化策略，也可选用让受众真实感受异质文化的异化策略。

### （三）语际语用学和商务翻译

语际语用学探讨以外语为中介语的人们在跨文化交际中如何进行外语语言行为，研究跨文化语境下语言的使用规律。语际语用学的研究包括四个层面：研究语境、文化差异以及外语学习者对外语的理解和使用；研究语用失误及其解决方法、选词用句的合理性和外语学习者运用外语的表达效果；研究外语学习者的语用迁移，包括母语的语用迁移和社交语用迁移与语用失误和语用能力之间的关系；研究多元文化背景下，语言行为的合理性。语际语用学的研究要求商务翻译重视选词造句的适宜性，避免语用失误，在发挥语用正迁移作用的同时，努力克服语用负迁移的影响。

## 四、跨文化语用学视角下的商务语篇翻译对策

在商务语篇翻译原则的制约和跨文化语用学的指导下，商务语篇翻译应从以下四个方面着手：

### （一）树立语篇意识

语篇与情景紧密相连，商务翻译应以语篇为单位。着眼于语篇是译文忠实、通顺的先决条件。在商务文本创作过程中，形成了与情景相称的语篇。特定词语的含义在上下文中已经确定，为了使商务翻译为受众所接受，需要使译语与目标读者的语言结构特点相一致。为实现这一目的，译者需要把握中西语言语篇结构和组织特点的差异，了解其背后所反映的不同民族的思维方式，在翻译时进行合理转换，从而达到理想的翻译效果。例如 "Although it is possible to some extent to hedge against currency fluctuations by way of futures contract, forward planning is difficult when the prices of raw materials bought from abroad, or the price of your products in export markets, can rise or fall by 50% in only a few months."，本句的难点是 hedge against、futures contract 和 forward planning 三个短语的意义。只看本句话无法确定这三个短语的含义，必须将其置于整个语篇中去理解。

---

① 朱永生、严世清：《系统功能语言学再思考》，复旦大学出版社，2011。

从整篇文章看,作者谈论的是期货交易和浮动汇率,这样一来,三个短语的含义就清晰了,分别是套期保值、期货合同和远期规划。整句话翻译为"虽然通过期货合同可以在某种程度上为货币套期保值,避免波动,但是当从国外购买的原材料的价格或者出口市场中产品的价格可以在短短几个月内上升或下跌50%时,远期规划是困难的"。

## (二)把握归化/异化尺度

归化认为译文应趋同于译语和译语读者的文化,文化差异需要被消除;异化认为译文应留下源语文化的痕迹,让译语和译语读者认识并接受文化差异。归化和异化这两种翻译策略看似相互矛盾,实则密不可分,归化寓于异化之中,异化也离不开归化。笔者认为,商务翻译不论采取归化还是异化策略,都应遵守以下原则:异化的结果不能使译文读者一头雾水;归化的结果也不能让目的语读者认为源语中也存在具有相同文化特点的事物。例如,"开袋即食"有些译文为 open the bag and eat promptly。乍一看,译文采取的是异化策略,衔接和连贯都没有问题。但是"即食"在汉语里的意思是"食用方便",并非"立刻食用",翻译成 eat promptly 容易让外国人误解"如果不食用是否会变质"。再如,有些译者将 shrug one's shoulders 译成"拂袖而去",这是典型的归化方法,但是会让中国读者产生疑问"是否国外也有这一典故"。事实上,"拂袖而去"这一文化意象是中国独有的,上述过度归化的翻译方法明显是不合理的。

## (三)遵循语用原则

语用原则主要涉及礼貌原则、合作原则、言语行为理论等。礼貌原则要求译者弄清中英表达礼貌方式的差异;合作原则在质、量、关联和方式四个方面对翻译做出了规定;言语行为理论要求译者透过语言文字本身发掘其言外之意,从而用直截了当或委婉的方式架构传达相同言外之意的译文。为了达到社交语用的效果,这些原则是译者在商务语篇翻译中必须考虑的因素。例如:"We thank you for your letter offering us 500 metric tons of the subject goods. However, we very much regret to state that we cannot accept the offer.",这是一封还盘信函开头的两句话,买方直截了当地表示无法接受报盘。但是翻译成汉语时应当注意,汉语中直接拒绝对方是非常不礼貌的行为,汉语习惯先罗列原因,然后自然而然得出"拒绝"这一结果。因此,为了让译文与汉语的礼貌习惯相一致,应调整原文的语序,把"However, we very much regret to state that we cannot accept the offer."放在信函最后译出。再如:"当前我们收入中超过40%的部分是由各级政府代表我们使用的"被翻译为"Currently, more than 40% of our income is disposed of on our behalf by governments at all levels."。译文并无语法错误,但会让译语读者产生疑问"政府如何使用人们的收入呢"。分析发现,有必要把原文的言外之意表达出来,即"收入超过 40% 的部分作为税收交给政府了"。因此，只需在原译最后加上 in the form of tax 即可。

### （四）立足跨文化交际

顺利完成跨文化交际是商务语篇翻译的最终目的。商务翻译过程中，在选取和运用翻译策略时，译者既要关注原文和译文语言形式的功能对等，也要注意到深层次的文化顺应。只有了解了英汉语言的文化差异，才能使译语实现译文文化语境和源语文化语境的动态顺应，最终达到商务沟通的目的。例如，2012 年蒙牛的广告语"只为点滴幸福"，在汉语里象征"美好、幸福"之意。其英文版本 little happiness matters 却出现了失误，因为 little 是否定之意，表示"几乎没有"，给外国人感觉是"蒙牛并不关心顾客的幸福"，这样翻译势必出现跨文化交际障碍。

商务翻译不仅是商务英语学科的核心，也是国际贸易成功进行的手段。将跨文化语用学用于商务语篇翻译不仅丰富了商务翻译的内涵，而且为商务翻译实践提供了一个新颖的视角。商务翻译在以语篇为中心的基础上，还应正确处理归化和异化的关系，遵守语用原则，最终实现成功的跨文化交际。

# 第八章　跨文化英语翻译中学生能力的培养

## 第一节　大学英语翻译教学中的跨文化意识培养

在大学英语翻译教学中注重跨文化意识的培养有助于帮助大学生更好地将思维与英语逻辑相结合。本节以大学英语翻译教学中跨文化意识的培养为研究主题，分别从微观和宏观两个视角分析大学英语翻译教学对跨文化意识的需求，并且在大学英语翻译教学跨文化意识的优势、隐患、障碍阐述的基础上，分析大学英语翻译教学跨文化意识的现状，从而提出大学英语翻译教学中跨文化意识的培养策略：建立大学英语翻译跨文化交流平台、规范大学英语教师对于西方文化的正确取向、帮助大学生巩固跨文化的英语语感逻辑。

英语翻译是我国英语教学内容之一，学生英语翻译技能的高低也从一个侧面体现出其英语水平的高低。在英语翻译过程中，跨文化意识有着不容忽视的地位，它在英语翻译中发挥着确保语义被准确理解和传达的重要作用，所以在我国大学英语翻译教学中，教师必须重视培养学生的跨文化意识。大学英语教师能够通过跨文化意识带动学生更好地理解英文材料，从而增强学生的翻译技能。

### 一、大学英语翻译教学中跨文化意识的需求

#### （一）大学英语翻译教学中跨文化意识的具体需求

翻译教学是大学英语教学的重要组成部分，大学生必须要具备一定的翻译技能才能更好地理解英语及应用英语。一般情况下，翻译活动需要经历理解原文、表达译文、校验译文这三个阶段。在这个过程中，大学英语翻译教学必须要对英文材料的语境建立起一定的概念，这样才能保证翻译作品尽量减少失真。因此，对于大学英语翻译教学来说，跨文化意识的培养是高质量翻译教学的前提，只有当学生建立起跨文化意识之后，翻译教学才能更好地帮助学生加强语言逻辑的转换，锻炼学生的英语翻译技能。

## （二）大学英语翻译教学中跨文化意识的宏观需求

根据教育部颁布的《大学英语课程教学要求》来看，大学英语教学是以英语语言知识与应用技能、学习策略和跨文化交际为主要内容，以外语教学理论为指导，集多种教学模式和教学手段为一体的教学体系。同时，在《国家中长期教育改革和发展规划纲要（2010—2020年）》当中也提出，高等教育应该"培养大批具有国际视野、通晓国际规则、能够参与国际事务和国际竞争的国际化人才"。因此，我国跨文化能力研究者一直在努力构建科学合理、适用于国内外语教学的跨文化能力培养模式。在全球一体化的趋势下，信息交流的效率已成为推进全球化资源共享的关键。对于大学英语翻译课程的教师来说，需要关注当前中英语言当中存在的差异，并注重培养学生的跨文化意识。

# 二、大学英语翻译教学中跨文化意识培养现状

## （一）大学英语翻译教学中跨文化意识培养的优势

跨文化意识的培养有利于在大学英语翻译教学中全面提高大学生的英语综合素养，培养大学生的英语表达能力，激发大学生的英语学习兴趣。然而，注重跨文化意识在大学英语翻译教学中的运用，需要大学英语教师先对跨文化意识有足够的认知。对于大学英语教师来说，跨文化意识有助于推进高校英语教师国际化教学水平，有助于提高自身的教学能力，进而增强我国大学英语翻译教学的实用性。对于学生来说，通过建立起跨文化意识的理念，能提高学生对于英文信息的阅读能力，提升学生对于文化差异的包容心态，使学生获得更广阔的人生视野。英语翻译具有较强的系统性、整体性和结构性，因此大学英语翻译的教学也需要跨文化意识作为辅助，才能巩固学生对英语语言的学习。

## （二）大学英语翻译教学中跨文化意识培养的隐患

英语教师在大学英语翻译教学中推进跨文化意识培养的同时，将异域他乡的多元文化传递给了学生，学生会将这些与我国传统文化不同的价值观念收入囊中。而大学生对一切新知都处于学习和理解阶段，因而容易在文化冲突中产生自我矛盾，如若不及时对其进行思想纠正，学生很容易走上"尊西贬中"的歧路。学生在对事物之间的差异理解不深的情况下，容易被一些人的言论所误导，从而影响学生本身的思想价值取向。在一些不良思想价值观念的影响下，学生会丧失对本土文化的自信，对本土文化提不起兴趣，无心再为我国的翻译事业做贡献，这是大学英语翻译教学跨文化意识应用过程中存在的一项隐患。

### （三）大学英语翻译教学中跨文化意识培养的障碍

大学英语翻译教学中跨文化意识的培养主要依靠教师向学生灌输一定的语法，再由学生对于英文材料进行自行理解，这样的教学模式既缺少跨文化的语言环境对大学生英语逻辑进行熏陶，又缺少在日常翻译教学中的文化知识渗透。所以，跨文化意识在大学英语翻译教学中渗透缓慢。另外，当前我国高等院校所设英语类专业众多，即使是非英语专业的学生，也需要学习英语，且当前来自不同院校、不同专业、不同地域的学生的英语水平参差不齐，对于语感、语境、语法的掌握有深有浅，这导致学生之间英语翻译水平存在明显差异。在现在大学英语翻译教学一对多的课堂当中，教师难以完全根据每一个学生的个体差异进行个性化教育，只能从班级的整体水平去设计教学，这很容易让一些英语水平薄弱的学生在大学英语翻译的学习中掉队，给大学英语翻译教学跨文化意识的培养造成一定的障碍。

## 三、跨文化意识的培养

### （一）建立大学英语翻译的跨文化交流平台

英语跨文化意识的培养需要浓厚的英语氛围作为支撑，所以为了将跨文化意识更好地融入大学生英语翻译学习中，高校应当充分利用语言环境对人语感的塑造作用，为大学英语翻译课程提供更真实的语言交流环境。高校应当争取与美英高校语言课程的交流合作，让学生不仅能在课堂教学中养成跨文化意识，还能够通过建立一段真实的交流关系激发学生对别国语言文化的求知欲，促进学生应用跨文化意识。在与国际学生的交流中，学生能在外国学生真实生动的英语表达中获得启发，并且对中英文的语法结构差异加以归纳，这样能减少语言结构差异对学生英语翻译造成的障碍，增强英语翻译的实用性，提高大学生英语翻译的水平，增加大学生走向国际化市场的竞争力。

### （二）规范大学英语教师对于西方文化的正确取向

大学英语教师应当树立对西方文化的正确态度，在教学中为学生客观地讲述英语国家的语言习惯、价值准则、历史文化和风土人情，让学生建立一个对别国文化的整体概念，而不是偷梁换柱，在教学中输出自己对于国与国差异的偏颇议论。对此，高校应当对大学英语教师的思想价值观念加以规范，督促大学英语教师注意自身的言论影响，禁止大学英语教师通过教学方式散播不正确的文化意识言论，不能让大学英语教学背离为我国培育高素质人才的初衷。

## （三）帮助大学生巩固跨文化英语的语感逻辑

一门语言需要反复练习才能被掌握，在现实语境的交流中，教师除了要培养学生的跨文化意识，还需要对学生在学习中建立的逻辑情感加以巩固，只有这样才能真正夯实大学生英语翻译的基础能力。对此，高校可以利用一些多元的英语课堂教学模式为学生在大学英语翻译课程的学习中保留跨文化英语的应用语境，如排练英文短剧、用英文撰写英语国家的文化报告等。虽然这些方式只是单向的巩固，但是仍然保留了相对的英语语境氛围，能够帮助大学生巩固好跨文化英语语感逻辑。通过将跨文化意识贯穿于翻译教学的方式，不仅能增进大学生对英语国家文化的理解，还能够发掘大学英语学习的新方法，从而能够将跨文化意识融入大学生的学习过程中。

翻译人才的翻译水平会直接反映出我国当前的英语翻译教学水平，也决定着学生个人在日后从事英语翻译工作时的能力表现。跨文化意识在帮助大学生锻炼英语翻译能力的同时，能帮助大学生提升其视野，让大学生能够用更包容开放的心态去解读英语文化，能够更贴切地对英文材料做出高质量的翻译。跨文化意识能够帮助我国大学生摆脱中式英语翻译的困局，从而让翻译作品更好地起到促进不同语言文化背景的人们交流的作用。所以，将跨文化意识植入大学生英语翻译的过程中，是大学英语翻译教学的一项重要的任务。

# 第二节　旅游英语翻译过程中的跨文化意识培养

随着经济的进步，世界旅游业进入快速发展阶段。随着中国的迅速发展，中国的众多旅游景点越来越受国外旅游者的关注。为了使国外旅游者更加了解我国的景点，本节从旅游英语翻译的跨文化意识角度着手进行分析，以期提升旅游英语翻译中的跨文化意识。

中国作为一个人口大国，与各个国家都保持着友好的往来。英语作为世界使用最广泛的语言，在旅游业中的英语翻译也就更为重要。旅游景点的英语信息可以让国外旅游者更加了解景点的特点及其历史背景，更能提高旅游者对于景点的兴趣及热爱。旅游英语不仅仅是一种语言上的改变，它还是一种跨文化意识的形成。因此，在旅游英语翻译的过程中，跨文化意识的培养对我国旅游业的发展起着至关重要的作用。

## 一、旅游景点的英语翻译现状

英语是世界上使用最广泛的语言。如今，我国的各个旅游景点当中介绍的历史背景、相关事迹以及一些文献资料，不但有中文版本，在中文下方还有英文版本，甚至还有韩文版本等其他国家的语言版本。但是，我国每个旅游景点的英语翻译水平不一，旅游业的翻译情况并不乐观。我国文化博大精深，有时候一些旅游景点的英语翻译只是翻译出了字面意思，并不能将我国文化的内涵体现出来，更无法在语言中体现出所介绍景点的独特魅力。

## 二、英语翻译在旅游业当中的重要地位

我国的各个景点之中都有介绍景点的书籍。为了使外国游客更好地了解这些景点，往往会把景点的相关资料翻译成英文版本。这样一来，可以使外国游客认识并了解这些景点的由来以及相关信息。为了提高外国游客对于景点的兴趣以及热爱，推动我国旅游业的发展，英语翻译就应发挥出它本身的作用。在旅游景点推广的时候，同样需要英语翻译。

我国有许多著名的旅游景点，为了使外国游客正确了解我国的景点，对于旅游景点的英语翻译就要严格要求，从而使我国的旅游景点英语翻译依旧可以表现出景点原有的文化精髓。毕竟我国与外国有所不同，在翻译方面要结合各国因素进行考虑，才能在保证既保留我国旅游景点的原有特色，又能将该景点推广到世界各地。

## 三、旅游英语翻译的跨文化意识

### （一）跨文化意识的理解

跨文化意识就是指不同文化在交流过程中自然而然形成的一种准则以及互相融合的一种方式。换一种方式来解释就是对于文化的另一种认知与使用方式。跨文化的交流本质就是不同的文化以语言为媒介进行的交流。由于中西方的文化差异以及不同翻译人员对于历史和外国文化的不同理解，导致译文含义与原文不同，是很正常的现象。但是翻译人员在翻译旅游景点的过程中如果只注重语言本身，忽视跨文化交流，则会对旅游业的发展产生一定的负面影响。但是，如果过多地注重景点文化，忽视语言本身的应用，也会影响外国游客对中华文化的理解。所以，旅游英语翻译不仅仅是语言上的转化，还要发掘语言的独特性，使旅游者能够在不同环境下理解旅游英语的内容。

### （二）跨文化意识在旅游景点名称上的应用

翻译旅游景点名称时，跨文化意识显得极为重要。为了让外国游客更加深入地了解旅游景点的真正含义，在对景点名称翻译时应该考虑中英两国文化。在我国，长城作为举世闻名的历史文化遗产，成为许多外国游客所向往的旅游景点。而长城作为中国古

代劳动人民辛辛苦苦、倾尽所有心血建造的伟大建筑，翻译"长城"时应译为 the great wall，但如果是不理解长城背后历史的人，很容易用 the long wall 来解释长城，这个翻译则无法让外国游客真正理解长城的内在意义。

### （三）培养跨文化意识的重要性

旅游翻译是一件很严肃的事情，但在实际翻译的过程中又充满了趣味性。在对旅游景点进行翻译时应与跨文化意识相结合，这样可以将我国景点的文化真实、完整地传达给外国游客。在旅游翻译的过程中，应当讲究真实性，也就是通过语言将景点的地点、历史与意义等呈现出来，这个过程应与跨文化意识结合起来，将中国文化在合适的场合展现出来。我国是一个历史悠久、具有许多名胜古迹的文化古国，在给古迹取名时都会用富含着极其特殊意义的名字，因此在介绍旅游景点名称时，绝不能简单地只从字面上的意思进行解释。这时，就需要应用跨文化意识将音译与意译结合起来。

各个国家之间存在着文化差异。因此，旅游行业中的翻译工作便显得有点困难。翻译人员在进行翻译时应保留当地的特色。因此，这便很考验翻译人员的英语翻译水平。翻译人员不仅要对旅游景点进行详细的了解，更要掌握不同国家的不同文化，以免在讲解旅游景点时与一些外国游客产生冲突。语言的特色将会成为旅游英语翻译过程中的重要纽带。旅游英语翻译这项工作不仅考验翻译人员对不同文化的掌握，还要求翻译人员具有跨文化意识。

### （四）在旅游英语翻译中培养跨文化意识的策略

旅游英语翻译绝对不可过度死板，应进行相应的变通，音译与意译的结合显得尤其重要。如果翻译人员在英语翻译过程中只采用其中一种翻译方式，则会无法全面表达旅游景点名称的内在意义。音译与意译结合翻译比单独翻译的表达效果要好得多，能够更好地让外国游客理解我国旅游景点的特色。

从翻译途径上来看，旅游英语翻译大致可以分为翻译人员的口头翻译、景点宣传手册的翻译以及景点名称标牌的翻译。无论是口头介绍的翻译、宣传手册的翻译还是简单的名称翻译，在翻译过程中都应该做到准确、全面，从而最大限度地让外国游客了解景点信息的内在意义。因此，翻译人员在最开始接受学习以及培训时，就应形成跨文化意识。我国应着重培养旅游英语翻译人员的跨文化意识。

总而言之，当前是一个经济快速发展的时代，其中最突出的特点便是跨文化意识的交流。不同文化之间的交流在不断加深。我国文化博大精深，旅游景点众多，在翻译景点的过程当中既要表现出景点本身的意义，又要提高外国游客对景点的兴趣，因此旅游景点的英语翻译就显得尤为重要。旅游英语的翻译效果可以影响我国在外国友人心中的形象，进而影响我国旅游业的发展。侧重对跨文化意识的培养可以提高我国翻译人员的翻译水平，所以培养在旅游英语翻译人员的跨文化意识十分重要。

## 第三节　商务英语翻译中的跨文化交际能力培养

由于中英两种语言在实际使用过程中存在诸多差异，因此对于译者来说，需要具备较高的跨文化交际能力。本节针对商务英语翻译中与跨文化交际相关的影响因素进行分析总结，并由此提出商务英语翻译中需要提升的重点——语言能力、社交能力、对不同文化体系的理解能力和思维反应能力等。本节旨在通过总结相关研究，使译者在进行自我提升时能够具有针对性和高效率，进而通过自身较高水平的翻译使国际商务活动沟通交流更为准确顺畅。

自从中国加入WTO，与世界各国的商务活动日益频繁，外企在中国的投资也不断增加，社会对复合型英语人才尤其是商务英语翻译人才的需求持续增长。但由于不同民族在各自语言环境中形成的语言习惯、社会文化、风土人情均不相同，本节从商务英语翻译中跨文化交际的影响因素入手，提出跨文化交际能力的培养重点，以便帮助翻译人员更好地进行商务翻译活动。

### 一、跨文化交际对商务英语翻译的影响因素

国际商务活动是一种跨文化的交际活动，世界各国的经济贸易体或者交易者都带着本地区、本民族的文化进行交往、交易和交际。因此，商务英语翻译受到跨文化交际的影响较大，具体影响因素如下：

#### （一）交际语言文化因素

1. 词义方面的影响

除了少部分专业名词术语之外，无论是汉语还是英语中的单字、单词、词组及句子都有多重含义。英语及汉语中的词义之间都有不对应、部分对应和完全对应这三种关系。只有高度专业化的名词术语能够达到完全的对应，比如Pacific和"太平洋"彼此对应，大部分英汉词语都是部分对应。并且在实际应用中还要受具体语境及上下文影响，需要着重处理。一般英语的单词及词组往往比汉语的灵活度要高，对于上下文语境的依赖程度也更大。

2. 词序方面的影响

英语和汉语中的很多表达形式，其词序根本不同，有时候恰好相反。比如：第十页和 Page 10、李先生和 Mr. Li、布什总统和 President Bush 等等。从英语及汉语的句子结构方面来说，其状语和定语的使用位置都是截然不同的。汉语中的定语绝大多数都是放在被修饰的主体之前的，而英语中的定语既可以出现在被修饰的主体之前，也可以出现在被修饰的主体之后。汉语中的状语大多是放置在被修饰词之前的，后置状语可能会变成补语而产生歧义，而英语中的状语也是可前可后的，要视具体情况而定。因此，在语法结构上，英语的灵活度是非常高的。

3. 句法结构方面的影响

在进行商务英语翻译时，译者在英语句法结构方面需要更加严谨，不同的衔接形式及顺序可能带来不同的语感，因此为了避免产生歧义以及给人留下不好的印象，需要严格按照相关的范式进行翻译。而汉语语法结构相对于英语来说则更加松散，虚词的使用量也要少得多，讲究以意驭形，用语义透出其要表达的逻辑关系。汉语句子中省略了主语或者不存在主语有时是不算语法错误的，而英语句子中尤其是商务英语的表达中，主语一般都是必不可少的。除了一些高度随意的口语句子，英语的句子缺乏主语是难以被理解和接受的，并且英语的主语基本上都是物称主语。无论是英语还是汉语的谓语部分都是由动词构成的。汉语中的谓语动词虽然使用得较为频繁但形态变化并不多，多为"过、了、着"等几种有限的形态变化；英语则重时、体、态，英语中有十多种时态，因此英语动词形态丰富，变化复杂。

（二）思维方式上的因素

英汉在思维方式上的差异，一定程度上也影响着汉英语翻译的逻辑性和表达性，从而影响着商务英语翻译的精确性。

从表达方式的角度来说，英语对于语法结构上的严谨、严密和精确是十分注重的，其虚词、词性变化及关联词都是非常讲究的，而且英语句子之间的衔接也较为紧密，逻辑结构十分清晰。而汉语的表达方式则体现出"意隐于形，形随意走"的特征，在语法结构上不及英语严谨，关联词语也使用得极少，句子之间的逻辑关系往往并不是十分清晰。

从逻辑性的角度来说，汉语在进行表达时倾向于从大到小、从整体到局部，而英语则反之。一个典型的例子是，汉语在表达时间时都是采用某年某月某日的形式，而英语是某日某月某年；还有写信时留的地址，英语是从小到大，从门牌号到街道，再到城市及省或州。而汉语正好相反，先写所在省份，最后才是门牌号。

## （三）社会文化方面的因素

在跨文化交际中，文化上的差异将直接影响商务英语翻译效果，如中国及西方国家在所处地理位置及自然环境方面有诸多不同，因此也形成了不同的民族个性。生活在大不列颠岛上的英语民族，周围海洋环绕，阴沉多雨，难见阳光，航海非常发达，形成了自身的航海文化。而使用汉语的中华民族是典型的内陆民族，其主要气候为温带大陆性气候，并有着长达数千年的农耕历史。这些由于各自生存环境带来的差异会在其语言表达中有所体现。

# 二、跨文化交际能力的培养

针对上述跨文化交际对商务英语翻译的影响，下文有针对性地提出跨文化交际能力的培养对策。

## （一）语言文化能力培养

语言文化能力的培养需要从用词及组句两方面入手。

要想提高翻译水平，译者需要注重英汉两种语言的商务词汇的学习积累。词汇量是掌握一门语言的基础要素。译者应该广泛阅读各类英汉商务文章、正式文书，比如商务报纸杂志、商务新闻快讯、商务合同、商务信函及法律文件等等。译者还应该尽力把握机会多参与一些跨语言商务活动，在切身实践中掌握不同词汇的用法。除此之外，翻译是涉及两种语言的使用过程，因此译者也应该不断加强自己的汉语言功底。译者平日要不断加强自身文化修养，丰富自身思想内涵，不断总结各类中英文商务沟通交流谈判及写作中需要用到的标准词汇、词组及句式等，提高自身的商务素养和相关知识储备。译者还要掌握多种翻译方法及技巧，灵活通过直译、意译、音译和增译等方法准确迅速地翻译。

语法的主要功能表现在对句式结构、语义结构及二者关系的准确体现上。对于译者来说，语法与单词一样是需要熟练掌握和灵活使用的基础知识。语法能力的培养应该从日常的听说读写中不断地练习，因此译者要保持对商务英语相关语法的不断关注及学习。翻译实践中要重视培养句法能力，准确分析语序和句法结构，充分理解语句内涵。

## （二）思维能力培养

译者由于易受母语思维的影响，翻译时总会习惯性套用本族语思维方式。否定翻译能比较典型地反映中西方思维差异。如将"我认为他不同意这项条款"译为"I think he doesn't agree with this claus."，译者没能正确把握中西方思维方式差异，用中式思维对译"我认为"为 I think，而在英语中应将否定放在句首，进行全部否定而非部分否定。"I don't think he agree with this clause." 才是正确翻译。

译者还需要加强自身的发散思维能力。译者需要对英汉语言的思维方式都有准确而充分的把握，对于其中的共通性与差异性有全面的了解，并且在翻译过程中要把握好这些差异性，在翻译时注意使用符合对方语境的词句，避免造成歧义。译者需要在平日多阅读、聆听及观看各类商务英语材料，比如领导人演讲、科技文献及政治报告等，不断加强自己对英语的思维习惯的掌握程度，尽力进行说和写方面的大量练习，从而锻炼自己举一反三的思维能力和临场应变能力。

### （三）社会文化能力培养

目前大多数第二语言的学习者往往都注重词句语法而忽略文化背景。不同国家及民族之间的语言交流是不同文化之间的对话，译者要对文化及语言这两者予以恰当地权衡，避免重语言、轻文化的倾向。译者要想切实提高自身的翻译水平及层次，还要培养自身对西方国家文化的敏感度和理解力。在国际商务交流中，不同文化背景的各方都会首先从自己的文化角度考虑和处理问题，从而无意间忽视了对方在不同文化背景下的理解和感受。为了促进各方能够实现准确、顺畅、友好的交流，并达成高效率的商务合作，译者在进行翻译时不能生搬硬套，而要根据不同的文化语境对翻译内容进行灵活的增减修饰处理。

在商务交流中，除了口头及书面语言之外，肢体语言也是必不可少的，它可以最直接地表达人的情绪及情感。不同文化背景下的肢体语言的表达形式及内容均不相同。比如西方英语国家普遍认为在谈话时候紧盯着对方的眼睛是坦诚及直接的表现，而在中国文化中往往认为谈话时紧盯对方眼睛是傲慢及咄咄逼人的体现，会被认为是这个人很粗鲁。因此译者在进行现场翻译时还需观察各方的肢体语言，并适时地做出描述和解释。跨文化交际原则是各方都要在平等友好的立场上进行交际，而非一方对某一方的盲目追捧崇拜或轻视贬低。因此，译者需要对不同文化背景的参与各方的肢体语言有充分、准确的理解，在自身进行准确翻译的同时，避免不必要的误会和摩擦产生。

不同民族有不同的历史背景、风俗习惯、风土人情、文化传统，从事国际商务的翻译人员必须了解并掌握民族文化差异，提高跨文化交际能力，设法在翻译过程中消除差异，减少失误，进行有效的商务翻译活动。

# 第四节　大学英语四级翻译中的跨文化能力培养

21世纪以来，人们对于生活要求的质量也越来越高，国际的文化交流也越来越广泛，所以英语是大学生必须掌握的一门语言。而英语四级作为检验英语能力程度的一个标准，自然在对大学生跨文化交流能力的培养上发挥着比较重要的作用，以下就大学英语四级翻译在大学生跨文化能力的培养方面发挥的作用进行探讨。

## 一、大学英语四级翻译的主要概述

在对大学英语四级翻译对跨文化能力培养的作用进行浅析之前，首先需要明确大学英语四级翻译的主要内容。大学英语四级在我国已经具有悠久的历史，为大学生未来就业和发展都提供了一个不错的英语学习方向，英语四级相对来说比较容易，其中的英语四级翻译部分是一个比较重要的环节，它对跨文化能力的培养具有非常好的良性作用。根据历年的英语四级真题可以看出，在翻译这部分，大都是给出一段关于某些国家文化习俗或者风景名胜的描述，并要求考生进行翻译。所谓跨文化能力，就是对于外来文化的接受能力和学习能力。对于跨文化能力的培养，在英语四级翻译这方面是比较鲜明的。英语四级考试的翻译内容大多为文化习俗、风景名胜，也旨在将大学生的英语能力发挥到对外来文化的了解上，而对于外来文化、当地习俗的了解，也是与外国人打开交流话题的开端，所以大学英语四级翻译对学生跨文化能力的培养具有非同寻常的意义。

大学生跨文化交际能力是指大学生在一定文化价值观支配下与来自不同语言文化背景下的成员交往时所表现出来的能力。在日常学习中，学生较少能够得到真实的跨文化交流实践机会，而培养学生的跨文化交际能力又非常重要。教育部高等学校外语教学指导委员会在《大学英语教学指南》中将大学英语课程设置分为三个板块，其中一个板块便是"跨文化交际"。目前大学英语四六级考试为通用型英语考试，学生只要达到了425分便认为自己已达到了较高的英语水平，这种观念是值得英语教学工作者反思的。现在，大学英语四六级考试将面临前所未有的重大改革，曾经这一考试推动着大学生努力学习英语，但后来因为部分大学生"功利性"地追求分数，出现了很多虽然已通过考试却无法很好地进行跨文化交际的情况。事实上，一味地指责大学英语四六级考试并不合理，其中的一些试题，如翻译题目能够较好地帮助学生提高跨文化交际能力。

## 二、大学英语四级考试翻译题的现状分析

### （一）大学英语四级考试翻译题的现状

2016年修订版的全国大学英语四级考试大纲指出，四级考试的翻译试题要求考生能将题材熟悉、语言难度较低的汉语段落译成英语。段落的内容涉及中国的文化、历史及社会发展。纵观近几年的四级考试翻译题目，不难看出所选题目都是符合大纲要求的。例如：对珠江、黄河、长江的介绍（2017年6月），红色、黄色、白色在中国文化中的象征（2016年12月），对功夫、风筝、乌镇的介绍（2016年6月），中国父母的关注点、丽江古镇的介绍、关于外国人汉语演讲比赛的简短新闻（2015年12月），中国的经济特色、中国南北主食文化、中国的快递服务业介绍（2015年6月）。并且，同一考试时间的三套题目文体越发一致，各套题目难度差别越来越小。

四级考试翻译的考核要求是译文基本准确地表达原文的意思，语句通顺，句式和用词较为恰当。能运用基本的翻译策略。能在半小时内将长度为140—160个汉字的段落译成英语。翻译内容大多是考生较为熟悉的，语句多为该题概括性得语句，考生花费半个小时就能完成。这样看来，试题并不难，但实际的情况是考生该题的平均得分只有4分多。与作文一样，四级翻译采用总体印象评分方式，而不仅局限于语法结构、词汇以及固定搭配的使用。满分15分，分为5个档次：14分档（13～15分）要求译文能准确表达原文的意思，译文通畅，结构清晰，用词贴切，基本无语言错误，仅有个别小错。能满足此项要求的考生在全国来说是很少的。11分档（10～12分）要求译文基本能表达出原文的意思，结构较清晰，语言通顺，允许有少量语言错误，这对考生来说也是不容易做到的。8分档（7～9分）要求译文能勉强表达出原文的意思，译文较连贯，允许有相当多的语言错误，甚至其中有一些是严重错误。其实，这样的要求并不高，9分相当于及格分数，虽然普遍来看该分档的考生人数比11分档的要多，但仍然比5分档的要少。大多数的考生翻译得分是在5分档（4～6分），这个档次允许译文仅表达小部分原文的意思，译文连贯性差，有较多严重的语法错误，基本上这个档次的考生能写出的正确句子也不多，多数意思只能从关键词语中猜出，并且存在相当多的中式英语的表达。2分档（1～3分）的译文除了个别词语或句子翻译正确外，基本没有表达出原文意思。这个分数档的考生，英语水平较差，基本无法表达出题目的意思，处于该分档的考生也不算多。综上，究竟是什么原因导致考生在翻译试题上无法得到较好的分数呢？

### （二）问题产生的原因分析

从语言词汇层面来看，四级翻译基本不存在生词，如果有，题目中也会有提示；从

语法层面来看，中学的语法知识已经很全面，四级翻译中考查的句子并不复杂。根据考试大纲的考核技能要求，翻译部分考核学生能否运用恰当的翻译策略和语言知识将题目中的主要内容用英语完整、清晰地表达出来。由此可以看出，翻译的题目从内容上看是不难的，但考生仍旧不能很好地完成该部分的考核。主观题可以很好地反映考生的英语语言运用能力，如果说作文尚可能由于审题不清或无话可说而失分，那么翻译便不存在这些理由了。所以，翻译可以很好地体现出考生的英语综合运用能力。从语法层面来看，考生需要把汉语信息转换成英语，这涉及选用合适的英语词汇来准确表达汉语词汇的意思，并且需要用符合英语规范和表达习惯的句型来准确表达汉语句子的含义。那么，考生需要对中英文的句子结构有所把握。之所以提及中文的句子，是因为翻译需要考虑中英两种语言的差别，只有熟悉中文句子结构，能深入理解句子含义，才能更好地提取句子的主干部分，选择更合适的英语句型。从语篇层面来看，考生需要用英语准确、完整地表达汉语段落的信息，做到结构清晰、语篇连贯、语言通顺，这考查的是考生写作英语句子的能力，但鉴于所考查的句子结构都不复杂，所以考生只要能适当使用一些翻译策略，便能较好地把句子意思表达出来。因此，考生在翻译时首先需要提高的是母语的阅读能力，以使正确理解短文中上下文之间的逻辑关系，做到合理断句。

## 三、大学英语四级翻译的主要特点

### （一）对当地文化习俗全面地概括

一段简单的话，却可以让我们清晰快速地了解一个地方的文化习俗，而其中对于文化的概括，就要求我们在翻译的时候能够对文化有深刻的认知。

### （二）关键词比较直观、清晰

在英语四级翻译过程中，多次出现的单词往往就是这段话的核心，它能让我们对于该段文字产生直观鲜明的了解。

### （三）与时俱进的文化焦点

需要翻译的这段话往往具有时效性，总是会将当地文化从古至今的发展一一概括，能够让人们结合现今情况对当地文化有更深入的了解。

### （四）具有鲜明的文化特点

对于英语四级的翻译，不论是从何种角度看，永远是与文化之间有着不可分割的联系。从内容方面来说，总是会体现出一个时代、一个地方的文化特征，这也为考生提供了比较好的方向。

## 四、大学英语四级翻译对大学生跨文化能力培养的作用

大学英语四级翻译的主要特点在上文已经阐明，而它对大学生跨文化能力的培养的作用是显而易见的，主要分为以下几个方面。

### （一）加强对跨文化的了解

前面已经提到，英语四级翻译中的内容总是与文化息息相关，所以为了能更好地抓住相关题型的信息，就代表着需要不断地了解各地的文化，并且对其中比较关键的词语进行学习和记忆。简单来说，虽然英语四级只是检验学生英语能力的一个标准，一个考验，但它也让学生潜移默化、循序渐进地学习着英语知识。

英语四级翻译更能体现出对大学生跨文化能力的培养。它最主要的作用就是加强了学生对世界各地文化的了解程度，不仅包括我国的一些少数民族，还包括许多西方国家和民族。

### （二）加强跨文化交流能力

在对于英语四级翻译的不断解读和练习的过程中，加强了大学生的跨文化交流能力。首先，在学习和了解当地文化的过程中，学生不断地汲取其中有营养价值的文化内涵，这间接地加强了跨文化交流。在面对国际友人的时候，学生不仅可以用英语来打招呼，还可以与他们交流当地的文化习俗。这样不仅可以彰显学生的语言功底，得到外国友人的夸赞和认可，更重要的是，了解不同地区的文化，就不会产生一些由于不明白当地习俗所产生的尴尬或者误会。较好地掌握各地的文化，能够快速地获得外国友人的好感，在一定程度上有利于促进跨文化交流。大学生在通过英语四六级巩固自己英语基础的同时，应了解世界各地的先进文化和民风习俗，培养自己的跨文化能力。

## 第五节  文化自觉与跨文化翻译能力培养

新时代的大学英语教学，需要为国家培养具有文化自觉意识及较好跨文化翻译能力的人才。因此，将中国文学英译本引入大学英语课堂教学，通过大量研读和对比分析这些翻译文学的经典作品，不仅可以有效地提高大学生的跨文化翻译能力，还能够加深大学生对中国文学的理解，增强大学生文化自觉意识。

长期以来，国内大学英语课程对西方文化关注较多，而对中华传统文化的学习不够系统、深入，导致大学生普遍关注西方文化，部分学生甚至盲目崇拜西方，而对本民族

文化缺乏了解，文化自觉意识薄弱，进而缺乏文化自信以及对外文化输出的能力。在新的历史时期，国家从文化战略的高度提出了对外讲好中国故事的时代要求。面对新的时代使命，提高大学生的跨文化翻译能力，同时培养学生的文化自觉意识，甚至是跨文化的自觉意识，显得尤为重要。

那么，大学英语课程应当如何利用大学生喜欢的方式，引导大学生阅读中国文学与文化，提高大学生的文化自觉意识、跨文化翻译意识，更有效地讲好中国故事呢？笔者认为，将"企鹅经典"中国文学英译本引入大学英语课堂，可以将培养学生跨文化翻译能力和提升文化自觉意识有机结合起来。

## 一、"企鹅经典"中国文学作品英译本——用地道英语讲述中国故事的典范

中国文学作品"走出去"的进程虽然十分缓慢，但也不乏优秀译本的出现，其中的优秀作品逐渐被一些西方国家的普通读者所接受。在这方面，那些被收入"企鹅经典"书系，由企鹅出版社出版，在多个英语国家发行的中国文学作品英译本，可谓用地道的英语讲述中国故事的典范，具有较高的中国文学作品英译水平。

自20世纪60年代以来，中国经典文学作品如《红楼梦》《西游记》《三国演义》《聊斋志异》《浮生六记》《鲁迅短篇小说全集》《围城》《猫城记》等，均被收入其中。其中部分是节选译本，如《西游记》《三国演义》《聊斋志异》，选译的均为原著中的精华部分。译者绝大多数是著名的汉学家，如阿瑟·韦利、霍克斯、闵福德、蓝诗玲、金凯筠、彭马田、白伦等。他们用简洁、明快而又地道的英语，将中国的文学与文化介绍给了西方国家，获得了外国普通读者的高度认可。更难能可贵的是，企鹅出版社还将其中最受英语读者喜爱的中国作品收入"企鹅袖珍黑皮经典"，俗称"小黑书"，或者"企鹅口袋书"系列。例如：《浮生六记》的第一章，书名为 *The Man of the Moon*；《聊斋志异》的一部分，书名为 *The Wailing Ghosts*；《西游记》的节选本 *Monkey* 等。这些书籍篇幅短小，但文字地道、内容引人入胜，适合大学英语课堂教学使用。虽然有学者提出将中国文化典籍的英译本引进英语课堂，有利于提高学生的文化自觉意识，但多数文化典籍英译本语言艰深，更适合英语专业学生研读。而文学作品英译本，在阅读难度和文学审美方面，更适合大学英语课堂，且同样可以增强大学生文化自觉意识以及跨文化翻译能力的作用。

例如，沈复的《浮生六记》不仅讲述了沈复夫妇感人的爱情故事，还包括大量中国文化传统、处世哲学和地理人文等内容，合作译者白伦、江素慧利用简洁、地道的英语将中国人的生活理念和传统文化介绍给了英语读者，颇受英语读者喜爱，这些图书在英

美多所高校被当作教材。而在中国家喻户晓的《西游记》，由于阿瑟·韦利传神的译笔，其节选译本 Monkey 已经在英语国家再版 40 多次，创造了中国文学英译史的奇迹。韦利的译笔文字简洁、明快，通俗易懂，将典型的中国文化形象带给了英语世界的普通读者，也非常适合大学生研读。

总之，"企鹅经典"中国文学英译本作为双语和双文化碰撞的典范之作，多为短小的故事或故事集，或者节选译本。将这些经典译本引进大学英语课堂教学，通过研读中英文译本并从跨文化的视角进行译本分析和翻译实践练习，既可以提高大学生双语素养和跨文化翻译能力，又可以提高学生的文学素养和文化自觉意识，不失为一种有效的融合路径。

## 二、研读经典英译作品，提升文化自觉意识

什么是文化自觉？根据乐黛云先生的观点，文化自觉具有三层含义：第一，要对自己的文化有自知之明，也就是充分认识自己的历史和传统，这是文化延续下去的根与种子。第二，在认识自身文化传统的基础上，按现代的认知和需要来诠释自己的历史文化，这是更重要的一个方面。第三，在全球化的今天，文化自觉还有一层非常重要的内容，就是要在多元文化的背景下找到民族文化的自我，明确在新时代下中华文明存在的意义，以及它可以为世界的未来发展做出什么样的贡献。也就是说，必须具有当前的问题意识，而绝不是封闭地讨论甚至玩赏传统文化。

从上述几方面来看，文化自觉意识的培养，第一步无疑就是充分了解和认识自己的文化传统。这一点大学英语课堂是可以有所作为的，引导学生研读"企鹅经典"中国文学英译本不失为一种有效途径。例如，Monkey（《西游记》节选本），Six Records of a Floating Life（《浮生六记》），The Romance of the Three Kingdoms（《三国演义》节选本），Fortress Besieged（《围城》）等，汲取其中优秀的中国传统文化精髓，撰写英文读书报告，探讨这些文化理念的当代价值和世界意义，对于提高大学生对传统文化的认知，提升大学生文化自觉意识和民族文化自豪感具有重要作用。例如，可以引导学生通过评价 Six Records of a Floating Life 中沈复夫妇的淳朴生活，去探究那种知足常乐的中国处世哲学，提醒忙碌的现代人工作之余别忘记品味生活的美。再如，探讨 The Romance of the Three Kingdoms 中的人物形象及其体现的中国文化，如刘备的仁政爱民思想，关羽的忠义文化，诸葛亮代表的中国智慧等。对上述中华文化及其当代价值的深入探究，可以为对外讲好中国故事奠定基础，逐步发挥中国文化在全球时代的重要作用。

## 三、开展经典英译分析与实践,增强跨文化翻译能力

文化自觉,绝不是文化自闭或自大,而是需要具备跨文化沟通能力,了解他者文化,在多种文化的交流、沟通和碰撞中完善自己的文化。在此方面,大学英语教学同样能够发挥重要作用,培养学生跨文化翻译能力即为重要方面。例如,引导学生从跨文化的视角出发,通过中英对比研读,探究两种语言以及两种文化的异同,分析其中的跨文化翻译策略,包括中国文化元素的英译策略,进而提高学生的跨文化翻译意识与能力,使学生学会更有效地用地道英语讲述中国故事与翻译中国文化。

### (一)跨文化阐释的方法

以《浮生六记》为例,该书四部译著中,"企鹅经典"版文字最为简洁,接近日常口语,最受国外读者欢迎,并且译者采用了明显的跨文化阐释式的翻译策略,这对提高学生的跨文化意识和跨文化的翻译能力具有很强的指导意义。例如,第三部分正文中,沈复的父亲在不知真情的情况下,给沈复写信,斥责他的妻子芸背着丈夫私自借钱,还设法将责任转嫁给小叔子启堂身上。对于"小叔子"这个称谓,白伦、江素慧直译为little uncle,保留了中国文化,同时在尾注中对此做了解释:"这里指的是作者的弟弟启堂。小叔子是妻子指称丈夫的弟弟的称谓语。"目的是帮助英语读者理解中国文化。林语堂将其意译为your brother,未能将其中的中国文化保留下来。当然,林语堂这样做是考虑到当时读者的接受能力。

### (二)译例对比分析法

翻译从本质上说就是跨文化交流活动,译者就是两种文化的中介。王佐良先生曾经说过:"译者处理的是个别的词,面对的则是两大片文化"。翻开中国文学经典作品,处处可见中国文化,如何将优秀的中国文化适当地介绍给外国读者,并使其易于被外国读者接受,实则不是一件容易的事情。阅读中国文学经典及其英译本,通过中英对照的方式,或者多译本比较研读的方法,开展课堂讨论,不仅有助于增强学生的跨文化意识和翻译能力,同时有助于加深学生对中国文化的理解,增强学生的文化自觉意识。

《浮生六记》第一段原文如下:

余生乾隆癸未冬十一月二十有二日,正值太平盛世,且在衣冠之家,居苏州沧浪亭畔,天之厚我,可谓至矣。东坡云"事如春梦了无痕",苟不记之笔墨,未免有辜彼苍之厚。

这里涉及的古代文化因素较多,如"乾隆""癸未""十一月二十有二日""衣冠之家""沧浪亭""天""东坡""笔墨""彼苍",以及苏东坡的诗句等。

阅读"企鹅经典"白伦、江素慧的译本,译文如下:

I was born in the winter of the 27th year of the reign of the Emperor Chien Lung, on the second and twentieth day of the eleventh month. Heaven blessed me, and life then could not have been more full. It was a time of great peace and plenty, and my family was an official one that lived next to the Pavilion of the Waves in Soochow. As the poet Su Tung-po wrote, 'All things are like spring dreams, passing with no trace.' If I did not make a record of that time, I should be ungrateful for the blessings of heaven.

第一，译者采取了添加的翻译方法如"乾隆"和"东坡"前分别添加了 the Emperor、the poet Su，弥补了英语读者对中国文化的缺失，十分恰当。但对"乾隆"的翻译是 Chien Lung，其中采用了大写字母"L"，容易让英语读者产生误解，认为"乾隆"姓 Lung 名 Chien 或者姓 Chien 名 Lung，不如林语堂的译文 Ch'ienlung 更准确。

第二，译者将"癸未"这一传统的中国天干地支纪年法转译成 the 27th year，可能的原因是这一纪年方式对英语世界的读者过于复杂，难于理解，这一转译的方法既保留了部分中国纪年方式，即"乾隆二十七年"，又便于西方读者理解，只是不无遗憾的是，"癸未年"是"乾隆二十八年"，桑德斯译本对此做了调整。值得一提的是，译者白伦、江素慧还添加了简单的尾注："1763"，表明这一年是公历纪年的 1763 年，可见译者具有明显的跨文化意识，值得借鉴。

第三，这里的"十一月二十有二日"指的是中国的农历十一月，不同于英语中的 November，这里译者保留了源语文化及行文方式，翻译成 the second and twentieth day of the eleventh month，但不免有冗长之嫌。

第四，语序调整。即将"天之厚我，可谓至矣"调整至"正值太平盛世，且在衣冠之家，居苏州沧浪亭畔"之前。这样做的目的是将主要信息前置，然后再补充具体原因，更符合英语的行文习惯。

第五，保留源语文化意象，如汉语中的"天""彼苍"，直接翻译成 heaven。而在林语堂译本中，"天"转译成了英文的 gods，属于归化的翻译方法。之所以存在这种差异，是因为林语堂译本产生在 20 世纪 30 年代，当时的英语读者对中国文化知之甚少，采用归化的方法更易于读者理解。而到了 20 世纪 80 年代，随着更多中国文化翻译到了许多国家，国外读者对中国的"天"的文化意象有所了解，在上下文的帮助下，不会产生阅读障碍。

第六，其中的四字成语，如"太平盛世""衣冠之家"，翻译成了 a time of great peace and plenty、an official family，前者使用了 peace and plenty，不仅表达地道，而且还产生了押头韵的效果，可谓精妙。"衣冠之家"更主要指"书香门第"，但在中国封建社会"学而优则仕"的传统文化里,翻译成 an official family 也是可以接受的,何况沈复的父亲的确是在绍兴县衙内担任幕僚。

最后,苏东坡的诗句"事如春梦了无痕",译者翻译成"All things are like spring dreams, passing with no trace."可谓简洁、精到,值得借鉴。

从上述分析可以看出,"企鹅经典"版的《浮生六记》虽然存在一些瑕疵,但瑕不掩瑜,译者有着强烈的跨文化意识,在译文读者能够理解的情况下,尽量采用异化的翻译方法,恰当地传播了中国文化,值得借鉴。此外,还可以就上述中国文化元素的翻译,进行多译本比较分析,当然这种对比分析需要带有一定的历史观,即需要结合各自译本产生的时代背景、译者翻译目的等多方面因素,得出一个相对客观的结论。也就是说,跨文化的翻译意识和翻译能力的培养并非在真空中进行。

### (三)中国文学英译实践对比法

在译例比较、分析的基础上,还可以进行实际的中国文学乃至中国文化的英译片段练习,例如在翻译实践中,结合翻译目的、读者状况等训练跨文化的翻译能力,从而能够用地道英语讲述中国故事,有效地促进中国文化对外传播。在这方面,同样可以借鉴"企鹅经典"中国文学英译作品。例如,可以选取《西游记》中的片段,让学生进行翻译实践训练,然后再对照韦利的译本,通过与名家名译进行比对,寻找差距,取得进步。

新时代的大学英语教学,需要牢记中华民族伟大复兴的使命,并紧密结合当代大学生对中国传统文学与文化缺乏了解的特点,培养跨文化翻译能力和文化自觉意识。

引导大学生大量研读"企鹅经典"中国文学英译作品,有助于大学生深入了解中国传统文化,并提升大学生文化自信,进而促使大学生主动传承优秀中国文化。同时,应引导学生从跨文化的视角分析文化差异对翻译的影响,掌握跨文化交流的规律,提高学生的跨文化翻译能力和双语表达能力,增强用英语讲述中国故事和对外输出中国文化的能力。

# 第九章 跨文化英语翻译的实践应用研究

## 第一节 跨文化思维在英语新闻翻译中的应用

英语新闻翻译是英语新闻最为重要的技术工作，译者不仅要注重英语新闻翻译，更要注重跨文化思维。在英语翻译中不仅要全面掌握各国的文化特点，了解不同国家的民族历史、发展环境以及社会政治制度，还要积极研究不同民族的阅读习惯，对比各国的新闻表现方式，在翻译中实现新闻内容的独特性和形式的对等性，做到文化思维的有效对接。译者要确保英语新闻翻译精准，使英语新闻阅读起来更加自然，更符合受众的认知和思维，这样才能促进新闻传播，真正实现新闻的价值，服务国家文化输出，推动中外文化交流。

英语新闻翻译者要充分了解不同国家受众的思维特点，深谙各个国家的文化特质，了解中外文化的差异点，寻找最为精确的翻译方式，确保词汇、句式的选择与传达的思想情感对应该民族的基本特点。译者要具有较强的跨文化思维意识，能够客观准确地翻译英语词汇。同时，译者更要具备非常扎实的英语功底，有更为全面的文化素养，运用跨文化思维做好英语新闻翻译，确保英语新闻的客观性、真实性和生动性。

### 一、跨文化思维在英语新闻翻译中的应用原则

中国和西方国家有着不同的历史，更有着不同的文化传统。在长期的生存、生活和发展过程中形成的东方思维和西方思维有较大的不同，在解决问题和分析问题方面也存在着明显的思维差异。不同思维方式必然会形成不同的语言组织形式，表现出较为明显的语言差异性。中国文化具有较为明显的形象性、综合性和本体性特点，而西方语言则具有较为明显的个体性、客观性、抽象性等特点。译者要更好地进行英语新闻翻译，必须把握好最基本的文化元素和英语翻译的应用规则，在翻译过程中一定要最大限度地消除因思维和文化差异带来的理解障碍，做好语言文化思维的精准转换。

### (一)注重习语文化翻译原则

每个民族在长期的生产和生活过程中都形成了一些关于自然、宇宙、社会、人生的通俗性、口语性词汇或者句式,称之为习语,包括俗语、俚语、成语、谚语、歇后语等。这些习语不能简单地从字面意义理解,更不能以直译的方式来简单呈现。比如中国的成语、俗语、谚语等,其背后是历史,是特殊的生产和生活方式。在英语新闻翻译中应坚持文化翻译的基本原则。在习语的翻译中要遵循特定的文化背景,寻找对应民族最为生动而又贴近受众生活的语言形式,这样既能保证英语新闻内容的有效对接,更能凸显英语新闻的真实性和通俗性。

### (二)民族文化历史原则

每个国家、每个民族都有自己的传统文化,民族文化是一个国家文化的精髓,是一个国家文化最为重要的组成部分。每一个民族在其历史发展过程中,都会有对历史发展和民族独立方面起到重要作用的历史人物,发生过一些影响历史发展的重大事件。这些重要的历史人物和历史事件衍生出一个民族的信仰,展现一个民族的文化价值取向,体现一个国家的道德理念。译者在翻译新闻时不能将这些重要历史人物、历史事件简单化,一定要注重民族文化的还原,对历史人物背后所承载的精神、历史事件及所隐含的文化内涵充分了解,确保新闻内容翻译的准确性和文化意蕴的丰富性。

### (三)语言审美标准原则

英语新闻翻译不仅要传递信息,还要展现语言艺术力,要符合语言的审美特点。每一个国家的语言都有自己的文化特性,都有自己的审美标准,翻译时既要做到英语新闻的准确性,还要体现语言的艺术性,这样更符合一个国家的语言审美标准,可使英语新闻更具阅读性。这就要求译者在进行英语新闻翻译时要坚持语言审美原则,在保证翻译真实性和连贯性的同时,要按照一个国家的语言审美标准,凸显语言的艺术魅力,让英语新闻更具鉴赏性,真正促进文化之间的沟通和交流。

## 二、跨文化思维在英语新闻翻译中的具体应用

在全球一体化背景下,在国家软实力越来越重要的新时代,在各国都在争夺国际话语权的大环境下,各国都在抢占舆论制高点,此时更应注重文化的输入,重视文化的输出,做好文化传播,确保文化繁荣,力争更好的舆论环境。新闻是一个国家的喉舌,英语新闻既是实现文化传播的最为重要的载体,也是实现文化输出的最为便捷的通道。英语新闻要更好地传播,就要注重不同语言背后的文化思维的巨大差异,应用跨文化思维服务英语新闻翻译。

### （一）充分重视中外文化思维差异

英语新闻既要面对以英语为母语的英美国家，还要面对更多以英语为主要官方语言的国家，与世界各国保持密切的联系。中国的英语新闻受众不仅有英国和美国，还有加拿大、澳大利亚、印度、新西兰、南非等。世界上有超过70个国家将英语作为官方语言。英语新闻翻译不仅要重视中英、中美跨文化思维差异，还要注意与这些英语为官方语言的国家的文化思维差异。因此，译者要针对不同国家、不同民族的特点，注重英语背后的不同国家的文化特点和思维方式，更好地翻译英语新闻。除了体现中国文化的主观性、形象性和整体性，更应凸显西方文化思维的抽象性和具体性，实现跨文化思维的具体化和个性化。

### （二）注意英语国家特殊的文化意象

语言中词汇的语义具有丰富性的特点，不仅有它的本意，还有比喻义、引申义，以及在长期的语言文化发展演变过程中凝聚的独特情感色彩或者象征，也称为文化特殊意象。虽然是同一个单词，但是在不同国家可能会有截然不同的引申义项，在情感色彩方面具有更强的差异性。译者在进行英语翻译时一定要有这种较强的跨文化思维意识，针对一些特殊的意象做专门化处理。比如，最基本的表示颜色的词语，除了表现事物的颜色，同时具有更多的抽象意义，尤其是在中西文化思维方面，颜色词语承载着不同的非文化象征，甚至是截然相反的审美标准和情感色彩。

### （三）做好英语新闻翻译的艺术性处理

英语新闻和一般文本一样，翻译的时候不仅要做到精确，注重艺术性，选择合适的词汇和句式，还要注重使用一定的修辞和艺术手法。译者进行英语新闻翻译时要注重不同民族、不同语言的修辞，在语言处理方面一定要充分考虑各国语言的艺术性差异。注重跨文化思维，让词汇更加准确，实现语法有效对接，让语言更具魅力，增强英语新闻的艺术感染力。中国新闻表述中会运用历史典故和文化掌故，并运用一定的比喻修辞，而西方国家也有相应的典故，就是著名的历史人物或历史事件。翻译时要做好中国的历史典故、文化掌故与西方历史人物、历史事件的跨文化对接。

总之，英语新闻翻译的本质是不同民族文化的沟通和交流，在英语新闻翻译时要具有更强的跨文化思维，要强化跨文化意识。要做到准确、客观、生动，符合民族思维和认知习惯，让受众更易接受，让新闻传播更加便捷，让英语新闻阅读更为自然，让新闻背后的深层次文化内涵得以充分展现，进而有效推动中外民族文化的沟通与交流。

## 第二节　英语语言翻译中多元文化的应用

在全球化背景下，英语被广泛应用。提高英文水平，可以更好地促进各国的政治、文化、经济、贸易等交流，加深合作。从多元化的角度看，提高英语水平有利于提升英文翻译质量，加强跨文化交际。语言的多元化不仅体现在地理位置、民族文化等方面，还反映在生活工作的各方面，因此应加强对文化细节的学习。

### 一、多元化文化背景下英文翻译的重要意义

英文翻译主要分为笔译和口译，无论是哪种形式，都需要将人们所要表达的内容准确、完整地表述出来，不进行过多的修饰，也不掺杂主观臆断。为了使英文翻译更加准确，在翻译时，不能单从字面来理解，还要充分了解不同国家的语言文化背景，这样在翻译过程中才不会曲解内容，避免出现错误，才不会根据主观情感去翻译，保证将内容清楚地阐述出来，并让对方听懂。

近几年，人们越来越关注翻译中的文化问题，认识到文化元素与翻译内容的内在联系。人们对于文化问题的重视，也能看出人们已经认识到文化知识的真正作用。在具体翻译活动中，译者因为对文化掌握不全面，或是不够了解、误解了文化内容等，导致翻译错误的例子也很多。所以，文化因素对于英文翻译质量有很大的影响。美国著名翻译理论家尤金·奈达说："就真正成功的翻译而言，译者的双文化（bicultural）功底甚至比双语（bilingualism）功底更重要，因为词语只有在起作用的文化语境中才有意义。"

语言是人类进行沟通和交流的重要工具，不仅可以最准确地表达人们的想法，生动化表述其观点，还是承载文化发展、文明进步的重要载体。在国际化发展背景下，语言呈现出多元化的一面，站在多元化文化的角度进行英文翻译，可以更好地表述其中的内容，进而提高翻译质量，实现有效的跨文化交际。

### 二、语言多元化的表现

#### （一）民族语言具有多样性特点

不同国家、不同民族都有属于自己的语言，语言在形成和发展的过程中充分体现了民族特点，展现了其进步的全过程。而不同国家和不同地域的人，因为诸多因素，其语言文化也各有不同，其中有生活环境、文化背景及发展历史等因素。社会经济快速发展、

科学技术水平不断提升，语言也逐渐规范。例如，在我国大学校园经常可以看见这样的标语："请写规范字，请说普通话"，时时刻刻都在规范着学生们的语言。与此同时，在全球化背景下，各国之间的交往越来越密切，英语是国际性语言，是重要的交流工具，在世界交流活动中占据重要位置。因此，如何准确进行英文翻译也成为重要内容，各国需要通过这种方式加深与国际交流，促进跨文化交际的有效进行。

此外，英语国家的经济发展水平高、文化元素丰富、科学领域发展迅猛、综合国力强等，促进了英语文化的兴盛。最初，语言是出现在群体内的合作生产与交流，随着群体的发展与壮大，逐渐成为一个民族、一个地区的交流方式，然后在世界范围内得到了广泛应用。但由于地域因素等不同，语言交流也不同，形成了语言的多元化。而为了加快发展速度，每个民族都会推行自己的语言，使之越来越规范。

### （二）地理位置的不同

在具体的交流中，我国与外国人打招呼方式有很多不同。通常情况下，中国人打招呼时都会问"吃了吗""去哪儿了"等问题，但外国人不会问这些问题，他们觉得这些问题涉及个人隐私，所以许多外国人打招呼只是用"Hello."或"Hi."等。例如，一个美国人在中国，每次见面时身边的中国朋友都会问"吃饭了没"，如果回答还没有，中国朋友会说"走啊，去我家吃饭"，这时这个美国人会觉得这是在邀请自己，但事实上这只是中国人用来表示客套的方式。从这一例子可以看出，不同国家的人对于语言的理解是存在差异的，所以在英文翻译过程中，译者要充分了解不同国家的文化背景，所翻译的内容要凸显不同国家的语言习惯。

我国幅员辽阔，民族众多，民族文化也具有多样性的特点，在英文翻译过程中一定要用合适的词语，才能更好地保证翻译内容的准确性。因为地理因素、社会背景因素以及文化多元化因素等，人们对于一些词语很难正确理解，常常会误解词语的真正意思，出现一些交流中的麻烦。中国人的语言表达因为受传统文化影响，更含蓄一些，一些观念看法会采取委婉的方式，而西方人则会更直接，这与人们所处的文化背景有很大关系。因此，译者在翻译过程中需要认真考虑各方面因素，避免在交流中出现交际障碍。

### （三）不同的历史文化

我国拥有五千年的文明历史，博大精深、源远流长的文化决定了语言的多元化特点。而其他的一些发展历史比较短的欧美国家，其语言文化层次相对来说简约一些，因此不同国家历史文化会存在一定的差异性。我国历史文化悠久，语言内容也极为丰富，有内涵深刻的成语，也有包罗万象的谚语，还有生动形象的历史故事。而在这种复杂且多变的语言环境及历史背景下，译者在进行英文翻译时其实很难找到非常适合的词语，只能采取词语罗列等方式，勉强将中文的深刻内容表达出来。例如，在英语中，"后天"这个词，翻译时只能译为明天的明天。我国的计数单位有"亿"，而在英语中，只能用十个千万来表达"亿"的意思。所以，历史文化不同，多元化的语言深深影响了翻译的准确性。中华民族拥有五千年的中华文明，中国的语言具有多样性。也是因为这一原因，使译者在翻译过程中很难找到准确的词语，这为翻译工作带来许多困难。

与此同时，这种问题不仅会体现在不同国家之间，也会体现在不同地区。例如，"炕"一词出现在我国北方方言中，由于地理位置的原因，北方冬夏季节差异比较明显，所以一些北方地区在冬季为了过冬取暖，会搭建"炕"，这样不仅可以解决睡眠问题，还能为做饭提供便利。但在英文翻译中，很难找到准确的词语来表达，不能单纯用 bed 这个词来替代，因为无论是从功能性角度，还是从实际应用方式，炕都与床有很大的区别。

## 三、英文翻译中语言文化的多元化体现

### （一）在实际交往过程中语言文化的多元化

我国关于亲戚的称呼有许多，我国有姥姥、姥爷、奶奶、爷爷、叔叔、阿姨、舅舅、舅妈、伯父、伯母、哥哥、弟弟、姐姐、妹妹等称呼，在不同的地区，这些称呼也有一些差别。而在英文翻译中，只有 uncle、aunt、brother、sister 这些词语。在英语中，是不会区分说话对象的年龄，也不会区分他们与自己父母的关系。所以，不同的历史文化促成了语言的多元化，这些是在翻译中需要具体了解的内容。

以赤道为分界，将地球划分为南半球和北半球，而处在不同半球的国家，其地理环境和气候等方面有很大不同。由于地理位置原因，人们的生活方式存在差异，语言表达也不同。人们所使用的语言有各自的特点，会体现出地理位置的特点。在英文翻译过程中，译者常因地理位置不同的语言文化差异而出现一些问题，导致实际意思很难正确表达出来。例如，east wind 这个词被译为"东风"，在我国有"温暖"和"希望"的意思。而在英国，这个词则是"寒冷刺骨"的意思。出现这种差异主要是因为英国是一个岛国，东临北海、西靠大西洋，东风是从欧洲大陆北部吹来的寒冷的风。因此，译者在进行英文翻译时，也要充分考虑地理因素。

### （二）受教育程度的不同

世界上国家的发展程度不同，有的是发达国家，有的则是发展中国家。发展中国家与发达国家的受教育程度相比，受教育水平还是偏低的。与此同时，每个国家的生活环境不同，对词语的理解也不同。例如，对于"知识分子"这个词，我国与其他国家对其

的理解就有很大不同。从所涵盖的范围来看，我国因为地区经济发展不同，有些地方会把接受过高等教育的人称为"知识分子"。但那些地处偏远且经济落后的地区，会一些知识的人就会被称为知识分子。而在其他国家，知识分子的范围其实是很小的，他们会把那些拥有一定学术地位的人称为知识分子，并不包括普通大学生。所以，知识分子在国外所指的范围要小得多。由此看来，在英文翻译过程中，某些词语在两种语言里，虽然表面上似乎是指一个事物，或是一个概念，但其实并不是这样的。理解之中稍有偏差，就会出现很多问题，造成交流中的麻烦。所以，在多元化文化中，了解一个国家的文化背景能够提高翻译质量，实现有效的跨文化语言交际。

### （三）风俗习惯的差异

我国拥有几千年的历史文化，人们的思想观念、思维习惯、行为方式等深受其影响。现如今，虽然社会飞速发展，但人们对于事物的看法、对待事情的态度等还是会受传统观念的影响。译者在英文翻译过程中，因为风俗习惯的不同，翻译内容也会有出入。例如，在我国，常常用狗来比喻一些坏人，或是不好的事情，从狼心狗肺等词语就可以看出。但在英美文化中，狗象征好的方面，也由此出现许多词语，lucky dog 就是"幸运儿"的意思。还有谚语"Every dog has his own day."意思是"每只狗都有他的好时光"，用来比喻"人人都有得意的一天"。从这些例子可以看出，语言文化具有多元化特点，译者在英文翻译过程中要充分考虑各方面因素，了解对方语言的风俗习惯等，贴近当地生活，使翻译内容更地道。这样不仅能保证内容的真实性，还能融入原汁原味儿的文化，提升跨文化交际水平。

勤俭节约一直都是中国人提倡的美好品德，如谚语"勤是摇钱树，俭是聚宝盆"就在倡导大家勤劳节俭。所以，存钱一直都是中国人的一个良好习惯，而这也是许多西方国家所不能理解的。就像失业问题，中国人也面临失业问题，但通常情况下不会严重到刚失业就没有饭吃。西方人却更为注重活在当下，很少有存钱的概念。因此，那些失业就没饭吃的情况并不是夸张的说辞。译者翻译时要充分了解对方国家的生活习惯，保证翻译内容的忠实性，更深刻地理解另一种语言的民风民俗，并进行更好的语言文化诠释。所以，为了使英文翻译更精准，需要针对不同国家的习惯用语和不同的语境等进行仔细斟酌、反复分析，然后在翻译中体现其思维方式、语言表达及行为习惯，为人们呈现最准确的翻译内容，保证忠实于原文意图。

加强对不同国家语言多元化的重视，充分了解其产生原因和影响因素以及来源等内容，会使英文翻译更准确，能生动表达出其语言内容的原始意图。通过有效的翻译，加强跨文化交际，可以提高交流水平。所以，从语言文化多元化的角度出发，提高对英文翻译的重视，加大投入力度，使英文翻译更科学性、规范性，并注重内涵建设，对于西方国家的社会背景、文化背景、民俗习惯等进行全方位了解，有助于推动跨文化交际的有效完成，加强我国与世界各国的交流与合作。

## 第三节　跨文化意识在广告英语翻译中的应用

随着经济的快速发展和各国经贸交往的增加，广告翻译日益重要。广告翻译不仅是语言的翻译，还是一种跨文化的交流活动，它要求译者必须具备很强的跨文化意识。因此，在翻译广告的时候，译者必须理解和把握不同民族的文化心理特征、文化传统、思维模式和审美习惯，并通过转化这些文化，用准确恰当的方式传递源语广告的文化信息。同时，应使广告译文顺应译入语文化传统、表达习惯及审美标准，发挥广告的经济价值。本节从广告语的语体特征出发，简要分析文化差异在广告语翻译中的主要表现，进一步探索文化差异对广告语翻译的影响。

在生活中我们不难发现，广告语翻译是一项非常灵活且复杂的工作，其中最重要的原因是中英文化差异所带来的影响。由于不同的民族有各自独特的文化，因而跨文化交际中的文化差异在很大程度上影响着广告对象的接受心理。近年来，随着中国市场的不断开放，跨国企业本土化意识的不断加强，对广告语翻译的准确和地道与否提出了更高的要求。

### 一、广告语与广告语翻译

广告是商业宣传的重要途径之一，那么广告语必然具有商业目的性。广义上，广告语指的是所有在广告宣传中所用到的方式和方法，它包括声音语言、音乐语言、图像语言、色彩语言以及书面语言。狭义上，广告语是指在广告中出现的文字语言。本节的论述对象就是狭义上的广告语，它具体包括商标、广告标题（包括标题、主题和字幕）、宣传口号、广告警示和广告文本。广告语翻译就是对这些内容进行中英意思的准确转换，通过对字词句的谨慎选择和巧妙编排，将相关信息准确地传递给广大消费者。

由于文化差异的存在，直译往往无法准确表达广告语的内涵，可能会误导受众，或是引起受众的反感。因此在广告语翻译中，译者需要先了解原广告语的含义，并用符合对方用词习惯的方式将同样的意思表达出来，保障广告语的准确性。

## 二、跨文化意识在广告语翻译中的表现

### （一）价值观差异

语言是文化的载体，也就是思维方式的载体。思维方式很大程度上影响着人们对文本内容的编排，以及人们说话行文时的遣词造句、谋篇布局。从本质上讲，翻译就是不同思维方式的转换。中国人喜欢委婉、非直接地表达自己的想法，对意境和词句中带有的神韵更为关注，而西方人则更重视思维过程中的逻辑和推理，表达方式上也更直接、不含糊。因此，传统的中式广告较为注重音韵、修辞、意象等方面的运用，将想要传递给受众的产品信息隐藏于意境中，希望从整体上感染受众。中国某房地产集团的广告语是：气度不凡，大家风范。该广告语采用四字词并列的形式，与中国传统诗歌类同，词尾押韵，蕴含浓浓的文化韵味，同时向受众透露出一股中正豪气，暗指其楼房档次高。

西方文明起源于希腊和罗马。强者生存的环境突出了个人的重要性，再加上中世纪的文艺复兴运动，逐步形成了西方文化的个人主义思想。香奈儿推出五号之水，其广告语是"You know me and you don't."（你懂我又不懂我），通过两句看似对立矛盾的简单句，实则呼应香奈儿香水"正反论"的主题，不仅将五号之水奢华感与小清新相结合的特征完美展现，也是对女性个体魅力的诠释。这种以女性个体为口吻的广告语表达方式，恰恰体现了西方文化中的个人主义。

近年来，随着国际化的不断推进，不同国家人民的价值观念都在潜移默化地发生变化，但传统的价值观仍被多数人接纳并占重要地位。中西方价值观差异最显著的体现在于中国人崇尚集体主义，而西方人偏向个人主义。中国起源于部落的统一，自古强调群体价值，这与儒家思想也有着密切的联系。儒家倡导社会的和谐有序，提倡个人对群体的忠诚和责任。

跨文化意识指的是对不同文化要素有一定理解的人们之间进行的跨文化交流。一般来说，跨文化意识可以分为四个层次来分析：能够从表面发现不同文化中的相异现象；能察觉到对方文化与自己文化有显著差别的文化特征；能通过理性分析证实或者在理论层面理解跨文化的显著特征；能在对方文化背景下，自主察觉其文化的不同，并能设身处地为对方着想。拥有跨文化意识可有效避免跨文化冲突的发生，同时对不同文化有一定的敏感度和识别力，有利于在不同文化背景下以恰当的方式行事。

### （二）思维方式差异

美国语言学家罗波特·拉度（Robert Lado）曾在其《跨文化的语言学》一书中提出："一种语言既是一种文化的一部分，又是该文化其他组成部分的主要表现手段，影响到

双方的文化传统。"语言是文化的表现形式，而文化充实了语言的内涵。两者相辅相成，不可分割。

中西方文化差异性很大，自然在语言表达上也会有所不同。一些词句背后所蕴藏的含义和象征意义都不尽相同，有的甚至还大相径庭。"龙"在中国象征着吉兆，也象征着至高无上的权力和无尽的荣华富贵。但在西方，"龙"是邪恶的象征。在一些西方的童话故事里，龙是毁灭世间万物、给所到之处带来灾难和绝望的存在。故事里，勇敢的骑士因为杀死恶龙，营救好人而被世人称赞。因此，在广告语的翻译中，类似具有不同象征意义的词语不可直译，不然会极大地影响营销的效果。

## 三、跨文化意识对广告语翻译的影响

### （一）准确性

广告作为企业营销的手段之一，有其目的性。一般而言，广告语需要具备简洁干练、生动形象、易于记忆等特征，从而有效传达信息，成功引起受众的关注。英语广告语在表达用语上较中文广告语更直截了当。祈使句如"Buy it now and get 50% off!"（即刻下单即享半价优惠），简单句如"Apple thinks different."（苹果电脑，不同凡"想"）都是典型的英文广告语，而中文广告语就相对含蓄一些。因此，在进行广告语的汉译时，尤其是高档产品广告语的汉译，要注意用词用语不可太过露骨，避免传销式、口号式的用语，因为这些可能会引起中国受众的反感，拉低商品档次，有损商品在受众心中的良好形象。

### （二）艺术性

中华民族自古以来都对诗词之美有独到的热爱，广告语亦是如此。广告语翻译时使用一些四字词、修辞、押韵、双关等写作手法，使广告语可以变得更加优美，从而营造独特的语境，让受众感受到古典美，在潜移默化中吸引着受众。

汰渍洗衣粉的广告词"Tide's in, dirt's out."（汰渍到，污垢逃）就是个很好的例子。英语版本有很强的直观性，符合外国人的喜好；中文版本增加了押韵的部分，读来朗朗上口，为广告语增加了节奏感，易被记忆和传颂。另外，一些销售红木家具的企业，常常会使用诗歌式的广告词来营造古风意境。如员外楼红木的广告语"红木紫檀藏雅韵，传家品藏员外楼"，将古诗的写法融入广告中，以彰显红木家具所承载的文化底蕴和无限价值，与商品风格遥相呼应。

在商品经济迅速发展的当下，广告语作为企业营销最重要的方式之一，其重要性不言而喻。因此，在对广告语进行翻译时，应充分了解中英文化差异，避免受到双方不同价值观、思维方式和文化习俗的影响，从而影响广告语的准确性、直观性和艺术性。企业应重视跨文化因素对广告语翻译的影响，有针对性地培养或聘请专业翻译人士进行广告语的翻译，避免出现低级错误，造成误解，影响销售和品牌形象。

## 第四节　跨文化意识在旅游景点英语翻译中的应用

　　文化是国家和民族的重要精神传承，每一个国家都有不同的文化历史。中国作为具有五千年文明历史的文化古国，具有深厚的文化内涵和底蕴。越来越多的外国游客关注中华历史文化，但是由于中西文化的差异性，在沟通和交流方面存在一些问题，在一定程度上妨碍中西文化的交流。本节分析跨文化意识在旅游景点英语翻译中的重要性，研究实际应用方法。

　　伴随着全球化的发展，越来越多的外国游客来中国游玩。这对于我国的旅游行业而言是一个重要的发展契机。我国地大物博，从先秦时期到唐汉辉煌再到明清文化，每一个历史时期都拥有宝贵的文化财富，都是当之无愧的历史瑰宝，让外国游客沉醉其中。但是，外国游客在欣赏我国的历史瑰宝的过程中，难免出现语言交流不顺的情况。因接受的文化存在差异性，导致翻译过程中出现错误，让游客误解文化内涵，这是应当改进的。

### 一、跨文化意识的意义及其重要性

　　跨文化意识，通俗地讲，是指接受不同文化教育的人或团体进行文化交流时的思维与文化意识。文化影响的不仅仅是语言，还包括人类的习惯及思维方式等。在实际交流过程中，我们应本着求同存异的心态看待跨文化意识交流，对本土文化有充足的信心，同时充分尊重对方文化，达到求同存异的效果。在跨文化意识交流过程中，语言障碍影响大，需要优秀的翻译人员熟悉双方的文化特点，并能够根据特定的语境进行相应的翻译。尤其是旅游行业，涉及的历史文化内容较多，很多都是我国特有的历史文化，西方人很难知晓具体的文化内涵，使跨文化意识交流受到影响，因此探究旅游景点的英语翻译具有重要意义。

## 二、一些旅游景点中英文翻译存在的普遍问题

### （一）景点名称英语翻译不统一

景点是吸引游客的关键，但是旅游景点英语翻译的名称不统一，会导致外国游客对我国的旅游景点产生一些误解。而且，随着中西方文化的交流，部分旅游景点已经采用全新的英语翻译名称，部分景点仍保留原有的英语翻译旅游景点名称，使部分外来游客产生误会，甚至还有外来游客误认为两个名字是两个不同的旅游景点。因旅游景点英文翻译的不统一导致我国旅游景点的文化传播受到阻碍，该现象大量存在于我国的旅游指南或旅游宣传手册之中。例如，我国的著名旅游景点，五岳之一的"黄山"，英文翻译就有很多版本，常见的有Huang Shan、Mt. Huang、Yellow mountain等，导致国外游客经常产生误解。

### （二）文化理解不足导致理解出现偏差

跨文化意识交流过程中，一定要充分了解双方的文化差异性，并结合相应的语境意思完成翻译。尤其在旅游景点中，每个景点都包含特有的景点文化。由于译者对文化认知程度不足，翻译词汇流于表面的情况时有发生，使很多外国友人产生误解。最典型的是大雁塔，大雁塔是我国唐朝的标志性建筑，也是我国的标志性旅游景点之一，文化底蕴及文化影响力可想而知。大雁塔的英文翻译早已被定为Dayan Pagoda。但是，部分译者却将其翻译成Big Wild Goose Pagoda，意思是"大野鹅塔"。这种例子还有很多，如我国著名城市"贵阳"被翻译成The expensive sun，中文的意思为"昂贵的太阳"。这就是典型的不了解文化的直译。这样的歧义翻译对于外国游客了解中国文化无疑是不利的，甚至某些外国游客看到Big Wild Goose Pagoda、The expensive sun等名称奇怪的景点时，会下意识地产生误解。

### （三）用词不当

当前，部分旅游景点存在翻译水平低下的问题，一些旅游景点进行中英互译时，无法有效表达出想表达的含义，因为翻译用词不恰当，导致外国游客无法真正懂得中国旅游景点的意思。比如，在翻译"枯藤老树昏鸦"一句时，有翻译人员将其翻译为rattan、tree、crow，这种翻译方法的确将待翻译句子的所有事物主体都翻译了，但是翻译之后缺失了句子原本的内涵。在翻译这些具有内涵情境的语句时，应该充分尊重其中所包含的内涵，"枯藤老树昏鸦"完全可以翻译为"Crows hovering over rugged trees wreathed with rotten vine—the day is about done."，或者翻译为"Withered vines hanging on old branches, returning crows croaking at dusk."。中文和英文都是一种语言,语言是存在文化内涵的,仅对主体进行翻译,而失去文化内涵,无疑是本末倒置的,这样会导致一些外国游客在看见这样的翻译后兴致缺失,无法感受到中华文化的美。

## 三、跨文化意识在旅游景点英语翻译中的实际应用

### (一)地名景点英语翻译

在跨文化意识交流过程中,一定要依据外国游客习惯的阅读方式翻译。英文阅读方法和中文阅读方法不同。例如,译者在翻译过程中一定要注意宾语后置等英文阅读理解习惯。特别是旅游景点的名称翻译直接影响我国的文化内涵传播,应用于旅游景点时需要更加注意。根据外国游客的阅读习惯,对某些山、湖、海都要进行翻译。例如我们所熟知的五岳之首"泰山",如果正常翻译的话,直接翻译为 Tai mountain 即可,但是为了方便外国游客阅读都会将其翻译为 Taishan mountain,以便外国游客更好理解。但是并不是所有旅游景点都应该以中文名翻译,最典型的例子是"拙政园",拙政园位于苏州,是我国著名的旅游景点。公认对于拙政园的英文翻译为 Humble Administrator Garden。但是,如果仍然使用中文命名翻译 Zhuozheng Garden,外国游客就会认为这只是一个普通的公园,完全丧失了背后的典故。

### (二)历史人物及历史事件英语翻译

让外国游客了解我国历史人物及历史事件,是传播我国文化内涵的重要内容,对于历史人物及历史事件的英文翻译一定要慎之又慎。大多数翻译过程中,需要将朝代的年份及人物成就包含在翻译内容中。例如,在翻译"唐朝贞观年间"的时候,应该翻译为 the reign of Zhenguan in Tang Dynasty。同时,翻译历史人物时一定要补充翻译身份及个人事迹等,例如在介绍"李世民"时可以翻译为:leader of insurrection against the Sui dynasty who founded the Tang dynasty;reignedas Tang Taizong。这样可以让外国游客对李世民这个历史人物有更加透彻的了解。

### (三)中国古诗词翻译方法

中国文化的重要表现行为是古诗词,古诗词中有许多著名的经典语句,在旅游景点中频频出现。古诗词中蕴含了诸多语境寓意,如何翻译好古诗词是跨文化意识交流的重中之重,对译者的要求极高。以家喻户晓的《静夜思》一诗为例:"床前明月光,疑是地上霜。举头望明月,低头思故乡。"这首诗的作者是诗仙李白,意思为"月光铺洒在窗前,我怀疑它可能是地上的冰霜,我抬头看着天上的月亮,又低下头思念着我的家乡"。

这首诗寥寥几句诠释了诗人思念家乡的思想情感，并对身边景物进行了细致的描绘，让人有身临其境之感。英文翻译可以译为：

On a Quiet Night

I saw the moonlight before my couch,

And wondered if it were not the frost on the ground.

I raised my head and looked out on the mountain moon,

I bowed my head and thought of my far-off home.

### （四）历史文化专用词汇翻译

因中西方文化存在差异性，我国很多词汇都属于专属名词。外国游客有时看到这些英语译文很难理解这些专属名词表达的含义。旅游景点的翻译实质是希望可以通过详细、贴切的翻译让外国游客更好地体会中国文化的内涵。因此，这些历史文化专属名词的翻译是旅游景点翻译的重头戏。最简单的一个例子，"身为中华儿女，一定要参观黄帝陵"，很多译者将这句话翻译成了"As a descendant of the Chinese people, we must visit the mausoleum of the Yellow Emperor."。这句话的翻译内容确实将要表达的意思翻译出来了，但是黄帝这一历史文化专属名词是指我国古代的伟大首领，不是泛指普通意义上的皇帝，更不是黄色的意思。因此，外国人在阅读这样的翻译内容时，很难知道黄帝陵的具体含义。因此，这句话完全可以翻译为"As a descendant of the Yan Di and Huang Di, you must visit the tomb of Huangdi( Yellow Emperor ), first chinese chief."。这样翻译，外国游客可以很明确地知道中华儿女的意义，了解到黄帝是中国第一个伟大的首领。

### （五）跨文化意识在信息处理中的注意事项

在跨文化意识交流过程中，文化信息是交流的主要内容之一，尤其是我国的传统节日及各地的风俗，都是外国游客最喜欢的中国元素。翻译旅游景点时，需要对这些中国特有的文化词汇意义着重翻译。例如我国最重要的传统节日"春节"，应该翻译为"The Spring Festival is the most important festival in China. In the Spring Festival, all family members will get together, just like Christmas in the West. Its origin is ancient, but many believe the word Nian, which means 'year', was the name of a beast that preyed on people on the eve of a new year."。这样翻译可以让外国游客意识到春节在中国文化中的重要意义。

跨文化意识对于促进中西文化交流具有重要意义，跨文化意识是以互相尊重对方文化背景为前提的，重点在于更好地求同存异，了解对方的文化背景。旅游景点是了解文化背景历史的重要场所，因此旅游景点的跨文化意识英语翻译具有重要意义。本节针对当前一些旅游景点存在的不足之处进行了阐述，并结合中西方文化差异性，对翻译过程中常出现的翻译错误进行了分析和指正，重点对我国的专有文化进行了相关叙述，提出在实际翻译过程中一定要尊重真实语境，让外国游客感受到原汁原味的中国文化。

## 第五节　跨文化意识在文学作品英语翻译中的应用

文学作品英语翻译是一种将汉语文化转化为英语文化的跨文化交际活动，在这种翻译活动中不可避免地会因中西方文化差异，影响文学作品英语翻译的质量及效果。所以在文学作品英语翻译中应当树立跨文化翻译意识，从跨文化交际视角化解语言文化差异，以意义补偿的方式化解民族文化差异。

文学翻译是文化信息在两种语言形式之间的转换，但这种语言转换并不是简单的语言表达方式转换，还涉及不同民族之间的文化差异问题，如果仅仅将文学翻译视为不同语言表达方式的转换，就会产生文化缺省、文化误译等问题，从而影响文学作品翻译的质量及效果。所以在文学作品英语翻译中，译者应当充分了解中西方文化差异，树立跨文化翻译意识，以恰当的翻译策略化解中文与西方文化之间的差异问题。《红楼梦》是中国文学史上的巅峰之作，也是中国经典文学的代表作，本节仅以《红楼梦》为例考察文学作品英语翻译中的跨文化意识问题，探索文学作品英语翻译的有效策略及方法路径。

### 一、跨文化意识对文学作品英语翻译的意义

文学作品的英语翻译中的跨文化意识是指人们对与本民族文化有冲突的文化现象的态度、认识、看法以及对这种文化差异的接受、包容和适应状况。文学作品英语翻译是一种将汉语文化转化为西方文化的跨文化交际活动，在这种翻译活动中会不可避免地产生中西方文化差异问题，这就需要译者拥有鲜明的跨文化翻译意识，以恰当的方式解决文化差异问题。显然，跨文化意识是开展文学作品英语翻译的重要前提，对于提高文学作品英语翻译质量具有重要意义。

#### （一）跨文化意识是进行文学作品英语翻译的重要前提

语言是文化信息的载体和文化交流的工具，它不仅受到民族文化的影响和制约，也直接或间接地影响着民族文化的发展。通常情况下，不同的民族往往具有不同的民族心理、历史传统、宗教信仰、语言习惯等。文学作品是带有强烈民族文化色彩的艺术形式，

能够很好地展现某个民族的历史传统、价值信仰、社会习俗、思维方式等。由于中西方文化在地理环境、社会制度、宗教信仰、语言习惯等方面差别较大，所以中西方文学作品在文化背景上往往有着较大差异，没有汉语文化背景的西方读者往往很难读懂《西游记》《围城》《红楼梦》等中国经典文学作品。文学翻译是将某种语言文化信息转化为另一种语言文化信息的跨文化交际活动，在跨文化翻译中不可避免地会出现文化差异问题，如果译者缺乏跨文化翻译意识，在翻译过程中就可能会产生文化误译现象。学者李红梅曾将文学作品中文化误译的原因总结为：文化差异所带来的词汇及语义缺省、源语和目的语的文化模式差异较大、对源语文化产生了文化误解等几种形式，并指出了文化误译所带来的种种文学翻译问题。所以，在文学作品英语翻译中，译者应当树立跨文化翻译意识，充分考虑文学作品中的中西方文化差异问题，采用合适的翻译策略进行跨文化翻译，从而更好地提高文学作品英语翻译的质量。

### （二）跨文化意识是提高文学作品英语翻译质量的保证

在社会交际活动中，人们往往围绕自己的经验知识、思维方式、价值观念等进行信息交流和情感沟通，双方往往会有意或无意识地省略某些不言自明的或双方都认同的文化信息，以提高信息交流和思想沟通的效率。同样，作者在文学创作中往往会省略一些读者非常熟悉的社会常识和文化信息，如果作者省略的内容与特定的故事场景有关，那么这种省略就是"情境缺省"；如果作者省略的内容与文学作品的语篇信息有关，那么这种省略就是"语篇缺省"；如果作者省略的内容与本民族的价值观念、宗教信仰、社会习俗等文化背景有关，那么这种省略就是"文化缺省"。其中，文化缺省是文学翻译中非常普遍的文化现象，也是文学作品翻译中不得不重视的翻译问题。如果译者缺少必要的中西方文化背景和丰富的生活经验，就无法很好地解决文学翻译中的文化缺省问题。所以，译者应当拥有较强的跨文化翻译意识，才能准确把握文学作品中的背景知识缺失、文化意蕴不同等问题，并采用恰当的翻译策略来弥补这种文化缺省问题。这有这样才能更好地提高文学作品英语翻译的质量及效果。

## 二、文学作品英语翻译中文化差异的表现形式

文学与政治、法律、宗教等一样，是社会意识形态，所以文学作品往往与国家或民族的历史传统、社会习俗、宗教信仰等有着密切联系。同时，由于中国与西方国家在历史传统、社会制度、意识形态、语言表达习惯等方面存在较大差异，在文学作品英语翻译中会不可避免地产生文化差异、文化缺省等问题，这种文化差异多表现在社会习俗、价值观念、宗教信仰等方面。

## （一）社会习俗及价值观念差异

中国和西方国家在社会习俗、价值观念、思维方式等方面存在较大差异，这些直接影响着中国文学作品的英语翻译。首先，中西方在时令节气、传统节日等方面存在较大差异。中国人的春节、清明节等传统节日往往带有浓重的民俗气息和生活色彩，而西方人的圣诞节、万圣节等往往带有浓重的宗教色彩①。此外，中西方在价值观念上有着较大差异，中国人认为是美好的事物，可在西方人眼中则有完全相反的意义。比如在西方文化中 dragon（龙）是贪婪、自私、邪恶、残暴的怪兽，然而在中国传统文化中"龙"却是无所不能的、庇佑人类的神兽，也是威严、地位和权利的象征，从人中龙凤、鱼跃龙门、攀龙附凤、飞龙在天等成语中就可以看出中国人对龙的尊敬和崇拜。再如，中国人视梅、兰、竹、菊为品行高洁的象征，而西方人则认为梅、兰、竹、菊没有这些象征意义。这种社会习俗和价值观念的差异深刻影响着文学作品的英语翻译，如果译者缺乏跨文化意识，往往很难恰当地翻译出文学作品所表达的文化意蕴。

## （二）语言表达及思维方式差异

中西方文化在语言表达方式上往往有着较大差异，汉语的句式较为紧凑，多用具象名词进行表达，多通过词汇关系表达语法关系；英语的句子较长，结构也较为松散，多以严谨的逻辑关系和抽象词汇进行表达。汉语和英语的这种表达方式差异直接影响着文学作品英语翻译。杨绛所译《红楼梦》就将"等满了孝，再圆房儿"译为"Once the mourning is over she can live with her husband."，这种委婉含蓄的翻译方式恰当地表达了"圆房"的文化意蕴。此外，汉语文化和西方文化在思维方式上也有较大差异。汉语文化更多地体现了整体性、感性、主观性的思维方式，西方文化更多地体现了个体性、理性、客观性的思维方式，这种思维方式差异也深刻影响着文学作品英语翻译。汉字多为符号组成的象形文字，英语多为字母和字母组合而成的字母文字，这种造字方式上的差异直接影响了汉语和英语的语言表达方式。汉语多依靠文字意义组织语言，而英语则依靠逻辑关系组织语言，这种语言表达方式的差异给文学作品英语翻译带来许多障碍。比如《红楼梦》中的"李嬷嬷怎不见……想有事才去了"，在翻译中就要加上被省略的主语，加上关联词 but、and，这样才显得结构严谨、逻辑关系合理。

## 三、跨文化视域下文学作品英语翻译的方法策略

在不同民族文化和社会环境中成长的人往往有着不同的文化背景，对本民族成员而言，这些社会文化和生活常识往往是约定俗成、不言自明的；但是对其他民族成员而言，

---

① 章振邦：《新编英语语法教程》，上海外语教育出版社，1998。

这些社会文化和生活常识则往往是陌生的、不知所云的。所以，从跨文化交际的视角看待文学作品英语翻译问题，用恰当的翻译策略解决作品中的中西方文化差异问题，才能更好地提高文学作品翻译的质量及效果。

### （一）以形式补偿化解语言文化差异

中西方文化差异首先表现为语言表达方式、用词习惯等方面的差异，这种语言文化差异往往会影响译文读者的阅读体验。所以，可以通过对仗、押韵、词缀等方式进行文化补偿，以更好地解决文学作品英语翻译中的文化缺省问题。比如《红楼梦》中有许多诗歌、辞赋、谚语等，这些文学体裁多采用对仗、押韵、重复等语言表达方式，翻译为英语时就应当采用相应的文学表达方式，以更好地表达作品所承载的文学意蕴。

译者还可以用头韵法、韵脚法等方式解决汉语和英语的语言文化差异问题。中国文学作品中的诗歌多是偶句押韵，并且常常是一韵到底；然而英语文学作品中的诗歌押韵方式却非常灵活，经常出现交错押韵、变换韵脚、隔行押韵等表达方式。在文学作品英语翻译时，应当采用转化押韵方式进行文化补偿，以更好地解决汉语和英语的表达方式差异。比如《红楼梦》中的诗歌"欲讯秋情众莫知……解语何妨片语时"，就可以用"i"为韵脚、一韵到底的方式对汉语诗歌的押韵进行补偿。此外，可以用词缀法、句型法等方式解决汉语和英语的语言文化差异问题。在文学作品英语翻译中，经常会出现对仗、反复、叠音等修辞手法，这时可以通过给英语单词添加后缀或前缀的方式进行翻译补偿。比如"情中情因情感妹妹，错里错以错劝哥哥"采用了非常鲜明的对仗，为了准确表达这种语言结构，可以用加后缀（wordless、groundless）的方式对诗句中的对仗表达方式进行翻译补偿。再如，为了使英文翻译更加符合原文的对仗结构，可以将"情切切良宵花解语，意绵绵静日玉生香"中的"良宵""静日"译为 one quiet day。

### （二）以意义补偿化解民族文化差异

汉语文化和西方文化在社会制度、社会习俗、宗教信仰、意识形态等方面都存在较大差异，所以文学作品英语翻译中会不可避免地产生文化差异问题，这时就需要通过增译法、替代法、解释法等方式进行必要的意义补偿，以提高文学作品英语翻译的效果。

首先，增译法。当文学作品所蕴含的文化信息无法直接翻译出来时，译者应当通过增译法补充或还原作品的文化背景，使译文读者能够清晰理解译文的思想内容。比如《红楼梦》中"鸳鸯"不仅是一种小鸟，更是爱情的象征，这时候就需要用增译法进行翻译，将"鸳鸯"译为 love-birds。再如《红楼梦》中"药经灵兔捣，人向广寒奔"就是以神话故事"嫦娥奔月"为文化背景的，但是对中国传统文化不熟悉的西方读者往往不知道嫦娥奔月的故事，这时就需要在译文进行必要的注解，添加 in an ancient legend...becoming the goddess of moon 的英文解释，这样才能使译文读者准确把握诗句的文化意蕴。《红楼梦》中经常出现"五台山"一词，这里的五台山并不是普通的山，还隐含了在五台山成仙成佛的意思，如果将"五台山"简单地翻译为 Mount Wutai，显然不能准确表达原文的文化意蕴，这时可以在译文中添加注释 carry you as an immortal on his head to Mount Wutai，这样就能很好地表达原文的宗教文化意蕴。

第二，替换法。虽然汉语文化和西方文化是两种不同的文化系统，但是它们在许多方面是相似的、共通的，可以在两种文化中找到相似的文化意象。所以，我们可以用文化意象替换的方式进行文学作品翻译，以更好地解决中西方文化差异问题。比如《红楼梦》中经常出现"骨牌"一词，它与西方文化中的骨牌在意义上非常接近，所以就可以将"骨牌"译为 domino。再如《红楼梦》中有"飞燕泣残红"，这里"飞燕"指的是中国历史上能歌善舞的皇后赵飞燕，但是许多西方读者都不知道赵飞燕的历史典故，所以在翻译时可以将"飞燕"翻译成 Daiyu，这样就可以较好地表达出这一词汇的文化意蕴。在诗句"秦鲸卿夭逝黄泉路"中出现的词汇"黄泉"，西方读者由于不了解中国的婚丧文化、宗教文化等，不理解黄泉的文化意蕴，这时就可以将之译为 dying。《红楼梦》中有一个丫鬟"紫鹃"，紫鹃不仅是鸟儿的名字，也隐含了杜鹃啼血的意义，西方文化中紫鹃（Purple Cuckoo）带有愚笨、疯子等象征意义，这种情况下就应当将紫鹃翻译为 nightingale。

文学作品往往与民族语言、民族文化有着密切联系，并带有鲜明的民族文化烙印。翻译家奈达明确提出，成功的文学翻译不仅要熟练掌握文学翻译技巧，还应当熟悉两种文化的文化差异、文化背景等。所以在文学作品英语翻译中应当树立跨文化意识，高度重视文学作品英语翻译中的文化缺省、文化差异等跨文化问题，采用恰当的策略进行文学翻译，以更好地提高文学作品英语翻译的质量。

## 第六节　跨文化意识在英语谚语翻译中的应用

谚语是民间流传的简练而固定的语句，常常是用简单通俗的话反映深刻的道理，其特点在于民间流传和含有明晰的哲理性，且都具有一定的教育意义和普遍的认同性。谚语既可以是历史经验的总结、道德规范的倡导，也可以是前车之鉴般的教训。英语和汉语中有的谚语在形式和意义上是对应的，在翻译时可以用对等的汉语谚语去翻译。

谚语是群众中广泛流传的现成语句。谚语是人类生活体验的累积，凡是文化发展到一定阶段的人类社会，在其日常生活中，均会使用这种特殊语言。这种特殊语言充分地反映着人类社会的关照、感受、知识、经验、特性，多数是人民群众长期生活和斗争经验的科学总结。翻译工作者除掌握两种语言外，还应具有政治文化、行为文化、道德、美学文化及经济文化等知识语言中渗透的社会意识和文化传统。如果不了解外国的文化传统，也就不了解外国的语言文化。因此在一种语言文化中不加解释就能理解的事物，如果在另一种语言不加以说明，就容易产生可译却不可理解的问题，而这就产生了翻译结果的可译性和可理解性的不完全相等。

## 一、英语谚语翻译的意蕴与特征分析

谚语虽是一句句简短的话，但是其中包含了广大劳动人民的智慧，只有准确理解其意思才能进行翻译。因此理解是翻译的前提。同时，不完美的表达也将成为谚语翻译的败笔。谚语的翻译不仅要保持原文的意思和风格，还要符合译文的语言习惯，翻译得清晰、简练。因此，在准确表达了原文的意思之后，还要仔细斟酌进行适当的修饰，以达到通顺、优美、得体。俗言、谚语是普遍流传的话，为多数人了解及所惯用的，在语言生活当中是最受众人欢迎的，因为义理深刻、语词简明、雅俗共赏，尤其有助于谈话的兴趣，所以在交谈中引用俗话、谚语易博得大众的认同。谚语是人类于各时期所累积下来的实际观察以及日常经验的成果，为了便于保存和传达，自然地以一种具有意识、简短、均衡、和谐、机灵诸特征性的便于记忆的语言表达出来，以作为人类推理、交往及行动时的一种标准。

有时，英语谚语在汉语中无法找到对等的谚语表达法，采用直译法又不能表达其真正的含义，就只能根据英语谚语的主要意思进行翻译，这时源语中的词性、词义、结构等概念性因素难免需要做些调整和引申。对等翻译法强调了谚语形式和表达效果的对等，而意译转换法侧重谚语本身含义的转换和引申。

## 二、跨文化语境下英语谚语翻译的策略

### （一）对等套用翻译法

促使不同语言可译的一个重要前提是，语言本身是开放的，它就像一个巨大的海绵体，随时吸收新的信息和新的文化交流，同时让它在不同的文化里逐渐融合，产生其自身的影响力。

比如，"A friend in need is a friend indeed."（患难见真情）、"Birds of a feather flock together."（物以类聚，人以群分）、"Blood is thicker than water."（血浓于水）、"Never too old to learn, never too late to turn."（亡羊补牢，为时未晚）、"Good for good is natural, good for evil is manly."（以德报德是常理，以德报怨大丈夫）、"He laughs best who laughs last."（谁笑到最后，谁笑得最好）、"Like father, like son."（有其父必有其子）等等[①]。因此，人们常说，谚语是一个民族智慧的结晶。不同民族的谚语既具有一定的共识性，又具有不同程度的差异性。这也是人们在翻译谚语时时常感到困难重重的根本原因之一。

随着科技的进步、信息的快速发展及文化的融合，现在界定不可译的字词，说不定将来可以得到翻译的方式。换句话说，现在被确立的字词义理，将来也许会被另一种新的翻译方法取代。而可译性和不可译性即是处在这样不稳定的关系里慢慢发展，随着翻译理论不断推陈出新及译者的翻译实务经验增多，可译和不可译已经不像从前那么不可调和，双方已经逐渐朝互相融合的新阶段迈进。一种语言的事物若能在另一种语言中找到对应物，即可称之为可译性，但是可译性并不代表译入语读者能够完全了解原文所要传达的信息，也就是说可译性不等于可理解性。

### （二）直译完善法

人类思维的基本活动及一般特征是一样的。即使是不同民族，也会有相同或类似的生活经验、身体构造、生理需要等。所以不同语言和文化的民族在思维逻辑上会产生许多共通点，使各种语言也都具有可理解性，成了不同民族之间语言交流和翻译的基础。主张语言和语言之间可译的人就是支持这样的论点，任何一个民族既然可以使用该语言表达该民族的既有事物，同样地，对于其他民族新的事物也能够用该民族的语言去表达，而且这样交流的过程也显现了语言和语言之间的可译性。

谚语是通俗的、普遍的社会及民族文化的结晶。所谓通俗，是指语言表达的大众化，它包括两个方面的意义：一是用语通俗，一听就懂；二是意义通俗，深入浅出。每一句谚语都是根据前人的智慧与经验累积而成的，所以我们叙述说理用谚语来取代举例，有时反而更具说服力，举例无法用三言两语就说完，还要得到大众对事理的普遍认同。如果讲出谚语，它本身就已经是一个得到人们肯定的真理，因此一说出来，大家也就心服口服了。比如，"A good beginning is half done."译成"良好的开端是成功的一半"。"A good medicine tastes bitter."译成"良药苦口利于病"。这种翻译既体现了词义的补充和简约，也体现了英汉谚语形式的补充和简约。

### （三）意译转换法

关于不可译的问题的讨论，往往从绝对的对等，而不是从相对的对等着眼。如果有人坚持认为翻译绝不允许发生任何信息流失的情况，那么很明显不仅翻译不可能，一切

---

① 冯志伟：《应用语言学综论》，广东教育出版社，1999。

交流都是不可能的。没有一种交流能在进行中不发生任何信息的流失。即使在专家讨论一个属于他们本身专业领域的题目时,他们彼此之间的理解恐怕也不会超过80%。

有时,英语谚语在汉语中无法找到对等的谚语表达法,采用直译法又不能表达其真正的含义,就只能根据英语谚语的主要意思进行翻译,这时源语中的词性、词义、结构等概念性因素难免需要做些调整和引申,意译转换法即指这种情况。当然,对等翻译法在某种意义上说,也是意译转换翻译法的一种。不同的是,对等翻译法强调了谚语形式和表达效果的对等,而意译转换法侧重谚语本身含义的转换和引申。此外,既然是转换和引申,就包括了词性、词义、结构以及风俗习惯等多方位的变换。比如,英语谚语"A stitch in time Saves nine."如果译成"小洞不补,大洞吃苦",则为意译转换;如果译成"及时一针省九针",就成为直译完善法了。

总之,许多译者在翻译英语谚语时,喜欢找那些意思与之相似或相近的汉语成语来做其译文,这种做法当然无可非议,但有时由于中国和西方国家有着各自不同的文化背景和语言内涵,所以其成语和谚语的意思并非一模一样,毫无差异。所以在这种情况下,还是给出更加恰当准确的译文为好。

## 第七节 跨文化视角下的法律英语翻译

语言是文化的沉淀,研究语言翻译离不开研究两种文化的异同。从跨文化视角研究法律翻译,应从法律语言的专门性、法律体系的不同性及法律文化底蕴的影响三个方面入手,深入分析其对法律翻译的影响。

在全球化背景下,我国大量借鉴和吸收国外的精粹,其中当然不乏法学精粹。可以说,我国法学的日益繁盛离不开法律英语翻译这座桥梁,它连接着中外法律文化。但是自古以来,法律都是精英社会的专利,故法律语言历来生涩难懂。如果译者对中外法律体系差别的认知匮乏或法律文化底蕴不足,都将无法完成好的法律英语翻译。故从跨文化视角研究法律英语的翻译,不仅丰富了法律英语翻译的研究,更有助于我国法学的繁荣。

### 一、法律语言的专门性

#### (一)词语的专门含义

一些普通词语在法律语言中有其专门含义,与其普通的字面含义相去甚远。当人们按照普通含义去理解时，容易导致理解和翻译的差错，甚至根本无法理解。例如 Baby Act，如果按照普通含义来理解，Baby Act 可能会被理解为"婴儿法"，这样将使读者无法正确理解此法。其实，此处的 baby 等同于 minor，即"未成年人"，故应该理解为"规定未成年人不承担某些责任的法律"。再如 judgment by default，从字面意思看，也许会将其理解成不履行判决或不到场判决，让读者不知何意。根据英汉法律词典的解释，default judgment 的含义是因被告人没有送交拟抗辩通知，即送达认收书，或没有提交抗辩，因而做出的未经审讯判决（judgment without trial where a defendant has failed to file a notice of intention to defend, namely an acknowledgment of service, or has failed to file a defence），也就是缺席判决。

同样，在汉英法律英语翻译的过程中，也要注意法律语言的专门性及其严谨性，不可用多个不同的英语法律单词来表述同一法律概念。例如，"原告"在北京外国语大学英语系编写组编的《汉英词典》及其修订版缩印本中有两个译名：plaintiff 和 prosecutor。根据《牛津法律词典》（Oxford Dictionary of Law）的解释，prosecutor 的含义是 the person who institutes criminal proceedings on behalf of the Crown，也就是检控官，应译为"公诉人"。公诉人在诉讼中居于原告地位，但因还担负法律监督任务，不是一般原告。"原告"一般可译为 plaintiff。

### （二）专门词语

正因为法律自古以来都是精英社会的专利，为了体现其精英性，西方法学大量使用拉丁语及法语等。在十三四世纪的欧洲国家，拉丁语处于垄断地位，之后拉丁语依然作为法律的书面语言被使用着。而法语曾作为上流社会的专用语言，也处于语言的优势地位。且罗马法及后来的法国法律对整个世界法学的繁荣兴旺可谓功不可没，因此对学习法律的人来说，学习拉丁语和法语就显得很有必要了。且拉丁语言简意赅，更符合法律语言的特点。如 obiter dictum 为法官判决时所做的非决定性的附带意见（不具有约束力）。

## 二、法律体系的不同性

当代西方社会存在着两大法系，即大陆法系与英美法系，这两大法系在法律制度上存在着很大的差异。自 20 世纪 80 年代以来，随着世界法律移植的潮流，中国在制定涉外法、民事诉讼法等方面也适当移植了国外有关商品经济发展的成熟法律，吸收了这两大法系的特点后形成了中国自己的体系特征。法系的不同必然导致相同的语言符号可能表达着不同的概念，或者某概念在另一法系中的缺失，但也会存在一些法系的共性。因此，译者在翻译过程中要认识到这点文化差异，进行比较分析，找到其"功能对应物"[①]。

不同法系中，相同语言符号可能表达着不同的概念。如"监狱"一词，在我国的普通词典中能找到 jail 和 prison，但对两个词语却未加区分。根据《元照英美法词典》的解释，jail 为一种介于警察局拘留所（police station lockup）与监狱（prison）之间的监禁机构，关押等待审判的未决犯和轻罪犯，但是该词典还是将其译为"监狱、看守所"，其实 jail 相当于我国的看守所，应只译为"看守所"即可。而 prison 是由联邦或州政府设立的关押已判决重罪犯的改造场所，相当于我国的监狱。这也是为何于 2006 年风靡国内的《越狱》的英文名为 Prison Break 的原因。

### 三、法律文化底蕴的影响

诚如奈达先生指出的"To be bilingual, one has to be bicultural."，要掌握两种语言，就必须具备两种文化。法律英语翻译不只是两种语言的对应翻译，它更要求从事法律翻译的人士熟悉有关法律知识。如果缺少相应的法律文化底蕴尤其是对一些法制史方面的知识，稍有不慎则会产生"谬以千里"的后果，或是由于具备的法律文化底蕴不足，造成译文不符合法律文本的要求。例如，double jeopardy 常被误译为"双重处罚"或"双重危险"。根据英汉法律词典的解释，double jeopardy 的意思是"使被告处于就相同的行为在超逾一次的情况下被判定有罪的严重危险"（placing an accused person in peril of being convicted of the same crime in respect of the same conduct on more than one occasion），也就是指嫌疑人不会因为同一案件、同一罪名被两次审理和两次定罪。也就是英美法系中著名的"一事不再理"原则，可上溯至古罗马时期，由"一案不二讼"发展而来。如果不了解该历史，就很难明白其中的缘由，自然很难翻译到位。

总之，语言是文化的沉淀。译者在法律翻译时必然要顾及两种文化尤其是法律文化的异同，并勤于积累有关法律文化内容，以法人思维译出法律语言，为我国的法学繁荣尽一份绵薄之力。

## 第八节　跨文化思维在公示语翻译中的应用

随着社会的发展，公示语扮演着越来越重要的作用，公示语翻译质量反映出一个社会的先进程度和文化素质。中西方的文化差异导致公示语翻译错误频出。因此，在跨文化背景下探究公示语的翻译策略将对规范我国城市公示语翻译、提高城市文明程度和国

---
[①] 夏中华等：《应用语言学——范畴与现况》，学林出版社，2012。

际化水平起到推动作用。

## 一、公示语翻译存在的问题

### （一）忽略词汇文化内涵

不同民族存在很多方面的差异，像民俗、地理及价值观念等，在表达相同概念词时，在各自不同的文化背景下就会产生独特的含义。因此，在翻译时一定要考虑读者的文化心理。例如，西方人对"龙"的理解与中国人完全不同。"龙"在中国古代是皇帝的代名词，而我们现代人把有才华、有成就的人称作"龙"，"龙凤呈祥"一词代表喜庆和吉祥如意。而在西方，人们把 dragon 看作恶魔，它残暴好战，是邪恶和暴力的象征，所以西方人完全不理解中国人对龙的崇拜。像这类概念相同的词汇，在文化方面理解完全不同，在跨文化交际中引起误解是不可避免的。然而随着中外交流的增多，越来越多的西方人了解到龙在中国被看作吉祥物，所以"龙凤呈祥"中的"龙"最好翻译为 Chinese dragon。

### （二）滥用中式英语

英文公示语的主要功能是为西方友人提供比较准确的本国信息，所以译者翻译时应保证翻译出来的文字能被读者所理解，而不能只是为了对应中文，逐字逐句按照中文的语言文字顺序来翻译。中式英语翻译指的是带有中国特色，使用汉语表达习惯的翻译，并不符合公示语文体特征。比如，一张成都旅游地图，英文标题翻译为 Chengdu Travel the Map，这并不符合英语表达习惯，应翻译为 Tourist Guidance Map of Chengdu，这使人更容易理解。在某景区，"宾客止步"译文为 Tourists stop the step，着实让人忍俊不禁，这样的翻译会令西方友人难以理解。某景区的警示牌写着"当心落水"，而对应的英文是 Take care to fall into water，完全是按照汉语思维方式进行翻译，可是意思就变成了"请小心地落水"，这就是典型的中式英语现象。这样的中式英语不能准确地表达出公示语的含义，而且西方友人还会质疑国人的文明程度和素养。

### （三）无视礼貌原则

礼貌是一种语用现象，我国的一些翻译研究学者提出了"礼貌原则"。在社会交际中，译者应考虑"面子"，人在社会活动中的言行举止受到面子的约束。例如，英语中有许多对应汉语中"残疾人"的词汇，但有些词语，如 deaf and mute（聋哑人）、disabled/crippled（有障碍的人）、dumb（哑巴）、handicapped（有缺陷的人）、retarded（迟钝的、弱智的）等都带有歧视之意，被视为不雅，不适合用来称呼残疾人。在翻译"残疾人厕所"公共设施时，为了表达出对特殊群体的礼貌和尊重，可以采用 Accessible Toilet 这样的礼貌又委婉的说法。

### （四）忽略受众文化心理

目前，国内的一些通用汉语公示语在英语国家是找不到任何踪迹的。但在中国，很多公园的入园须知里的一些警示语针对的是不文明现象，旨在约束公众的行为，像"禁止在公园内随地大小便"等，中国人早已司空见惯，而西方人就会觉得匪夷所思，还会觉得带有侮辱性。在他们看来，这是人基本的文明素养，完全不必要提示，因此会误解，甚至歧视国人[①]。如果把"禁止在公园内随地大小便"翻译为"Do not piss and shit everywhere."，虽然表达正确，但是这种译法极不礼貌，完全没有考虑西方人民的文化心理，有损于城市的形象。遇到这种情况，应首先考虑是否需要翻译，而不是怎么翻译，笔者建议此处采取零翻译策略。

## 二、公示语的翻译策略

### （一）增强文化输出意识

著名翻译理论家奈达指出："就汉语和英语而言，也许在语言学中最重要的一个区别就是意合与形合的对比"[②]。事实上，这些差异本质上就是两种民族思维方式的差别。王岳川认为："文化输出不以经济强大为前提，而是包含了更多文化主体的主观能动意识"[③]。翻译在满足受众的需求时，更有必要主动地输出文化。译者在公示语翻译过程中应该确保有目的文化元素的主动输出，例如将"汤圆""元宵"等具有中华民族特色的饮食直接译为汉语拼音的 *tangyuan* 和 *yuanxiao*，这样不仅可以让西方游客熟悉中国美食，也更方便其在中国的出行，使其从中体会到独特的中国文化。文化输出的另一范例就是中国国家形象宣传片在纽约时代广场上展播。在这部宣传片中，我们可以听到标准的英语，也能看到富有中国文化特点的红色背景，通过这种方式让西方人对中国的文化和对"红色"的认知有了更加深入的了解。

### （二）符合审美习惯

经过漫长的人类发展，世界各国人民形成了不同的审美心理，这势必会在翻译中造成中西方的理解差异。想要正确地翻译公示语，让西方人理解并接受，就要充分考虑中西方的文化差异和审美习惯。公示语翻译应该利用目的语的语言特点灵活翻译，可以根据原文进行些变通。例如，英语中的通俗易懂的谚语短句，是翻译时的极好素材，有利

---

[①] 皮特·科德：《应用语言学导论》，上海外国语学院外国语言文字研究所译，上海教育出版社，1983。
[②] 郑梦楠：《信息技术与英语阅读教学整合的实验研究》，《天津师范大学》，2013。
[③] 王建丽：《初中英语词汇教学现状调查研究》，硕士学位论文，山东师范大学，2014。

于进行创新性翻译。

### （三）侧重文明性

在翻译时要侧重文明性，传承文化，深入了解西方的文化背景和特点。因此，在制订汉语公示语的过程中，应寻求大量的外语翻译工作者的帮助并听取其合理的意见，这样可以有效地减少那些违背"文明性"原则的公示语翻译的产生。特别是那些像上面提到的"禁止在公园内随地大小便"等警示语，既不利于城市形象，又让外国友人觉得滑稽可笑，在很多场合完全可以不翻译。而针对那些富有我国文化特色但在目的语中没有对应表达的公示语，就可以考虑中西方交流差异，进行准确而灵活的翻译。

### （四）把握一致性

实现公示语翻译的"一致性"需要多方的协调。首先，译者要具备对翻译的敏感性，多学习翻译规则和相关翻译理论，翻译时注意术语的一致性；其次，要制订一些国家标准，相关翻译企业和机构在公示语翻译时应达成统一，尽可能地降低因相关各方未协调一致而产生的让人哭笑不得的错误的翻译。比如在苏州景区，"留园"出现几种不同译法，在一定程度上也是相关翻译部门没有积极地管理造成的。此外，译者应注意特定语汇的差异性，使用国际通例、惯用的对等语汇进行汉英翻译，避免使用生僻语汇可能造成的不便和误解。例如，不同国家对于"卫生间"等公共设施的英文词有不同的表达，翻译时要根据具体情况使用一种规则译法，尽量避免因多种不同表达而造成的不必要误解。

正如何自然所指出的："要了解一个时代、一个社会、一个国家或一个城市的风貌，往往从这个时代、社会、国家或城市的语用水平中获得初步的印象。"英语目前是全球通用语言，也是我国的第一大外语，公示语翻译错误会影响我国对外传播中国文化。正确的公示语翻译能更好地展示我国的国际形象，错误的公示语翻译会给中国形象抹黑。翻译不仅仅是语言的变化，也是一种跨文化交流。因此，公示语翻译时应充分考虑中西方文化差异，使用不同的翻译策略，从而使公示语翻译更符合西方的语言表达，努力促进中西方的跨文化交流。

## 第九节 跨文化交际理论在菜名翻译中的应用

随着贸易全球化以及经济的发展，不同国家的文化交流也越来越深，越来越多的外国友人来中国工作、学习、旅游等等。由此中国菜名的翻译研究越来越受到学者和学术组织的关注。本节以跨文化交际理论为基础，对中国地方菜名翻译进行了研究，指出了中国地方菜名翻译存在的问题并提出了一些解决方案,旨在翻译过程中提升文化意识,从而更好地传播中国文化并且促进跨文化交际。

作为中国文化的重要组成部分,在外国友人的眼中,中国地方菜及饮食文化也受到关注,因此中国菜名翻译显得格外重要。即使是简单的中国菜名,要使外国人能理解也并不容易,因此对译者来说找到恰当翻译菜名的方法是非常重要的。本节主要研究在跨文化交际理论下的中国菜名翻译,以及翻译过程中遇到的问题及原因,这可以使外国人更好地了解中国菜。中国地方菜及饮食文化这种传统文化也被越来越多的外国友人知晓,这促进了中国文化向外传播。

跨文化交际指的是不同国家的人们共同分享他们的想法,跨文化交际是不同文化、不同社交群体相互研究的指导准则[①]。跨文化交际可以用来描述不同宗教、社会、种族和教育背景的人交流过程中遇到的问题,它可以促进不同国家的人之间的交流。我们可以通过研究跨文化交际去提高我们自身的文化意识,并且跨文化交际可以减少不同国家人们的沟通障碍,更重要的是可以减少交流中发生的矛盾,开拓人们的视野。跨文化交际是传播我国传统文化的重要方法。

## 一、中国地方菜名翻译的问题

中国地方菜是传播中国文化的有效途径,因此中国地方菜的翻译可以更好地促进国内外的交流。译者在翻译过程中经常对中国菜名翻译产生困惑,以下是笔者在研究中国地方菜名在翻译中遇到的问题。

### (一)文化缺失

中国饮食文化作为中国文化的重要组成部分,在某种程度上也影响着国与国之间的交流。菜名翻译也影响着饮食文化的交流。然而目前地方菜名翻译并不标准。翻译菜名时,译者如果不理解饮食文化,就可能会出现错误。例如,"金玉满堂"是指美味的汤,"金"代表汤的原料,"玉"代表着虾,"金玉满堂"在汉语中象征着吉兆和幸运。如果这道菜翻译成 shrimp and egg soup,那么外国友人将不知道这道菜的文化内涵。

### (二)文化混乱

文化混乱是由不同国家及文化的差异造成的,有时它可以导致文化误解甚至文化混乱。例如,中国人经常使用动物或动物的肺、心脏和内脏去做菜,然而许多外国人不习惯吃此类食物,他们通常对这类食物感到厌恶和恶心。由于这些因素,译者通常应谨慎对待此种情况来避免文化混乱。在中国有一道传统菜叫"狮子头",当外国人看到的时候,

---

① 何自然:《语用学与英语学习》,上海外语教育出版社,1997。

他们会觉得恐惧，它在英语中一般翻译成 meat ball。对译者来说谨慎翻译是必要的，这极大促进了两种不同文化和不同语言的文化交流。

## 二、针对翻译菜名遇到问题的解决方案

由于在翻译地方菜名的过程中可能会产生很多问题，所以译者应该找到一些办法去解决此种情况，更好地促进跨文化交流。

### （一）正确理解菜名原本含义

理解菜名含义是翻译过程中非常重要的一步，理解原本的含义可以为翻译打好基础，正确理解菜名在翻译中是最根本的。如果对菜名没有恰当和全面的理解，那么对译者来说准确翻译是很难的。我们可以拿"芙蓉桂鱼"为例，它应该翻译成 fried mandarin fish with egg white，作料是 mandarin fish 和 egg white，烹饪方法是 fried。译者应该理解这些专业术语，同时应该充分理解中国当地的饮食文化。译者必须仔细考虑菜名的内涵，如果菜名被翻译成不同的含义，文化冲突就会产生，必须努力减小翻译误差。

### （二）菜名文化的表达

许多中国菜名来源于历史传说和典故，当人们看到这些菜时，这些菜的历史便会浮现在脑海里，为了让外国友人理解地方菜的内在含义以及中国传统文化，译者必须注意翻译的方式及表达。例如"油杂烩"是杭州的著名特色传统小吃，它的由来与南宋奸臣秦桧有关。相传在南宋年间，宰相秦桧和他的妻子王氏外通金国，把精忠报国的岳飞害死在风波亭，消息传开，老百姓义愤填膺。人们就想到一个办法，用面团揉捏了两个形如秦桧和王氏的面人，绞在一起放入油锅里炸，还喊叫着"吃油炸桧，吃油炸桧"，之后人们争相效仿。翻译中国菜名时，译者必须注意到文化的独特性，也应该清楚了解一些中国菜的历史故事。

中国是四大文明古国之一，对世界文化也有非常大的影响力。饮食文化是中国文化遗产的重要组成部分，因此菜名中隐含的文化必须受到重视，这也有利于将中国的饮食文化介绍到国外，增加外国人了解中国的机会。

# 参考文献

[1] 黄鹏鸣. 功能对等视角下英语体育新闻汉译策略研究：以美职篮英语新闻为例 [J]. 新闻研究导刊，2017，8（8）：280-281.

[2] 余炫朴. 尤金·奈达的"功能对等"翻译原则在商务英语翻译中的应用考量 [J]. 江西师范大学学报（哲学社会科学版），2014，47（5）：140-144.

[3] 左滢. ACTIVE 教学模式在高中英语读写结合课中的实践研究：以 Schoollife 教学为例 [J]. 英语教师，2017，17（4）：141-143+154.

[4] 刘小琴. 应用型本科高校"英语语言学"教学存在的问题与对策 [J]. 英语教师，2018，18（7）：56-58.

[5] 杜开群. 关于高校英语语言学教学问题及对策分析 [J]. 山东农业工程学院学报，2017，34（2）：5-6.

[6] 郑雨. 高校英语教学中模糊语言学的语用意义分析 [J]. 西部素质教育，2015，1（6）：46.

[7] 黄琼慧. 商务英语语言学的理论体系研究 [J]. 开封教育学院学报，2016，36（2）：68-69.

[8] 翁凤翔. 商务英语学科理论体系架构思考 [J]. 中国外语，2009，6（4）：12-17+30.

[9] 平君. 基于应用语言学的大学英语教学模式改革研究 [J]. 吉林省教育学院学报，2018，34（8）：75-77.

[10] 杨雪. 浅谈英语教学中应用语言学的有效应用 [J]. 教育现代化，2018，5（11）：185-186.

[11] 蒲显伟，陆雷娜. 国际应用语言学期刊效应值报告与解释现状研究 [J]. 统计与信息论坛，2016，31（5）：77-83.

[12] 杜春雷. 实用商务英语函电 [M]. 南京：东南大学出版社，2014.

[13] 章振邦. 新编英语语法教程 [M]. 上海：上海外语教育出版社，1998.

[14] 冯志伟. 应用语言学综论 [M]. 广州：广东教育出版社，1999.

[15] 夏中华，等．应用语言学：范畴与现况 [M]．上海：学林出版社，2012．

[16] 皮特·科德．应用语言学导论 [M]．上海外国语学院外国语言文字研究所，译．上海：上海教育出版社，1983．

[17] 于根元．应用语言学前沿问题 [M]．北京：中国经济出版社，2006．

[18] 于根元．应用语言学概论 [M]．北京：商务印书馆，2003．

[19] 于根元．二十世纪的中国语言应用研究 [M]．太原：书海出版社，1966．

[20] 廖七一．当代英国翻译理论 [M]．武汉：湖北教育出版社，2001．

[21] 王克非，张美芳．翻译与翻译过程：理论与实践 [M]．北京：外语教学与研究出版社，2001．